PEACE WOMEN
ピース・ウーマン
ノーベル平和賞を受賞した12人の女性たち

アンゲリーカ・U・ロイッター／アンネ・リュッファー　著
松野 泰子／上浦 倫人　訳

英治出版

PEACE WOMEN

by

Angelika U. Reutter, Anne Rüffer

はじめに

すべての人間には、ただ人間であるというだけで与えられた権利がある。この普遍性こそが人権に力を与え、この力こそが人々を権利のために立ち上がらせ、障害や困難に立ち向かう原動力を与える。

人権なしに平和はありえず、逆に平和があるところにのみ人権は完全に守られる。本書は人権問題に勇気と忍耐を持って立ち向かい、ノーベル平和賞を手にした十二人の女性の物語だ。彼女らは理想を信じ、その理想の実現を信じた。真実と正義、希望、補償のために、そしてかつて平和の実現に欠かせない貢献をしたすべての女性の評価のために闘った。

これまでの経験上、和平プロセスの会議に市民の代表者が加わると、政府代表だけで成り立つ場合とは異なる議論が展開する。このとき、基本的人権や欲求、社会の正義について深刻かつ緊急に疑問を呈するのはまず女性である。これはおそらく紛争の歴史において、女性が一家の長となり未亡人となった経験、元兵士の経験、平和活動家としての経験、あるいは性犯罪の被害者としての経験が元になっているのだろう。

しかし和平プロセスへの女性の参加要求を単なる「女性問題」だと軽んじてはいけない。平和を持続させ、社会の正義を実現するには女性の参加が欠かせない。この機会にここで、これまで平和で平等な未来に向けて日夜努力を続けてこられた無名の女性たちがいることにも触れておきたい。

本書は、二〇〇四年に欧州安全保障協力機構（ＯＳＣＥ）ワルシャワ会議のために英訳された。毎年、二週間にわたり、加盟国の代表が、安全、平和、人権についての会議を開いている。ＯＳＣＥは女性がより深く政策決定に関わること、法律や政治構造が女性の人権や機会均等を強化することを推奨している。

本書の十二人の物語が人権と平和の進展へのインスピレーションの源となり、女性が和平プロセスに決定的な貢献ができること、そして多くの女性たちが平和を築く手助けをする必要があることをここに確信している。本書を楽しんでいただければ光栄である。

スイス連邦外務省連邦委員
マクライン・カルミー＝レイ

目次

ピース・ウーマン

ノーベル平和賞を受賞した12人の女性たち

本文中の＊および（　）は原注、訳注を示す。
行間の（1）（2）……などの番号は、巻末の脚注を参照のこと。

ピース・ウーマン

ノーベル平和賞を受賞した12人の女性たち

平和を求める「高貴な人」へ

【ベルタ・フォン・ズットナー】

一九〇五年受賞

「不正行為に屈してはいけない――一度これを肝に銘ずれば他に選択肢はなくなるだろう。沈黙は侮蔑を表現すると見せかけて、名誉を汚す行為である。迫害を受けた人が自ら立ち上がらなくてはならないのと同じく、不正を目にした者はこれに決起しなくてはならない。傍観者の沈黙もまた罪である。被害者と同じく彼らもまた恐れによって沈黙する。波風を立てるな……厄介事に巻き込まれるな――どれほど高貴で控えめな態度に見えたところで沈黙はこうした恐れそのものなのだ」(1)

一八八九年の春に『機械の時代』という作品が刊行されたが、著者名は「ある人物《サムバディ》」となっていて、その理由をこう記している。

「実名を出せば、本書の内容が、伝えるべき人々に伝わらないおそれがあったからだ」

翌年、第二版の刊行に際して、「ある人物」は次のように付け加えている。

「本書は、マックス・ノルダウ[*1]によって書かれたと誤解されている。だが、彼の著作物はすべて実名で発表されており、ノルダウ自身もベルリン新聞やその他の雑誌で、本書の著者ではないと語っている。私の作品が、かくも偉大なる作家の手になるものと見なされたことは光栄のかぎりである。もっとも、ノルダウ氏は、私が公然と名前を発表できないことを暗に哀れんでいるようだが、そんなことはない。秘密は遅かれ早かれ明かされる。では、本書の目的を達成するためにあえて匿名にした理由を説明しよう」[(2)]

「ある人物」には、匿名にせざるをえない理由があった。この著作は、社会における女性の地位向上、暴力の否定や青少年教育、恋愛といったテーマから、社会学、政治学、宗教、文学、芸術、科学など、幅広い分野について個性的な見解を示していた。つまり、当時の人々にとって、物議を醸すだろうということを知っていたからだ。匿名にした理由は、著者自身を守るためだった。「ある人物」は、自らの伝記を次のような言葉で始めている。

＊1
一八四九年〜一九二三年。作家、心理学者。テオドール・ヘルツルらとともに世界シオニスト機構の基盤を創設した文化・社会評論家

「私の個人的な経験を公にした理由は、きわめて興味深い人々との出会いがあったからです。こうした出会いが、私に歴史というものの本当の意味を気づかせてくれ、現代における政治を洞察する力を与えてくれました。そのことによって、私のなかに、真に語るべき言葉が生まれたのです」(3)

この文章には、自信と謙虚さが見てとれる。当時、自分には知識があると主張する女性が書く本になど、誰も目を向けなかっただろう。

「ある人物」とは、果敢にも軍国主義に反旗をひるがえそうとした、ひとりの女性だったのだ。彼女は、その時代と真っ向から対立する理想主義者と見なされ、「ピース・ベルタ」と罵られた。彼女は、作家のシュテファン・ツヴァイクに、こう漏らしたと言われている。

「世間が、私を救いようのない愚か者だと見なしていることは承知しています。愚か者という点については、神も同意されることでしょう」(4)

ある兵士の言葉

一八九二年、ベルリンに住む上流階級の貴婦人たちが集う講演会に、ひとりの女性が現れた。黒いドレスに身を包み、毅然とした態度で、ゆっくり周囲を見渡すと、朗読を始めた。

「ああ、兵士になるのは、なんと喜ばしいことか！……この精神錯乱、熱病は、行進のときからすでに始まっていた。愛する人との別離は堪えがたいが、それもほんの束の間。いざ同胞と戦場に向かえば、愛する祖国を守る喜びに満たされる。ザルツブルク・マーチが鳴りひびき、絹の国旗が風にはためく……自分は愛する者の腕のなかに二度と戻れないだろう。となれば、我が身を価値あるものにするすべは、ただひとつ。この戦場で兄弟とともに義務を果たすこと。我々は、勝利へ向かって行進していることを信じて疑わない……それが狂喜を生んだ。死への勇ましい情熱が呼び起こされ、敵への憎しみが高々と燃えたぎり、戦闘が恍惚となる。命など惜しくない。死こそ、我々に与えられた使命なのだ……(5)」

聴衆は、彼女が読み上げる兵士の言葉に衝撃を受けた。朗読はつづく。

「ここは我々の村。いや、かつては敵のものだったが、いまでは我々の村だ。とはいえ、すでに瓦礫の山と化している。幸い、村人の多くはすでに避難した。住民を巻き込めば、悲惨の極みだ。敵味方の銃弾が家々を貫通する。そういえば、村に老夫婦と、出産を終えたばかりの娘が残っていた。娘の夫は我々の連隊に所属している。悪魔はなんと残忍なことか！　夫は、まさに妻子が死んだ直後に村に到着した。寝床のそばに爆弾が投下されたのだ。老夫婦がどうなったかは知らない。瓦礫の下にでも埋まっているのだろう。野原での戦闘も無惨なものだが、居住区での戦闘となれば、その残酷さは計り知れない。降り注ぐ照明弾、巻き上がる炎、毒ガス——牛たちは恐怖に狂い、どんな壁も防御にはならず、すべての窓には風穴が空く。死体の胸壁を見たこともある。死んだ村の仲間たちを次々と重ねて、身を守ろうとしたのだ。この壁のことを、私は生涯忘れないだろう……(6)」

朗読の声は、しだいに高まっていった。

「我々の世界では、人は自分が最も利口であるかのように振る舞い、野蛮な者を軽蔑する。しかし我々は、まるで何も理解していない……過去にしがみつくことが野蛮人であるということなのだ。今こそ、新時代への出発点に立つべきだ。未来を見据え、より崇高な世界に向かって進んでいくのだ。誤った概念や武器を捨て、博愛精神を高め、高潔な人間になる時代の入り口に足を踏み入れるのだ(7)」

するると、聴衆のひとりが言った。

「でも、神は戦うことを望んでおられる。誰もが運命に従い、命を捧げることになっています」

神の望み――これこそ、ベルタ・フォン・ズットナーが取りあげた問題だった。人間がやめようとしない悪業に対して、神はいかなる裁きを下すのか？　女たちが祈り、若者たちが英雄となるべく戦場へ赴くとき、どのような賛美歌が教会に流れるのだろう？　祈りには、愛する者への女たちの思いが込められている。だが、敵の女たちの祈りは、どう叶えられるのか？

ベルタが五十歳のころに『武器を捨てよ！』を上梓した際、批評家は「愚かな感傷的作品」「抽象的で、非芸術的、偏見に満ちた戯言《たわごと》」「見当違いな意見」と、こきおろした。彼らは、「武器を持て！」という哲学が何十年も続くことを信じていた。しかしベルタは、多くの人々が彼女の著作を読み、国際平和を求める運動が始まるだろうと考えていた。こんな言葉が残されている。

「私は平和連盟に貢献したかったのです。この理想を広げるためには、本を書くこと以外に思いつきませんでした。物語が最も効果的だと考えたのです。学術論文よりも、多くの人々の心を動かすことができると確信していました(8)」

だが平和の帆が掛けられたこの船は、戦争への狂信という海のなかに沈んだかのように見えた。当時、世の中はかつてない高度兵器産業の競争時代を迎えていた。ベルタは、深い懸念を表している。

「すべてが、恐るべき速度で進化している――スピード、光り、創造と破壊の力。長い時間をかけて築かれてきた暮らしや文化が、大量殺戮を行う爆弾によって、一瞬のうちに消え失せてしまうだろう(9)」

人文科学は、科学技術の発明や開拓の精神によって作られる。戦争の究極的な原因は、人間が元来持つ罪深さにある、という神学者の不毛な議論を、ベルタは激しく拒絶した。ひたすら危険物質を作りあげてきたことの愚かさに気づくことが大切なのだ。また、人類の全エネルギーは、平和のために使われるべきであるのだ。ベルタは、人類が思考を一転させることを呼びかけた。「戦争の英雄」という軍国主義的思想が、「平和の英雄」に取って代えられるべきだと。

武器を捨てよ！

ベルタがその名を歴史に刻んだ小説『武器を捨てよ！』の主人公、マルタ・アルタウス伯爵令嬢は、当時、多くの人たちから称賛されていた「殺人の美学」「軍人の名誉ある死」「勝利の官能的歓び」の正体を暴こうとする。

マルタは、戦争の情景を容赦なく、ありのままに語った。マジェンタの戦い[*2]、デンマーク戦争[*3]、普墺戦争[*4]、普仏戦争[*5]といった欧州大戦が、マルタの運命を大きく変えた。最初の夫は一八五九年に戦死、一八六六年には何人かの親戚がコレラで死亡し、二番目の夫も戦争で重傷を負う。夫婦はともに平和活動を行ったが、一八七一年、夫はドイツ軍のスパイ容疑で、フランス軍に射殺された。マルタは、愛する夫を二度も失うという絶望を経験し、戦争による殺人は、愛国心とは無関係だと考えるようになる。

ベルタが原稿を出版社に持ち込むと、この内容は読者の興味を引かないどころか、反感を買うだろうと言われた。いくつかの出版社は、タイトルを変えるようにと提案した。だが、ようやく一八八九年の暮れにドレスデンのピアソン出版社からの刊行が決まった。初版は一万部。信じられないことに、その本はベストセラーになった。一九〇五年には三十七刷りまで版を重ね、十六カ国語に翻訳され、アメリカ大陸にまで知られるようになる——十九世紀末のドイツ語圏においては、無類の成功だった。自由主義政治家であり哲学者でもあるバルトロメウス・フォン・カルネリ伯爵は、一八九〇年三月号のオーストリア新自由新聞にこう記している。

＊2
一八五九年、フランス＝サルデーニャ・ピエモンテ軍対オーストリアの戦争

＊3
一八六四年、プロイセン＝オーストリア軍による戦争

＊4
一八六六年、オーストリア対プロイセンの戦争。オーストリア軍がケーニヒグレーツの戦いで敗れる

＊5
一八七〇〜七一年、ドイツとフランスの戦争

「現代の潮流に対して毅然とした立場をとり、真っ向から戦争を否定している。これほどまでに軍国主義の惨劇を徹底的にえぐり出し、同時に、人生の美しさを描いた作品はかつてなかった」(10)

だが批評家はこぞって批判した。感傷的すぎる内容で、完全な失敗作だと。しかしこうした非難も、「平和協会設立」の妨げにはならなかった。むしろ文学的な悪評は早々に忘れ去られ、代わりに平和と戦争についての議論が大衆に湧き起こった。この灯火は、もはや消えようがなかった。それまで常識と見なされていたことに疑問が投じられたのだ。読者は自問自答する――戦争以外に、政治的な解決の道があるのではないかと。ひとりの女性が発した声が、多くの人々の耳に届いたのである。

時は、十九世紀から二十世紀への変革期。ドナウ君主制が崩壊しつつあった時代において、ベルタは生涯をかけて女性の勇気を示し、危険を伴う偉業を成しとげた。彼女は大いなる決意と優秀さで、政治問題と平和主義、文学とジャーナリズム、フェミニズム運動と自由主義、オーストリア貴族階級と国際社会のあいだを駆け抜け、「名もない人物《ノーバディ》」から「ある人物《サムバディ》」へと姿を変えた。彼女は強さと信念を持って行動し、人類の未知なる発展の可能性に取り組んだ人物だった。

『武器を捨てよ!』は、平和主義の運動が新たな局面に入った時代に刊行された。フランス革命から一〇〇年後の一八八九年、パリで行われた世界平和会議では、平和主義者が「自由・平等・博愛」のスローガンを掲げた。このスローガンは、一七八九年のフランス人権宣言で約束された平和の新時代を人々に思い出させた。

「全人類の兄弟愛は、身近な兄弟愛から始まる」

この信条は、一八九〇年にロンドンで行われた世界平和会議の参加者らによって、国際政治の基準と見なされた。ベルタはこの信条を『武器を捨てよ!』に引用し、平和運動に取り組む市民に対して、軍国主義と武装政治に立ち向かう信念を与えた。『武器を捨てよ!』は、一般市民から著名人にいたるまで、多くの人々に称賛された。ロシアの文豪トルストイは、『アンクルトムの小屋』へのヨーロッパ的回答」として絶賛した。「この作品を高く評価するとともに、小説の刊行を良い兆しと捉えている。奴隷制度の廃止への第一声は女性、すなわちビーチャー・ストウ夫人[*6]によって成された。本書は神のご加護のもと、戦争を廃絶させる第一声になるだろう(11)」

この小説は、多くの人々の心を喚起しただけでなく、ベルタの人生にも変化を与えた。この成功が力となり、ベルタは一八九一年にオーストリアとイタリアで「平和の友の会」を結成する。会員には、同時代の著名人[*7]を招き入れることに成功した。また、以前からベルタに共鳴して仲間となったオーストリア国会議員バルトロメウス・カルネリをはじめ、多くの著名人が彼女を支えた。たとえば、トルストイ、ルードヴィヒ・フルダ[*8]、マックス・ノルダウ、ミヒャエル・ゲオルク・コンラッド[*9]、コンラッド・フェルディナンド・マイヤー、フリードリッヒ・シュピールハーゲン[*10]、エルンスト・ヘッケル[*11]、それ以外にも、政治の舞台で活躍する多彩な人物たちが協力した。

平和を伝えるためには「トップダウン」が必要だとベルタは痛感していた。当時の「トップ」といえば、貴族と男性である。だが彼らの態度は煮え切らないものだった。公共の場で嘲笑されても、ベルタは脅えも失望もしなかった。むしろ「女のお涙頂戴」といった嘲りの言葉が彼女を奮い立たせた。

「国の導火線を握る人物は慎重です。膨大な火薬に火がつけば、その先には破滅が待っていますから。いやがおうにも慎重を期そうとして、火薬はますます増えていくのです。それより、火縄を捨てるほうが、どれほど手っ取り早いか。国際裁判管轄法を取り入れ、隣接した国々がひとつになってヨーロッパ連合を作ってはいかがでしょう(12)」

「オーストリア平和の友の会」設立の許可を得た一カ月後、二〇〇〇人が彼女の呼びかけに応じた。この新たな組織は、一八九一年十一月、ローマで開かれた第三回世界平和会議に参加する。ベルタは、こ

＊6
『アンクルトムの小屋』著者

＊7
カール・コロローニ伯爵、ルドルフ・オヨス伯爵、医師で大学教授のクラフト・エビング男爵、オーストリア・シュタイアーマルク州の国民的詩人ペーター・ローセッガーなど

＊8
一八六二年～一九三九年。小説家、喜劇作家

＊9
一八四六年～一九三九年。小説家、自然主義雑誌『ディ・ゲゼルシャフト（カンパニー）』の創刊者、ドイツ国会国民自由党員でもある

＊10
一八二九年～一九一一年、『月刊ヴェスタマンズ』Westermanns-Monatshefte誌の発行人

＊11
一八三四年～一九一九年。植物学者、自然哲学者

の会議での発言を認められた最初の女性だったが、大舞台でもまったくひるむことがなかった。

「私の声が出なくなることを期待していた人もいたでしょう。もちろん、そんなことは起こりません。私は冷静に、喜んで立ち上がり、自分が話すべきことをお話ししただけです。そして大きな拍手をいただきました」(13)

自伝の言葉を借りると、「ただ正直に　冊の本を書いただけにすぎない」。ベルタはこれを機に、広く世に知られるようになった。彼女は国際平和組織の副総裁に選ばれ、ベルンに置かれた本部で、平和のイニシアティブをとることになった。

家柄を失って

「ああ、私はなぜ男に生まれなかったのでしょう！」

『武器を捨てよ！』の第一部で、若い伯爵令嬢マルタはため息をつく。これはまさに若きベルタの心の叫びだった。当時、男性こそが歴史の担い手であり、偉大で価値あるものとされ、神のごとき存在だった。称賛される英雄の姿――それは父なる祖国への愛のために闘い、死んでいった男たちだった。

「若いころ、私は取るに足らない少女でした」と、四十五歳になったベルタは日記に記している。自分には何の価値もないと感じていたのは、「若さゆえの世間知らずで、行く手には政略結婚が待っているだけだった」からだろう。だがベルタは、祖国のために死を選ぶのではなく、祖国のために生き、愛し、仕えようと願う新しいヒロインへと成長していった。

ベルタは、一八四三年六月九日、プラハのアルトシュテッター・リング通りに面したキンスキー伯爵家に生まれた。王家の血を引く父、フランツ・ヨーゼフ・キンスキー陸軍元帥[*12]は三男で、第一継承者ではなかった。豪邸に暮らしてはいたが、相続していたのはほんの一部だった。

父フランツは、ベルタが生まれる直前に七十五歳で亡くなり、五十歳も年下の若い未亡人に残されたのは、まだ六歳の息子アルトゥールだけだった。一家は大黒柱を失っただけでなく、深刻な問題を抱えることになった。ベルタの母は、上流貴族に所属する十六人の先祖を証明することができず、貴族として認められなかったのだ。著名な自由運動家の詩人、テオドール・フォン・ケルナーの親戚であるという事実はないものとされた。

ベルタは、貴族階級の出身でありながら中産階級として扱われたというジレンマを生涯克服することができなかった。晩年「公の人間」となってからも、貴族階級としての出自を強く主張していた。名刺には、「ズットナー男爵夫人、旧姓キンスキー伯爵令嬢」と記されていた。しかし、どれほどの偉業を成しとげようと、社交界が彼女を受け入れることはなく、劣等感は生涯にわたってつきまとった。貴族階級を批判しながらも、その言葉の端々には貴族階級への憧憬が見えかくれした。

「名高い先祖の肖像画が飾られた柱廊、武器庫、皇族のための客間、華やかな歴史の証明となる貴重品、高級紙、文書を収めた記念館、すべてが権力と名声を表しています……歴史のなかに封印された気高い魂を目にして、信心深い人はみな震えることでしょう。敬意と同時に、哀愁と過去に神々しいまでの畏怖を感じるでしょう」(14)

読書に明けくれた青春時代

*12 一七六九〜一八四三年

ベルタの青春時代は、希望と幻滅が入り乱れる日々だった。甘い空想に浸ったかと思えば、出生の秘密に打ちひしがれる毎日。そんなみじめな思いから逃れるには、貴族と結婚する以外に方法はなかった。チャンスはすぐに訪れた。舞踏会で、ある貴族から求婚されたのである。だが、ベルタはまだ十三歳で、歯がみする思いで断念した。これが、華々しい人生の舞台にのぼる最初で最後のチャンスだった。以来、ベルタと母ゾフィーは幸運から見放され、住む場所も転々とした。暮らしは貧しく、二流貴族に落ちぶれていった。

当時、たび重なる戦争によって、オーストリア情勢は激しく変化していた。一八五九年、オーストリアはロンバルディア地方を失い、一八六六年にはケーニヒグレーツの戦いで、ビスマルク率いるプロイセン軍に大敗することになる。とはいえ、こうした世の中の激しい動きに、若いベルタは無関心だった。当時のベルタは、のちに小説で描き出したような人間の苦しみにまだ気づいていなかった。政治は遠い世界の出来事で、戦争や平和の問題など、個人的な悩みに比べればたいした問題ではなかった。それでも、ベルタは学びつづけた。外国語を習得し、たくさんの書物を読みふけった。知への欲求は、とどまるところを知らなかった。

「どれほど輝きや喜びに満ちているときも、心配や悲しみにさいなまれているときも、一日のうち数時間は読書に充てていました。そのころ読んだ本を集めれば、図書館がひとつ作れるほどでした」(15)

初めての恋

三十歳のとき、ベルタはズットナー家の四人の娘たちの家庭教師になっていた。論理的で哲学的な洗練された考えを持ち、豊かな教養を身につけていた。ズットナー家の子息アルトゥールは、そんなベルタを妻にしたいと母親に申し入れたが、ズットナー男爵夫人は「許しません」の一言でしりぞけてしまった。ベルタは愛すべき息子より七つも年上であり、その母親は貴族階級に煙たがられ、名声を失っている。結婚を認めることなど、できやしない。

とはいえ、ズットナー夫人はベルタに好意的で、のちには多くの援助をしてくれたが、自分の息子と関係を持つことだけは断固反対した。そこでベルタとアルトゥールは、オペラのボックス席や公園で逢瀬を重ねた。そんなおり、新聞にある広告が掲載される。

「パリ在住、裕福で教養ある紳士。語学に堪能な秘書兼家政婦を求む」

ベルタが新たな活路を見出そうと応募すると、気の弱いアルトゥールは引き留めるのに必死だった。

「君の愛は、僕の一生を輝かせる聖なる光を与えてくれた」

だがベルタは、愛しい恋人の元を去ろうとしていた。

「アルトゥールといっしょにいて、心躍らない人なんていないでしょう。老いも若きも、身分の異なる者も、あらゆる人を惹きつけてやまない。彼は、そういう人なのです」(16)

ノーベルとの出会い

四十三歳の実業家アルフレッド・ノーベルは、駅のプラットフォームを何度も行き来していた。その素朴でやさしい眼差しは、群衆のなかを恥ずかしげにさまよっていた。ロシア語、スウェーデン語、フランス語、ドイツ語、それに速記術に堪能な彼も、これからやってくる女性との会話にまったく自信が持てなかった。

「人嫌い。それが私だ。変わり者で、食事より哲学を好む。……私の要求は度を越しているだろうか。いや、そんなことはないだろう。……私は無口で無益な人間だが、他人の価値を見出し、称えることはできるはずだ」(17)

物思いにふけっていた男は、姿勢を正しベルタを待った。彼女が駅に着いたとき、ノーベルは親しげな態度でベルタに近寄った。そしてこの姿勢は二十年以上変わらなかった。運命に引きよせられた友情の出会いだった。

「とても感じのよい女性である」とノーベルは日記に記している。ベルタの快活さは、すぐノーベルに伝染した。夜になると、ノーベルはベルタに「心の温もり」を求め、「ヨーロッパ一金持ちの放浪者」の相手をしてくれと頼むようになる。このニックネームは、彼のまわりにいる人たちがこっそり使っていたものを面白がって拝借したものだ。

ノーベルはベルタを連れてシャンゼリゼ通りをドライブするようになり、一日に二時間は新しい秘書と過ごした。果たして彼女は、ノーベルの孤独と自己嫌悪と人間不信を和らげることができたのだろうか。ほどなく、彼はベルタに恋心を抱くようになる。

のちに国際的平和活動に関わるきっかけを与えてくれたノーベルについて、ベルタはこう記している。

「アルフレッドはとても話し上手で、会話に引き込まれずにはいられませんでした。世界や人類について、芸術や人生について、時事や普遍的な問題について彼と話しあうことは、私に精神的な喜びをもたらしてくれました」(18)

初めての出会いから数日後、ノーベルはベルタに問いかけた。

「君の心は誰かのものかね?」

ベルタは、以前の仕事を辞めたいきさつを率直にノーベルに打ち明けた。

「勇気を出したまえ。手紙は出さず、時がたつのに任せるんだ。新しい人生を生き、新しい刺激を受ければ忘れられるはずだ……」

パリに来て八日後、ベルタは二通の電報を受け取る。ひとつは小旅行に出ていたノーベルからの控えめな求愛だった。

「無事着いた。八日後にはパリに戻る」

そしてもう一通は、ウィーンのアルトゥールからだった。

「あなたなしでは生きられない」

結局、ベルタは財力も職業もない男性との冒険を選んだ。七歳も年下の男性との結婚において、自分に大きな責任があることはわかっていた。そして彼女はその責任を担った。

ベルタが去ったあと、ノーベルは孤独に苦んだ。だがノーベルは、ベルタに対して絶大なる信頼を置いていた。彼は幾度となく手紙を送り、そのことを認めている。一八九六年十一月二十一日付の手紙にはこう書かれていた。

「親愛なる男爵夫人、わが友へ。……私は元気でやっている、と言いたいところだが、残念ながらそうとも言えない。主義に反して、柄にもなく医者に通っている。感じる心を持たぬ私でも、臓器としての心臓は持っているらしい。だが、私のつまらない悩みは、このくらいにしておこう。平和運動が動き出したようで嬉しく思っている。これは、大衆の教育に尽力し、偏見や無知と闘う人たちのおかげだ。もちろん、その中心的役割を果たしているのは君であり、君の高潔さや忍耐の成果でもある。真心を込めて。A・ノーベル」(19)

ベルタのその後の人生と仕事は、ノーベルに大きな影響を与えた。ふたりは生涯を通じて互いを尊敬しあうことになる。もっとも、ノーベルは自分がベルタの影響を受け、「戦争抑制のイデオロギー」擁護者から「平和運動の理想を公認する」立場へと態度を変えたことを認めようとはしなかった。幾度となく熱心に誘われたにもかかわらず、ノーベルはベルタが開いた平和会合には一度も参加しなかった。金銭的援助はしたが、運動を公的に支持することはなかった。これが変化したのは、一八九六年十二月十日、ノーベルがこの世を去ってからだった。今ではよく知られている遺言には、「遺産を使って化学賞、文学賞を創設すること」とあり、次のような特別賞も設けられていた。

「人類の親交のために、また武器の撲滅と削減、平和議会の創設と波及に最善最大の努力を尽くした男性、または女性に贈られるべき賞[20]」

この「男性、または女性」という表現は当時としては非常に珍しく、さらに平和議会という限定的言及がなされていたことから、ノーベルが平和賞をベルタに授与する可能性を考慮していたことがうかがえる。それだけに、ノーベル賞の設立後、受賞を四度も逃したことで、ベルタは深く失望した。しかも、「ようやく」受賞の報せが届いたとき、世論、特にドイツ帝国は、彼女に批判的だった。現ポーランドの都市シュチェチンの記録には、その批判が明確に記されていた。

「ズットナー男爵夫人がノーベル平和賞を受賞した。だが今後も歴史は自由の道を歩む。夫人は、特にドイツに対しては万一に備え、剣を磨いておくべきだろう[21]」

大戦争に向かう「時代の流れ」に苦しんでいたノーベルが生きていたら、こうしたベルタへの冷遇に悲しんだことだろう。

こんな逸話がある。神は天地を創造する際、カフカース山脈で躓《つまづ》いて、紺碧の海や緑なす山野など、最も美しいパーツをそこに落としてしまった。それがグルジア王国となった。世にも美しい歌と踊りを披露するグルジア人にエデンの園が与えられることになったが、彼らはあまりに怠惰で、なかなか土地を受け取りにやって来なかったという。

一八七六年の夏、ベルタとアルトゥールはグルジアに到着した。ウィーンの教会でひそかに結婚式をあげたが、国を追放され、逃亡してきたのだ。ふたりは、黒海近くの町クタイに質素な部屋を借りた。まとまった金も援助してくれる人もなく、前途多難な結婚だった。かつてベルタが知己を得た大公夫人エカチェリーナ・ダディアニが頼みの綱だったが、アルトゥールが王室に召し抱えられるという希望は叶わなかった。やむなく夫妻は、歌やピアノ、語学などを教えて、なんとか生計を立てた。

「ときには、食べるものにも事欠くというありさまでしたが、私たちはむつまじく、助けあい、笑顔を絶やさないで暮らしました(22)」

露土戦争が始まると、誰も音楽や語学の教室などに見向きもしなくなり、ふたりは執筆活動を始める。アルトゥールは、カフカースの戦いに関する記事をウィーンの新聞社に送った。ベルタは、新聞や雑誌に小説（大半は恋愛小説）を寄稿した。終戦の夏、彼女は一本の戯曲と社会喜劇を仕上げた。苦労の絶えない日々だったが、アルトゥールとの暮らしは、ベルタの心を支えた。ふたりはさまざまなことを語りあい、仲むつまじく暮らした。彼女は当時を振り返り、「幸せの絶頂」と呼んでいる。

夫婦は、互いの愛のなかに、生きる救いを見出していた。だが、自分たちの個人的な愛情関係を公の場に出したとき、愛のバラには棘もあることを学ぶ。ふたりの結婚生活を赤裸々に描いた『エス・ロウォス』は、人々の反感を買った。だが、アルトゥールがベルタの率直さに気を悪くすることは一度もなかった。彼は最後まで、この頼もしい伴侶を愛し、無条件で支えつづけた。ベルタが平和運動団体を創設し、議会や講演で飛び回るようになると、ふたりで過ごす時間はほとんどなくなったが、彼は可能なかぎり妻を助け、行動をともにし、活動に理解を示した。

一八九一年、ユダヤ人に対する暴動が起きた際、アルトゥールは「アンチ・アンチ・ソサエティ」を結成した。この団体は反ユダヤ活動に警鐘を鳴らすもので、会員にはワルツ王のヨハン・シュトラウスなどの著名人もいた。もちろん、ベルタもこの活動を全面的に援護した。アルトゥールの反ユダヤ運動へのベルタの献身は、彼のベルタの平和活動への献身と通じるものがあった。彼女は一八九九年五月十七日付の日記にこう書いている。

「反ユダヤ主義者が世間に容認されている恐ろしさを考えると、平和を楽観視することなど、とてもできなくなります」

こうした言及に対し、中傷的な手紙が届くこともあり、「ピース・ベルタ」は「ユダヤのベルタ」と呼ばれることにもなった。それでもベルタは屈することはなかった。

「迫害の犠牲者を迫害から守る誠実な方法はただひとつ、彼らの味方でいることです」[23]

一八九八年、ロシア皇帝ニコライ二世は、全面的な平和維持と兵器削減を称えた声明文を発表し、さらに、この目標について議論しようと、国際会議の開催も提案する。ニコライ二世が招集した第一回万国平和会議に唯一参加した女性、また唯一の非政府組織から参加した人物こそ、ベルタ・フォン・ズットナーだった。この会議により、ダムダム弾と毒ガスの使用禁止と、ハーグ国際司法裁判所の仲裁による国際紛争の平和調停議会が設立された。

三十五年後、ベルタは亡き夫に向けて記した二十四通の手紙をまとめ、『死者への手紙』と題して刊行した。

「なぜ人は美に惹かれるのでしょうか？　なぜ人生を愛し、音楽を愛するのでしょうか？　それは、すべての魂が調和しているからです。宇宙にはリズムがあり、すべてを融合させ、ひとつにする力を備えています。その意のままに、命を持たないものたちでさえ調和の美を創るのです。ひとひらの雪でさえ、このリズムに喜んで従います。蝶は羽を彩らせ、ナイチンゲールは竪琴を奏でる。作曲家は交響曲をつくり、画家は色を塗り、詩人は言葉を、気品ある人はその態度で、この世界の素晴らしい歌に合わせようとするのです。残念ながら、多くの人は、まだ無意識でこれを行っているのです。自分たちがしていることに気づけば、大きな喜びを感じるでしょう……」(24)

大義のために

冷笑や批判には果敢に立ち向かったベルタだが、アルトゥールの死後[*13]は、深い孤独に苦しめられる。『死者への手紙』に、こう綴っている。

「……黒人はリンチされ、アルメニア人は撲殺され、ユダヤ人は迫害され、フィリピン人は拷問を受け、インド人は飢餓に苦しんでいます……憤りと哀れみが湧きあがってきます。できることなら、すべての人を助けたいと思っていますが、それを実現できるはずの国際的な団体は古い法令に囚われていて、介入しようとしないのです。各国は、自分の都合を主張するだけで、幼稚でばかげた自己愛に固執しているというほかありません。要するに、自分たちさえ安全なら満足なんです。誰も他者を守ろうとせず、

＊13
一九〇二年三月一〇日死去。アルトゥールの死因は明らかにされていない。しかしカフカースでは当時マラリアがひどく流行していたことは事実で、ベルタは、健康状態の悪化や衰弱の原因がこれにあったと考えていた

したがって守られることもない。愛することもなく、愛されることもない。ただ支配するだけで、孤独なのです。孤独が人間にとっていいわけがありません。愛するあなたが私を残して去ってしまったことを、私はどれほど怨んでいることでしょう。いいえ、完全に孤独というわけではありませんね――心の中にはあなたの姿があり、あなたの思い出が私の心を満たしているのですから……」(25)

アルトゥールも、ベルタに遺言を残していた。

「世界を改善するために精一杯身を尽くして貢献し、活動しなさい。真実の光を不滅にするために努力しつづけることは、僕たちの務めだ。この務めは僕の死後も消えない。ふたりのために、そして大義のために、その命がつきるまで努力しつづけなさい。勇気を持つんだ！　絶望してはいけない。我々は、成しえたことのなかに生きつづける。だからこそ、君には活動を続けてほしい」(26)

アルトゥールの言葉は、ベルタに翼を与えてくれた。一九〇七年十月、彼女は、セオドア・ルーズベルト大統領に招かれ、第二回万国平和会議に出席する。この会議では、四十四カ国の政府代表が、軍縮問題、軍法管理の推進、国際仲裁裁判の導入について話しあう予定だった。しかし、結果は惨憺《さんたん》たるもので、軍備縮小の交渉は決裂した。ベルタはこの平和大会を「戦争のための会議」と呼んだ。彼女はその失望を、最も忠実な協力者であったアルフレート・フリートに打ち明けている。

フリートがベルタに初めて会ったのは、一八九一年の秋だった。出版社を営むかたわらジャーナリストをしていたオーストリア出身のフリートは、以前からベルタの熱狂的なファンだった。そんな彼が、独立心旺盛で自信に満ちあふれた平和運動家であるベルタの忠実な弟子になるのに時間はかからなかった。彼こそ一八九二年、平和運動を広めるための雑誌の刊行をベルタに勧め、自らが発行元になった人物だ。雑誌名は、ベルタの小説と同じ『武器を捨てよ！』で、刊行当初は、わずか二〇〇部しか売れなかった。なお、フリート自身、ジャーナリストとして、また国際平和主義思想の理論家として、一九一一年にノーベル平和賞を受賞している。

本当の英雄

年老いて衰えていくことに、ベルタは不安を抱くようになった。平和の友の会の影響力は弱まっていき、平和団体や平和議会のために書いた文章がまたしても悪評を買うようになった。さらに、金銭問題も追い打ちをかけた。六十歳の誕生日に、支持者たちが二万クローネを集めて彼女に贈ったのが唯一の称賛と呼べるものだった。彼女は、その金でなんとか生活をしのいだ。

一九〇四年、ボストン平和会議への参加とルーズベルト大統領との面会を目的とした巡回講演のなかで、ベルタは、アルトゥールとノーベルに継いで彼女の人生に大きな影響を与えた人物に出会う。アメリカ財界の天才、アンドリュー・カーネギーだ。彼は、ベルタの晩年の経済的保証を約束した。

カーネギーは、金は使ってこそ意味があるものと考えていた。彼は一〇〇〇万ドルをアメリカ平和基金に寄贈し、さらにヨーロッパの平和運動にも寄贈した。一九一二年にベルタが二度目の訪米をしたとき、嬉しいニュースが舞い込んだ。翌年から毎月、カーネギー財団よりベルタに恩給が支払われることになったのだ。ノーベルの援助と合わせれば、当面の生活と平和の友の会を運営するのに足るものとなった。

一九一一年、ベルタは小説の新作『至高の人間性』を上梓する。核兵器の恐怖を文学的に描写しようとした初めての試みだった。

「人類は、自ら制御できないほどの力を手に入れた……ラジウム濃縮装置の発明だ。ラジウムの放射線が大気圏から撒かれれば、敵国の陸海軍はもとより、自国も含めたあらゆる町が壊滅されるだろう。戦闘開始から四十八時間以内にはすべてが完全に消滅し、生命は絶滅するだろう」(27)

理性は武力に勝るという希望は薄れつつあった。一九一一年のイタリア=トルコ戦争、翌年のバルカン戦争、そしてヨーロッパの列強国の外交上の危機が、ベルタの立場を困難にした。

「善良でいるには強さが必要です。人々は、まだこのことに気づいていません。一般的に、善良な者は弱者と同一視されるのです。しかし善良な天才や英雄も存在すること、そして今、世界が求めているのはそうした英雄であることを人々は学ばなくてはなりません。善意と高貴さを求めるだけでなく、敵対する者たちに、これを実践する英雄が必要とされているのです」(28)

ベルタにとって、帝国主義の象徴であるドイツ皇帝ヴィルヘルム二世は、軍事力による政治を堅く信じていた。一九一四年三月、ベルタはこう記している。

「国際政治とジャーナリズムの世界が、現在、異様な局面に達しています。猜疑心、非難、中傷の嵐が吹き荒れています。撃ち放たれる大砲、爆弾投下を訓練する戦闘機、そして軍備の資金を求める声の大合唱です。この地獄のような雄叫びが、憎悪と悪意のオーケストラと重なり合っています」(29)

彼女に残された道は、もはやほとんどなかった。

一九一四年六月九日、ベルタは七十歳の誕生日を迎えた。九月にウィーンでの平和会議を控えていたが、胃癌が発覚していた。最期の床で、こう語ったという。

「武器を捨てなさい。私はドゥラスに向かいます」

当時、アルバニアの都市ドゥラスの所有権をめぐり、新たな紛争が起こっていた。ベルタにとって、この紛争は自らの病よりも重要だったのだ。

一九一四年六月二十一日、ベルタ・フォン・ズットナーは息を引きとった。その七日後の六月二十八日に第一次世界大戦が勃発。四年間で一〇〇〇万人以上の命が奪われた。

受賞講演
（抜粋）

1906.4.18

ベルタ・フォン・ズットナー
Bertha von Suttner

真実と正義は常に変わることなく、人間の内なる宇宙に輝きつづけています。しかし、それらが宇宙から降りてきて、鋳型に注ぎ込まれ、生活を満たし、行為となるには時間がかかるのです。

では、真実とは、いかなるものでしょうか。平和こそ幸福の基盤であり、最終的な目標であるということです。そして権利とは、人が自分らしい人生を生きる権利のことです。人間の衝動のなかで最も強い自衛本能に従っても、この権利は認められるものであり、神の言葉として古代の戒律にも記されています。「汝、人を殺すなかれ」と。

しかし現代社会において、この権利や戒律はかぎりなく軽視されていると言わざるを得ません。全体主義的、軍事的に組織された社会は、平和を傷つけ、命を軽視し、殺戮を強制してきました。

こうした現代史の一齣《いっせき》だけを見て、多くの人が、永遠にこの状態が続くと信じています。世界は変化しつづけ、成長しつづけるという考え方は、まだあまり受け入れられてはいません。すべての生命を支配する進化の法則は、最近の科学の進歩で認められたばかりだからです。しかし、未来が永遠に変わらないという考え方は、大きな誤りです。

新しい発展や成果は、常に過去よりも優れており、高貴で幸福なものといえましょう。この考えは、進化の法則を認め、世に知らしめる努力をしてきた人々には常識となっています。物理的にも倫理的にも自然の法則と自然の力を洞察し、認識することこそが、我々の暮らしを生きやすく、豊かにする科学の発明と社会組織を生むのです。こうしたことは、はじめは理想と呼ばれます。しかしいずれ進歩すれば、目に見え、命を持つものとして、効果的な形を持ちはじめるのです。

「もし君が情報を送りつづけてくれて、平和運動が実質的に動き出すとわかったら、そのときは経済的な援助をしよう」

これは私が一八九二年に、ベルンであの高貴な方からいただいたお言葉です。紳士淑女のみなさま、私がいまみなさまの前にいられるのは、平和会議で私にそう申し出てくれた彼のおかげです。

その人、アルフレッド・ノーベルは、平和運動が雲のような理論から、実現可能で確固とした目標へと形を変えることを理解していました。そのことは彼の遺言状が証明してくれています。彼は文化推進に役立つもの、すなわち科学や理想主義的文学に加え、平和議会の目標達成にも言及していました。つまり、国際正義を成就させ、軍備縮小を実現することです……。

しかしノーベルは、より身近で現実的な方法も検討していました。あるとき、私にこんな手紙をくれたのです。

「他国を攻撃した国に対し、他のすべての国家が団結して制裁を加えるべきだ。こうすれば残酷で理不尽な力も仲裁裁判にかけられ、平和が維持され、戦争がなくなるだろう。もし三カ国以上の国々で同盟が組まれれば、何世紀にもわたり平和が保たれるはずだ」

私たちの頭のなかに宿った平和の概念が、具体的な行動をともなって動き出す団体へと大きく成長した姿をノーベルは見届けることができませんでした。彼は一八九四年に、偉大なイギリス人政治家グラッドストンが常設仲裁裁判所を導入すべきだという提案に接しました。しかし残念ながら、万国平和会議の召集と、ハーグでの常設仲裁裁判所の設立が実現したのは、ノーベルが亡くなったあとでした……平和が法的に守られる可能性、必要性、その豊かな恩恵は、すべての社会的階層の人々に、約束されているはずです。その任務は明確に言及され、すでに多くの人々がこの実現に向かって動きはじめています。遅かれ早かれ、現実のものになることは間違いないでしょう。数年前には考えられなかったことですが、いまや多くの国家の指導者が平和運動の理想を公言しています。

とはいえ、世界中を見回してみてください。平和主義の成果や発展は見られるでしょうか？　現在、歴史上かつて体験したことのないほどのおぞましい戦争が極東を破壊し、大帝国ロシアを滅ぼそうとしています……中欧、西欧はかろうじて戦争状態ではないものの、紛争は起こり、新聞が暴動を扇動し、軍隊施設があちこちに建設されています。イギリス、ドイツ、フランスで出版される小説といえば、近い将来、近隣諸国への攻撃が始まるかのような内容で、火に油を注ぐものばかりです。第二回、万国平和会議でさえ、戦争会議と言えるようなありさまでした。こんな状況で、平和運動が進展しているなどと言えるのでしょうか？

現在ふたつの世界観、ふたつの文明の歴史がぶつかり合っています。古い価値観を壊してこそ、明るい世界が立ち上がるのです。平和運動とは別に、国際化や世界の団結化が進んでいます。これを可能にしたのは科学技術や交通網の発達、ますます細分化されたグローバルな共同利益、各国の経済的独立といったものです。しかし、根底にあるのは、増えつづける破壊兵器に対する無意識の自己防衛ではないでしょうか。

世の中には、はっきりと目標を定め、明快な方針にしたがって全体を見据えた行動を計画している人物もいるのです。……現イギリス首相、ヘンリー・キャンベル＝バナマンは、再び軍備縮小を唱えています。フランスのエストゥルネル上院議員は、仏独協約に着手しようとしています。ジャン・ジョレス率いる世界の社会主義者は戦争反対を主張しています。ロシアの哲学者ノヴィコフは、大国に対して七カ国同盟連合を設置するよう要求しています。ルーズベルト大統領は全世界に向けて仲裁裁判所設置を提案し、連邦議会に向けた一般演説で、アメリカ陣営は全力で、武器を使わない世界を創らなければならないと告げています。

アメリカについて少し言わせてください。無限のチャンスに恵まれた国は、不屈の精神を持って最善で最新の計画を描き出した国であり、最もシンプルかつ迅速に計画の実現方法を探し出した国です。つまり理想主義的思考と、現実主義的行動を兼ね備えた国なのです。現代の平和運動は、アメリカの強力な支援を得て、平和を実現することでしょう。アメリカの平和キャンペーンの綱領に記された文章のなかにも具体的な方法論が明示されています。第一に仲裁裁判所条約、第二に国家間の平和協定、第三に国際機関を設立すること、それらによって戦争の必要性を減らすことです。

一九〇四年十月十七日、ルーズベルト大統領がホワイトハウスに招いてくださったとき、彼は私にこう言いました。

「世界に平和は訪れます。必ず。だが、それには時間がかかるでしょう」

そのとおりです。どれだけ明確に目標を設定しようとも、それがどれだけ明瞭で実現可能な目標に見えようとも、その道のりを一歩一歩進むしかなく、その過程では無数の障害を乗り越えなくてはなりません。

平和主義が立ち向かう戦いは、たやすいものではありません。この波乱の時代におけるあらゆる苦悩や問題のなかで、最も重要で、最も大きな結果を伴うものは、国家間の関係でしょう。世界平和がどれほどの幸せと恵みをもたらすかわからないように、世界大戦がもたらす悲劇がどれほど恐ろしいかも想像がつきません。その脅威はいまだに存在し、現在でも多くの裏切り者たちがそれを画策しています。

平和主義の代表者たちは、自分たちがいかに微力であるかわかっています。その数や信望が少ないことも理解しています。しかし我々は謙虚であっても、活動の目的を卑下してはいません。この活動は人が関わることのできる最も崇高なものだと信じています。

ヨーロッパが破壊と崩壊の戦場でありつづけるか、それともこの危険を回避し、安全な世界平和が訪れ、市民の文明が開花するかは、すべて平和主義者の解決法にかかっているのです。これこそ、第二回、万国平和会議で議論されるべき事柄だったはずです。海上における戦争法規や爆撃すべき港、都市、村について、地雷を埋める場所について、話し合っている場合ではなかったのです。このことだけを見ても、いま君臨している戦争支持者が、まさに平和主義運動の舞台で、いかに戦争を維持しようとしたかがわかるでしょう。

しかし、平和主義者は会議のなかであれ外であれ、敵から身を守るために手を取りあい、一歩を踏み出すつもりです。ルーズベルト大統領の言葉を繰り返せば、彼の任務とは、すべての国家の任務でもあるのです。すなわち、「人類間の調停を武力に頼らない時代」を作り出すことなのです。

魂の暗闇に慈悲をもたらすために

ジェーン・アダムズ

一九三一年受賞

「社会が罪の意識を持ち、混乱の原因を説明すると同時に、秩序だった社会になるための論理的方法を示唆してくれることを、私は切に求めていました。身のまわりで起こっている貧困に深い責任を感じましたし、社会主義者からも何度も責任を非難されてきました(1)――ジェーン・アダムズ」

非国民と呼ばれた聖人

イリノイ州の小さな町シーダーヴィルで、七歳の少女が何より望んでいたのは、「粉屋にふさわしい親指」を手に入れることだった。少女は、挽き臼のまえに陣どり、回転する臼のあいだから出てくるトウモロコシの粉を親指でこすりつづけていた。

「長年、挽き臼を使ってきた父の親指みたいに、自分の親指も幅広くなってほしいというのが、私の夢でした。……父の真似をすることが私の愛情表現だったのです。いま思うと、もっとふさわしいやり方があったと思いますが、そのときの私にとって、父への敬愛を示すには、それ以外考えられませんでした。私は——当時の人々がみなそうしていたように——全力をかけてすべての責任を負おうとしている男たちへの称賛を、自分なりに伝えようとしていたのでしょう」

四十歳になったときの自叙伝に、彼女はこのように書いている。(2)

少女の「最愛の父」、ジョン・アダムズは、イリノイ州議会議員を八期務めた人物で、リンカーン大統領[*1]の親友でもあった。二歳で母親を失ったジェーンにとって称賛すべき人は、大統領から「親愛なるダブル・D・アダム」と呼ばれていたこの父親ただひとりだった。彼は娘をアメリカ人クエーカー教徒の

＊1 第十六代大統領（任期・一八六一年〜六五年）

信仰に沿って育てた。プルート[*2]にまつわる英雄伝を読むたびに五セント硬貨を、『ワシントン・アーヴィングの生涯』を一巻読むごとに二十五セント硬貨を褒美として与えた。少女の人生にとって父こそ太陽であり、そこにいてくれるだけで、彼女をたびたび襲う鬱の病から救い出してくれる存在だった。きょうだいは八人いたが、四人は幼くして亡くなり、あとの四人は少女よりもはるかに年上だった。やがて、義母のアンが家族に加わる。

「父は、私に深い愛情を注いでくれただけでなく、人生において必要な道徳心も教えてくれました。それは私の人生の支えとなり、困難な状況下にあっても信念を貫くという力を与えてくれました[(3)]」

ジョン・アダムズは多くの時間を娘と過ごし、教育に力を入れた。そして「誠実さ」の重要性を伝え、彼女は生涯その教えを守りとおした。

少女は成長し、一八八九年、「セツルメント（救済の家）運動」を起こして聖人のごとく尊敬されたが、数年後にはその平和活動のために非難され、迫害を受けることになる。アメリカで活躍する女性トップテンに何度も選ばれる一方、たびたび「非国民」と呼ばれて弾圧された。ノーベル賞候補に八度も名を連ねるが受賞をのがし、一九三一年、ついにノーベル平和賞を受賞した。

彼女の名は、ジェーン・アダムズ。女性の受賞としてはベルタ・フォン・ズットナーにつづく世界で二人目の、アメリカ女性としては初の受賞であった。

絶望と無力

ジェーンは幼いころから、脊柱炎[*3]に苦しめられていた。

＊2 ギリシャ神話に出てくる冥界の王

＊3 脊椎の結核といわれる感染症

「背骨が曲がっていたために、いつもあらぬ方向に頭をかしげて歩いていました。尊敬していた父が恥ずかしい思いをしないよう、父のそばに近寄らないように気をつけ、伯父のジェームスに寄り添っていたものです」(4)

一八八〇年、二十歳で病が悪化する。翌年には最愛の父も亡くした。薬も入浴も湿布も、心の痛みまでは取り除いてくれない。憂鬱の雲がつきまとった。重度の精神衰弱のために生涯にわたって施設で暮らした兄のようには病に屈することはなかったが、どこに行くにもつきまとう恐ろしい影と必死で闘わなくてはならなかった。

しばらくのあいだ、ジェーンは姉の家のベッドに文字通り縛りつけられていた。少しの読書は許されたが、志していた医学の勉強を続けることは不可能になった。価値のある活動がしたいというジェーンの願いは、むなしく消え去ったかに思われた。当時の日記には、こんな一文が残されている。

「……人はみなそれぞれの方法で、自分のモラルを行動に移さなくてはならない。何もしなければ、ただの抽象的な言葉でしかない」(5)

だが、どう行動すればいいのか、まったく見当がつかなかった。ジェーンは職を探しはじめたが、それには一年もの歳月が費やされた。当時を振り返って、こう述べている。

「たぶん自分自身にうんざりし、どういう人間になるべきか考えることにも疲れていたのです。自立のために必要な保障や権利はずっと手元にあったのですが、たび重なる惨めな失敗のせいで自分を見失っていたのでしょう」(6)

一八八三年から、ジェーンは病の治療と父を亡くした哀しみを癒すため、西ヨーロッパへ旅に出る。だが、快復へのきざしはまったく見えなかった。

「旅に出ても、慰めを見つけるどころか、哀しい予感がますます現実のものとなりました。二年のあいだに、貧困の絶望的状況を知り、自分がこれまでいかに無駄な努力をしてきたかを痛感しました。結局、どれほど教育を受けても何の役にも立たず、いくら多くの情報を集めても行動に移すには力が足りないことを思い知らされただけでした」(7)

彼女をこれほど憤慨させた貧困とは、ロンドンのスラム街のことだった。しかしジェーンが自分の居場所を見つけるまでには、さらに長い年月が必要だった。

「一八八一年にロックフォード大学を出てからハルハウスを開いたのが八九年。八年もかけて、私はようやく明確な目的を見つけ、可能なかぎり行動に移そうと決心することができたのです。それまで、道徳的な人生の目標について、漠然とした考えしか持っていませんでした。唯一わかっていたのは、真に価値のある生き方をしたいという決意と、抽象的で偽善的な思考に満足してはいけないということだけでした」(8)

ジェーンは当時のアメリカで大学入学まで許された特権的な女性だったが、それでも彼女の青春時代は絶望と無力感の塊だった。絶望と無力——それこそ、彼女が著書『ハルハウスの二十年』のなかで幾度となく用いた言葉だった。

ハルハウスの誕生

ジェーンがハルハウスを設立しようと思ったのは、若いころにヨーロッパで、極度の貧困に苦しむ人たちを目にしたのがきっかけだった。

ロンドンでは、町の使節団が旅行者を土曜日の夜に開かれている青果市に連れていく催しがあった。

市の法令により、日曜日はあらゆる売買が禁止されていたので、食料品業者は日持ちのしない物をその場所で売り払うのだ。ジェーンは、ある男が手にいれたキャベツにむさぼりついているのを見た。洗ってもいないキャベツだった。

「……手、何も持たず、弱々しく、疲れ果てた手。薄暗い街灯の下で唯一輝いて見えたのは、売り物にもならない食糧を求めるいくつもの手でした……この世界で人間の手ほど、表現力のあるものはありません。手は最古の道具であり、これによって人類は未開の地を切り拓く術を知り、働きつづけることができたのですから。この日以来、私は少女たちが踊る手つきを見ても、子どもたちが元気よく先生の質問に答えようとあげる手を見ても、いつもあの情景を思い起こして心が痛みました」(9)

貧困問題に対する答えを求め、ジェーンはイタリアからフランス、オーストリア、ドイツをまわった。どの国でも社会的弱者の姿を見たが、ロンドンで見た悲劇的な光景ほど長く心に残るものはなかった。そして同胞への反感が彼女のなかに膨れあがっていた。当時、ヨーロッパは、大西洋を越えて教育を受けようというアメリカ人の母娘であふれていた。しかし、そんな教育が、日々の生活に生かされることはほとんどない。彼女らは遺跡を訪れ、美術館をめぐり、古典音楽や詩歌の軌跡を辿る。

「彼女たちは大学教育を受け、ヨーロッパ旅行を許され、政治経済を勉強することができる人たちです。けれど結局は無為な人生を生きなくてはならないのです」(10)とジェーンは書いている。

帰国後、ジェーンの鬱は、収まりをみせた。しかし状況をどう変えればいいのかはわからなかった——現実世界に対しても、自分自身に対しても。

一八八七年、ジェーンはローマに旅立つ。長年の希望であったカタコンベの研究のためだった。一方で、自分が手にした特権を十分に生かしきれていないという良心の呵責を感じつづけていた。さらに追い打ちをかけるように、リュウマチの激しい痛みに襲われ、何週間もローマで看護を受けるはめになり、研究は打ち切らざるをえなかった。またもや彼女はベッドに縛りつけられた。病が癒えた一八八八年四月、ジェーンはマドリッドを訪れ、闘牛を見物する。

「そのとき、突然気がついたのです。私は、夢想家のごとく自らの良心を無視してきたということに。未来を思い描くことで慰めを見出し、それを文章に綴ることだけで満足し、具体的な行動をひたすら先延ばしにしていたことに。行動を起こさないのは、偉大な仕事を成しとげるための準備期間だと自分をあざむいていたのです。闘牛を見て、道徳心が傷つくことによって初めて分かりました。私は自分が、隣人の愛を運ぶ馬車道から大きく横道に逸れ、安全な場所に座ったまま、自分勝手な想像だけで馬車道を眺めていたことに気づかされたのです(11)」

ジェーンは、シカゴの貧困を極めた地域に家を建てることを決意した。おそらくその家は、曖昧な行動と決別し、彼女の孤独を癒す手段だったのだろう。こうしてハルハウスの構想が生まれた。

終わりのない貧困

女性店員が、きらびやかなピンク色のシルク生地を注意深く巻き上げ、棚に置いた。それを見ていた十六歳のマルセラは、これなら夢のように美しいドレスが作れるだろうと思った。だが、父が亡くなり、母と兄弟たちが食うや食わずの生活費では、自分のためにシルクの生地など買うのは夢物語だ。マルセラは、ダンスパーティにも、古い、すり切れたドレスを着ていかなくてはならなかった。彼女は我慢できずに、シルクの生地にそっと手をのばした。マルセラは逮捕され裁判にかけられた……。

あるポーランド人の少年は、給料の全額を父親に渡していたが、小遣いは一セントもなかった。クリスマスを前にして、マニキュアのセットやネックレスがほしいという妹たちの願いを叶えてやりたかった。そのためには、盗むしかなかった……。

二十世紀初頭、シカゴでは毎日のように子どもが裁判にかけられていた。子どもたちは飢えや寒さから身を守るために盗みを働いては逮捕された。食糧雑貨店の店先に並んだ石炭や野菜は、子どもたちにとって家族を窮地から救う招待状に見えたのだ。四歳や五歳の子どもたちが厳しい処分を受け、年長の子どもたちは少年院に送られた。

貧困は想像を絶し、終わりがなかった。産業化により雇用の機会は増え、豊かな未来を夢見てアメリカへやってくる移民があとを絶たなかったが、手に職を持たない労働者の生活は悲惨なものだった。衛生施設もない貧しい共同住宅にはチフスと肺病が蔓延していた。女たちは二十四時間働いて、やっと生きるためだけの収入を手にした。縫子として休みなしで働いても、十二枚のズボンで五〜九セントしか稼げない。家族の面倒をみたり、子どもたちを教育したりする時間もない。なんとか収入を増やそうと、深夜に清掃や水運びをして働いた。そのため、年端のいかない子供たちは路上でほったらかしにされ、五歳や六歳になれば新聞配達や工場の手伝いに駆り出された。

まともな職に就くことは非常に難しく、とんでもない長時間労働から子どもを守る法律も保険もなかった。もし機械を扱い損ねて怪我をすれば家に帰されるだけで、ときには障害者になることさえあった。両親は涙ながらに損害賠償請求の権利放棄の書類にサインするしかなかったのだ。

ジェーンは、ロックフォードの神学校で友人だったエレン・ゲイツ・スターといっしょにシカゴのスラム街にハルハウスを開き、非人道的な生活状況の改善を試みる。エレンは、ジェーンの計画を力強く支え、実行する手助けになってくれた。

そもそも、見聞を広めるためにジェーンにロンドン行きを勧めたのもエレンだった。ロンドンでは、ペルメル・ガゼット紙が「窮民」の問題を積極的に取り上げていた。また、若い学生たちは、こうした状況にすばやく反応し、政府の救済を待たずに行動を起こしはじめていた。そこでジェーンが目にしたのは世界初の福祉施設《セツルメント》「トインビーホール」[*4]だった。ロンドンでジェーンは、はっきりと確信する。

「貧困を前にして、問題や落胆がいかに大きなものであっても、まず、できることから始める努力をしなくてはならないのです。日々、役立つことを実践していくなかで慰めが生まれる……この先、いかに辛い人生が待ち受けていようと、ただ無邪気に傍観していた自分から抜け出し、ようやく〈人生の準備期間〉を卒業できたことを私は嬉しく思いました」(12)

二十九歳のジェーンは、いよいよ理想の正義を現実のものにする。

「正義は理想のなかにしか存在しないと言う人がいます。永遠につづく平和の王国でしか実現できないと思い、英雄が強い力で正義を満たしてくれるのを待っている人がいます。そういう人たちは、すべての人の人生に真実が潜んでいるのを理解していないのです。真の正義は、教育から生まれ、私たちが人生の旅路で出会う人々の苦しみに深い同情を抱くことから生まれるのです。公正の歩みを一歩また一歩と進めることによって大きな理解を生み、それが世界を救うはずです」(13)

貧しい人々と生きる道

トインビーホールを訪ねることで、ジェーンは階級のあいだに横たわる巨大な社会格差に橋をかけることが可能だと知る。慈善の施しを分け与えるだけでなく、貧しい人とともに生き活動することで根底にある問題と向きあい、長期的に彼らの生活を改善できるのだ。

＊4 一八八四年、ロンドンに建てられた貧困・老人など社会的弱者のための施設。セツルメント運動の発起人のひとり、アーノルド・トインビーにより着手され、リミュエル・バーネット夫妻により設立される

ジェーンとエレンは、シカゴの十九区にイタリアやドイツ、ギリシャ、ポーランド、ロシアなどの移民が暮らす地域を見つける。路地は信じがたいほど不潔で、学校は不足しており、街灯はほとんどなく、あったとしても壊れていた。下水設備のない家は何百軒とあった。そもそも、下水設備を整えられるほど金銭的余裕がある家族は、この地区を出ていくのだ。

住人の多くは自宅で仕事をしていた。経費を最低限に抑えようとする企業の作業場は、どこも真っ暗だったからだ。一世帯用の家に何家族もがひしめきあって暮らしていた。水道は、裏庭に一つしかない。ゴミや灰はすべて路地にある大箱に放り込まれた。劣悪な環境のなかで、ハルハウスは多くの移民たちにとって、自由に息ができる唯一の避難場所になった。ここでなら彼らは自分たちの言語を話し、音楽を奏で、自分たちの文化を生きることができた。移民たちは創設者の助けを借りて、アメリカでの生活にしだいに慣れていった。ジェーンは自らの哲学をこう語っている。

「セツルメントは、現代の大都市における社会的・産業的問題を解決するためのひとつの試みです。基本理念は、一部の者だけが一方的に苦しむべきではない、ということです。人口過密の地域に社交と教育の場を提供し、格差を埋めようというものです。この施設は、社会的・政治的プロパガンダを一切持っていません。いわば宿屋のようなものです。セツルメントにとって最も重要なことは、環境の変化に適応し、要求に応じてあらゆる活動を起こすことです」(14)

ジェーンとエレンはハルハウスのなかに幼稚園を作り、読書会など、さまざまな社会活動のための夜会を開いた。少女たちは手芸教室で裁縫を習い、少年たちは工場で木材や鉄鋼の扱いを学んだ。ジェーンとエレンは支援金を出してくれる富裕層を探し当て、活動に興味を持ち、相互協力ができそうな社会的身分の高い人々とも親しくつきあった。教会や慈善組合も、ハルハウスを支援してくれた。

やがて、健康栄養学の講座や、無料食堂、劇場、アートギャラリー、学校が生まれた。ジェーンとエレンは自らの資産の多くもハルハウスにつぎ込んだ。節約のため、ふたりは料理や掃除もした。ジェーンはこう述べている。

「金銭的に苦しくはありましたが、セツルメントの提案が現実社会の求めるものに合致していれば、必要な資金は必ず得られる自信がありました」(15)

飢えた者に食糧を与え、病を治療するのは当然のことだが、若者に喜びを、高齢者には慰めを与え、社会活動の欲求を叶えることも同じくらい大切だと、ジェーンとエレンは考えていた。(16)

ジェーンはようやく自分の居場所を見つけられたことに満足していた。尊敬するレオ・トルストイと同じく、貧しい人々とともに生きる人生を歩んでいたのだ。この偉大なロシア人とは面識があり、ジェーンは彼こそ、良心に従って自らの人生を変え、理論を行動に移した人物だと称賛している。この「行動で示す教えの素晴らしさ」こそ、ジェーンがトルストイに引かれる所以だった。彼の著書はすべて読破し、その思想に深い影響を受けた。トルストイが教えてくれた生き方こそ、「人として当然の」行動であり、「正義を貫くことが難しいと感じ、また正義の道を探すことすら難しいと感じている良心的な人々にとっては、非常に価値のあること」であった。

人類を結びつけることは分離させることよりも価値がある――この融和的精神による平等を受け入れれば、出身や言語、宗教や伝統の違いは簡単に克服できるとジェーンは確信していた。彼女とエレンはこの考えを日々行動に移した。のちにジェーンは自身の活動をこう振り返っている。

「教育的・博愛的施設を作り育てること。シカゴの労働者階級の生活環境をつぶさに見て、改善すること。それが私たちの目標でした」

ボランティアで参加する人が増え、人々が団結していく姿にジェーンはこの上ない喜びを感じていた。

「彼らは人間的な深い絆で結ばれ、共通の目標に向かっているのです」

ハルハウスはシカゴの共同生活、社会生活に欠かせない存在になっていった。こうした活動に影響を受けた若者たちが、社会科学者やソーシャルワーカーの第一世代になった。彼らのねばり強い研究と調査が実り、労働基準法や児童労働法、義務教育、女性の労働時間の制限など、画期的な法律改正がなされた。さらに初の少年裁判所が設立されるなど、シカゴの改革はますます広がりをみせ、連邦議会にまで影響を与えるようになった。さまざまな国籍の移民がひしめきあうシカゴという小さな世界で花開いたジェーンの社会的正義の理念は、しだいに世界の平和を求める哲学へと発展していった。

だがこのころ、第一次世界大戦に続く争いが起こり、ジェーンはひどく衝撃を受け失望した。平和のままに共存するという理念は、砂の上の城のようなものなのだろうか。紛争や暴力につながる原因があろうとも、人はなお協力して生きられるという前向きな経験も、ハルハウスの外では通用しないのだろうか。

米西戦争が勃発した一八九八年、ジェーンは大胆な行動に出る。フィリピン併合を激しく非難し、反帝国主義連盟シカゴ支部に入会したのだ。一九一二年には支持していたルーズベルト大統領との関係も絶つことになる。彼の外交政策や軍事思想が、揺るぎない平和主義者のジェーンには受け入れられなかった。戦争を起こす勇気があるなら、愛する人を殺さずにすむ道徳的な方策を考えるべきだ——これがジェーンの考えだった。だが現実には、あらゆる場所で戦争が猛威をふるっていた。戦地ヨーロッパからはるか離れたアメリカでさえ、「復讐だ！」「敵国に死を！」といった憎悪の声が高まっていた。

ジェーンは政治家にも世の中にも失望し、平和が失われた哀しみにくれた。それでも勇気を奮い立たせた——諦めないためには、そうするしかなかった。

平和活動による孤独

「若いころから、私は人生の暗く不可解な世界を見てきました。その体験が今の私を支えているのかもしれません。人類にのしかかる説明のつかない不正や、人生の厳しい法則には、もう慣れっこになっていました」(17)

一九一五年、ワシントンで、女性平和運動家であり婦人参政権論者のケーリー・チャップマン・キャップをはじめとする女性団体の代表者たちと出会ったあとに、ジェーンに再び試練が襲う。平和活動を始めたことで、同胞から迫害され、憎まれ、孤立することになったのだ。しかし一方で、戦争の終結と女性の決定権を求める婦人平和党（ＷＰＴ）が設立されたという喜ばしいニュースもあった。*5 さらにＷＰＴは、戦後、恒久的な国際平和事務所を作ることを要請し、ハーグで開かれた万国国際平和会議では、平和問題を最優先させるよう強く要求した。

オランダの観光船ノールダム号にのって、ジェーンは四十数名のアメリカ人女性とともにオランダに向かい、国際婦人議会に参加した。一九〇六年度のノーベル平和賞を受賞したルーズベルトは、これを「早まった馬鹿げた行為」と非難し、イギリス政府はこの船を止め、最後まで船の運行を許可しなかった。ジェーンがハーグに着いたのは、文字通り議会が開かれる数秒前だった。

議会には十二カ国、一〇〇〇人以上の代表者が集まり、交戦中の国々に向けて、戦争終結を求める声明を出すことを採択した。議会終了後、二組の代表が世界各国の十四の首都をまわり、一人の国王、二人の大統領、二十一人の大臣、さらにはローマ法王ベネディクト十五世を訪問した。ジェーンはロンドン、ベルリン、ウィーン、ローマ、パリを訪れた。帰国後は国際婦人議会の議長として、ウッドロウ・

＊5 ただし、アメリカで女性が選挙権を獲得したのは一九一九年になってからである

ウィルソン大統領の説得に当たった。しかし、こうした努力もむなしく、ウィルソンはこれを拒絶した。

無差別な戦争が原因でヨーロッパは極貧と窮乏の状態にあるという報告書が、ますます反感をかった。さらに、接近戦で互いを銃剣で突きあう兵士たちは、すり減らした神経を静めるために麻薬漬けにならざるをえないというジェーンの言及が波紋を呼ぶ。(18) 平和を願う言葉は、戦争の勇ましさに敗れた。世間が求めていたのは、勇気やヒロイズム、自己犠牲などの美徳だった。それを批判する者は非国民と呼ばれた。アメリカ人たちは、平和を懇願するジェーンを激しく罵倒し、新聞は裏切り者のレッテルを貼った。ハルハウスの友人や支援者さえも、彼女を避けるようになった。なかには公の場で、他人のふりをする者までいた。

それでも、ジェーンの決意が揺らぐことはなかった。一九一五年秋、彼女は「クリスマスまでに息子たちを戦地から取り戻そう」というスローガンを掲げ、平和船を出航させるというヘンリー・フォード*6の考えを支持した。また個人的にウィルソン大統領に対し、この戦争にアメリカが荷担しないことを懇願した――が、これもまた無駄に終わった。

一九一七年、アメリカの参戦をきっかけに、ジェーンは完全に孤立する。エミリー・グリーン・ボルチ女史によれば、常に人に囲まれていることを愛したジェーンだったが、彼女はいまや孤独の際にいた。イェール大学の名誉博士号を取得したほどの女性が、誰からも疎まれる存在になったのだ。マスコミや権力は彼女を「非国民であり、国家の戦士を堕落させる破壊分子」と呼び、戦争中は司法省の監視下に置いた。婦人平和党の友人たちですら、戦争支持者の票欲しさから遠のいていった。自信を失ったジェーンは、激しい自己憐憫に襲われる。ときには「人間の狂気」に巻き込まれていると感じることさえあった。

＊6 一八六三～一九四七年。フォードモーター社創業者。平和主義社としても知られる

ようやく認められて

戦争が終わり、愛国主義という幻想が打ち砕かれて初めて、ジェーンは再び公の場に姿を現した。一九一九年、彼女は新しく組織された婦人国際平和自由連盟（以下、婦人連盟）の議長に選ばれる。この婦人連盟は今日にいたるまで、ジュネーヴで活動を続けている。恒久の平和という着想を現実にするための基盤となるこの組織に、ジェーンは全力を注いだ。

何百万人もの国民が、世界中の全面武装解除を求めるジェーンの請願書に署名した。アメリカ中を車でまわって集めた署名は、一九三一年十一月末にハーバート・フーヴァー大統領に提出された。

さらにジェーンは婦人連盟の代表として、メキシコ、ハワイ、アジア諸国などを歴訪する。ジェーンとハルハウスのことは世界中に知れわたっていた。ようやく彼女の活動は愛情と尊敬の念を持って全世界に受け入れられたのだ。彼女は十年のあいだ婦人連盟の会長として活動し、名誉会長の座を生涯離れることはなかった。一九二一年のウィーン、二二年のハーグ、二四年のワシントンDC、二六年のダブリン、二九年のプラハで、国際平和会議の議長を務めたこともあった。健康状態が許すかぎり、あらゆる会議に参加し、募金を募り、個人的にもアメリカ支部に毎月五〇〇ドルを寄付した。

一九三一年、ジェーン・アダムズは、ニコラス・マーレイ・バトラー[*7]とともにノーベル平和賞を受賞する。戦争中に平和主義者を口汚く攻撃していたバトラーとの同時受賞は皮肉だったが、彼女は心から受賞に満足していた。実際、受賞に先駆けて後援者が開いた豪華な推薦キャンペーンも容認し、賞のおかげで平和活動の真の価値が認められ、アメリカ国外でも高い評価が得られれば、中傷を浴びせる者たちに伝わると確信していた。賞金の約一万六〇〇〇ドルは婦人連盟に寄付した。

＊7 哲学者、教育者。一八六二〜一九四七年。ニューヨークのコロンビア大学の校長であり、平和に関する団体や議会の議長や会長を務めた業績が認められての受賞だった

オスロの授賞式には行けなかった。腸に見つかったガンが進行していたのだ。それでも彼女は、平和の大義のために、できるかぎりの活動をしつづけた。アインシュタインの要望を受け、一九三五年のノーベル平和賞にカール・フォン・オシエツキーを推薦する。

「戦争の責任が誰にあるか、誰にもわかりません。いうなれば戦争に関わるすべての国に責任があるのです。しかし最後は人間の慈悲が勝利を収めるでしょう。相互理解と善意という古くからの価値観が再び注目され、そのとき中立の立場にとどまった人はこのように非難されるでしょう。我々の仲間が常軌を逸し、狂気をはらんだ愛国精神に浮かれているときに、なぜあなたは沈黙を守りつづけたのですか、と」[19]

ジェーンは第二次世界大戦の恐怖を目にすることなく、一九三五年五月二十一日にこの世を去った。

ハルハウスの現在

ハルハウスは現在七〇〇人のスタッフを抱え、シカゴの恵まれない人々に援助支援を続けている。

児童向け事業――託児所、勉学補助
未成年者向け事業――孤児のための支援プログラム、薬物乱用防止教育、ソーシャルワーカー育成、若者育成、スポーツ事業、コンピューター教育
家族向け事業――家族カウンセリング、ペアレンタル・トレーニング、非識字者のための読書講座、家庭内暴力防止教育、精神衛生教育

成人向け事業——生涯教育、職業指導、経済カウンセリング、演劇パフォーマンスと美術展示
高齢者向け事業——食事宅配サービス、リハビリサポート、交流会、在宅看護、早期退職教育

ハルハウスはシカゴに六つのセンターと三十五の支部を持ち、年間二〇〇万人にサービスを提供している。ハルハウスの歴史を語るには、創設者の貢献に触れずにはいられない。この地域初のさまざまな公共施設、すなわち、浴場、遊技場、公立高校、公共無料施設、職業訓練所、近隣支援団体などが作られた。また、さまざまな研究を初めて試みた機関でもあった。とりわけヘルスケアの分野において、助産術と産科における乳幼児死亡率や結核、腸チフスの原因を調査した。また女性用の下着やマントを製造する会社や、ドルカス連邦労働組合、女性貿易組合などいくつかの労働組合もハルハウスで生まれた。

(深刻な病によりジェーン・アダムズは授賞式を欠席し、スピーチ原稿は残されていない)

平和の精神構造

エミリー・グリーン・ボルチ

一九四六年受賞

「親愛なる中国の皆様

これは私からの愛の手紙です。……アメリカ人の私を、あなた方は資本主義者と呼ぶかもしれません。しかしそれが愛の妨げになりましょうか？　私の愛はひるみません。もちろん困難は多々あるでしょう。　お互いに伝統も異なれば、人々の性質も言葉も宗教も異なります。しかしそうしたことを除けば、私たちは対等であるはずです。我々人類はみな同じように苦しみとともに生き、笑い、泣くことに変わりありません。

イデオロギーによって隣人は分断されるべきでしょうか？　いいえ、そんな必要はありません。もちろん共存するには困難が伴います。同じ国に住み、同じ言語を話し、共通の宗教を信じる人でさえ、互いを信頼することは難しく、無条件で理解しあえるわけではありません。しかしどんなに大きな障害も乗り越えられるはずです。ともに生きる道を学んでいきましょう……」(1)

一九五五年秋、ある手紙がクリスチャン・サイエンス・モニター誌に掲載された。ひとりのアメリカ人から中国国民に向けられたこの手紙は、数奇な運命を辿り、中国に届けられた。小説家パール・S・バックがこの記事を中国をはじめ全世界に配るため、一〇〇冊を取り寄せた。婦人国際平和自由連盟（以下、婦人連盟）は、全会員に雑誌を送った。そしてついに翻訳が中国の全国日刊紙「大公報」に掲載されたのだ。

この手紙の送り主エミリー・グリーン・ボルチは八十八歳だった。彼女はアメリカと中華人民共和国との架け橋になるべく、政治的、個人的交流の基盤となる「善意」を示したのだ。中国衛生部の局長であるリ・テ・チュアン女史はエミリーを、当時世界の中でほぼ完全に孤立していた中国に招待した。このときエミリーは辞退したが、一九五六年にエミリーが名誉総裁として出席していた第十三回国際婦人会議にチュアン女史が参加し、ふたりは顔を合わせる。「ミス・ボルチの手紙に、私たち中国国民は深い感銘を受けました」とチュアン女史は語った。

エミリー・グリーン・ボルチはボストン南部ジャマイカプレーンズの出身で、生涯の目標は社会に貢献することだった。彼女は不屈の精神で、粘り強く、ときに頑固と言える姿勢で政治に関わってきた。ただし常に裏方として。友人であり同志でもあったジェーン・アダムズに、「これまで出会ったなかで最善の人」といわしめたほどだ。それに対して、エミリーはこう応えている。

「幼いころ、私は美しい人になりたいと思っていました。しかし、神は私を美しくお創りにならなかったことをすぐに理解しました。次に、知的で優秀な人間になりたいと思いました。しかしこれもまた神の意図されるものではないとわかりました。そこで私は善い人間であろうと決めたのです」(2)

ジェーン・アダムズと同じく、エミリーもまた、男性が独占的決定権を持っていた時代に国際政治に積極的に関わった最初の女性のひとりだった。当初は社会問題に焦点を当てていたが、すぐに自分には研究と教職が向いていると気づく。そこで平和を実現するための経済的構造、社会的構造を築く助けをしようと思うにいたった。「この世界の次元で生きるのではなく、神の次元に生きる」ことが彼女の信条だった。

エミリーは九十四歳になるまで活動を続けた。友人たちに愛されたその皮肉なユーモアも生涯失われることはなかった。一九四六年、ジョン・ローリー・モット[*1]と同時にノーベル平和賞を受賞したが、全世界からの祝福の声に対し、彼女はこのように述べている。

「死ぬ前に自分の葬儀に出られたような気分です」

数々の支持者のなかには、トルーマン大統領[*2]もいた。

知性による批判

「きょう私は若者に死の宣告をする。これが称賛で迎えられるとは皮肉なものだ」

ウッドロー・ウィルソン大統領は、涙を流してこう秘書に訴えた。一九一七年四月二日、大統領は上

＊1 一八六五～一九五五年、YMCAの指導者として国家間の橋渡しを行った

＊2 第三十四代大統領（任期・一九四五～五三年）

院議会の本会議を召集し、宣戦布告をおこなった。

国中が喜びにあふれ、国民は熱狂して星条旗を振っていた。小雨が降っていたが気にする者は誰もおらず、発表されたばかりの声明に興奮が頂点に達していた。宣戦布告を聞いた人々は、すぐにでもこの戦いに参加したいと願っていた。

四日後、アメリカの参戦に反対票を投じたのは、議会初の女性議員ジャネット・ランキンだった。

「私はこの国を愛しています、しかし戦争に賛成することはできません」

彼女の後ろにはエミリー・グリーン・ボルチが控え、特別傍聴席から投票の行方を見守っていた。当時ウェルズリー・カレッジの教授だったエミリーは研究休暇《サバティカル》に入っており、そのほとんどを平和活動のためにあてていたのだ。だが、投票結果は彼女の希望を打ち砕いた。

その年の二月にアメリカとドイツの外交関係が破綻したあとも、エミリーは米軍撤退に向けた活動を続けた。最後の最後まで世論を変えようと新聞記事や講義、デモを通じて、日夜あらゆる可能性を試した。だが、何もかも手遅れだった。人生を賭けて新しい社会構造を生み出し、のちにその功績が認められノーベル平和賞を受賞することになる彼女も、当時は窮地に立たされていた。ドイツが無制限潜水艦作戦[*3]を宣言すると、一九一七年四月六日、アメリカは交戦国に加盟した。

「問題解決の道は無欲の善意のなかにあるべきです。普遍的な愛――すべての生物が抱く愛、アッシジの聖フランチェスコが抱いたのと同じ愛のなかにあるのです。献身的で、他人を敬い、包み込む愛が、すべての政治活動の基盤となってくれるはずです」とエミリーは言い残している。[3]

彼女は、相互理解とすべての問題に対する解決策には「知性による批判」が必要だという見解を持っていた。しかしどんな変化も、まずは善意のなかに宿るとも考えていた。この「善意」という単語はエミリーが好んで用いた言葉で、家族の教えでもあった。

＊3 戦争時、潜水艦が敵国の艦艇・船舶に対し、無制限の攻撃を行うこと。ドイツは第一次世界大戦中、中立国であった連合国の艦船を攻撃した

ジェーン・アダムズが、「よい家庭に育ち教育の恩恵を受けた女性が、今こそ、現状を変える努力をするべきだとは思いませんか？」と呼びかけたとき、エミリーは一瞬たりとも迷わなかった。熱心な社会主義者であったエミリーはすぐさまアメリカ婦人代表団に加入し、一九一五年一月にハーグで開かれた第一回国際婦人会議に参加した。ヨーロッパで繰り広げられていた戦争と、アメリカ国内の熱狂的な戦争支持率の増加という「現状」は、あまりにも恐ろしいものだった。

エミリーは、弁護士の父と教師の母とのあいだに生まれた。父親の博愛主義と利他主義は、彼女の成長に大きな影響を与えた。両親はユニテリアン派[*4]の信徒で、奴隷制度撲滅を強く訴え、南北戦争では北軍を支持していた。両親はエミリーを育てるにあたって、「良識」「自己鍛錬」「道徳」「大義への献身」などを重んじたが、これは当時のユニテリアン主義の特徴でもあった。

若いころのエミリーは自然への愛情と、執筆への情熱に満ちあふれ、じつに幸福だった。初期の日記には、「何者かになりたい」という秘めた願望と、「内側で荒れ狂うエゴという名の怪物」との葛藤について書き連ねている。こうした感情を隠すために、皮肉っぽいユーモアを身につけ、一方で学友たちからは内気で謙虚な人間だと見られていた。エミリーは一八九〇〜九一年にかけて、ソルボンヌ大学で政治経済を学んでいる。女子学生として初めて奨学金を受け、一年間のヨーロッパ留学を果たしたのだ。ある教授はエミリーを、「知性的で、道徳心にあふれ、無欲。あらゆる意味で我が校からの留学生にふさわしい」と評している。[(4)] 当初エミリーは学友のために奨学金を辞退するつもりだったが、教授会は彼女が行くことを主張した。

当時大学に進んだ女性に多く見られたように、エミリーも当初は文学、歴史、外国語を学んでいた。しかしジェーン・アダムズから教えられ、学問は人生を賭ける仕事の基礎となるべきだと考えるように

＊4 神の唯一論を信じ、三位一体説を排する

なって以来、政治と経済が彼女のあらゆる興味の対象となった。父親のように、無私無欲で社会に役立つ存在になりたかった。

政治経済学を学ぶなかで、エミリーはしだいに平和を希求する理論家へと成長する。政治経済学こそ社会問題につながる学問だと考えた。学生時代の論文では次のように指摘している。

「社会構造は社会のルールに従って創られるが、道徳的な問題については、個人は大衆に従うのではなく、必要に応じて常に古い価値観を壊さなければならない(5)」

社会主義に魅せられて

二十二歳でパリに渡ったエミリーは、一八九三年に「フランスの貧困層を救うために」という論文を発表する。論文には、フランス政府の救済措置政策と、その運営管理や発展が記述されている。生活保護金の配給形態や経費、人口動態的情報を組み込んだ研究は、貧困層や障害者への社会福祉を初めて社会学的観点から分析したもので、統計データに基づいた研究は、当時としては画期的なものだった。理論と綿密な調査を踏まえたこの研究は、社会学の将来に新しい方向性を与えることとなった。

奨学金のおかげで多くの見識を得ることはできたが、一方でエミリーは自分の研究が学問の域をでないことに不満を覚えていた。貧困についての論文を書いたところで、現実には貧しい人々の窮状を改善するわけではない。パリから帰国すると、すぐさま実地の社会運動に取り組み、「ボストン児童援助協会」*5の発展に協力した。一八九二年十二月、エミリーはサマーキャンプで面識のあったジェーン・アダムズの提案を受けて「デニソン・ハウス」の創設に加わり、このセツルメントの経

＊5　チャールズ・バースウェルが創設

営を任されることになった。

デニソン・ハウスでエミリーが向き合ったのは、娼婦や生活保護受給者、孤児、日雇い労働者たちだった。この場所でエミリーは、経済の不公正と犯罪、そして戦争の因果関係を掴んでいった。さらに少年犯罪に関わる法律や政府機関についての情報を集めはじめる。一八九五年、その結果を『少年犯罪とマイノリティ犯罪』と題して出版したものが、この分野における代表的参考書となった。

同時に、自分の知識とノウハウを伝えることがその後の人生の最重要課題となった。彼女は自らを教育者とみなし、その役割について次のように語っている。

「古き良き価値観を維持すること、過去の財産を伝えることも大変な仕事です。しかし、それよりも一層困難で、だからこそやりがいを感じるのが、次世代が未来へ進む手助けをすることです」[6]

エミリーは、新しい思考を受け入れるにはまず多くの先入観を捨てる必要があると信じていた。同時に、あらゆる人に敬意を払うことも学ぶべきだと言っており、その「あらゆる人」のなかには弱者や無学の人々、障害者も含まれていた。

「人は自分に自由を求めるのと同じように、他人に自由を与えることを学ばねばなりません」[7]

一八九四年、エミリーは教師になるためハーバード・アネックス[*6]に半年間、シカゴ大学に三カ月間在籍している。翌年には父の助言に従い、ベルリンで社会学の理論を学び、「社会主義インターナショナル」[*7]の会合に参加するようになる。この社会主義組織の考え方は、不正や虐待問題を根絶しようとして当時の人々に受け入れられていた。一八九六年一月、帰国途中、船上で打診されたウェルズレー・カレッジでの助手の職を引き受ける。当初は学生の論文を収集する仕事だったが、一年後には授業を持つようになった。彼女にとっては新しい哲学を学生に広め、共感してもらう大きなチャンスだった。

＊6 旧ラドクリフ・カレッジ

＊7 プロレタリア国際主義にもとづく社会主義運動の国際諸組織のこと

エミリーの学会でのキャリアは、経済学と社会学での教職を得た四十六歳から始まった。彼女は「社会主義運動と移民の歴史」という講座を開き、学生たちにデニソン・ハウスでのフィールドワークを行わせた。売春宿での調査にもひるまず、同時に工場査察や最低賃金、移民の問題について行政機関とも協力を続けた。さらにフェミニスト運動や、児童労働の抑制活動や労働条件改善運動などにも関わるようになった。

そのなかでも特に彼女の心を捉えていたのは移民問題だった。この問題に取り組むために一九〇五年から二年間の研究休暇を取っている。スラブ系移民国家の原点を探るため、ヨーロッパ中をまわった。旅の途中あらゆる場所で目撃する貧困にはショックを受けた。社会主義はいたる場所で議論の中心となっていた。特に大学教育を受けた若者たちは貧困のもたらすさまざまな影響を懸念し、社会主義的政治が公平な解決策にいたると考えていた。社会主義運動のなかにある協力と無欲の精神は、エミリーの思考とも一致し、特権階級の生まれであるという罪悪感を拭ってくれるものでもあった。

一九〇六年、プラハで目にした光景をきっかけに、エミリーは社会主義者を公言することになる。

「いつもと変わらぬ、耐え難いほど寒々とした冬の朝でした。ひとりの老人が手袋もはめずにゴミ箱から食べ物をあさっていました。悲惨な窮状は数多く見てきましたが、氷の灰のなかを探る剥き出しの指を見たのは初めてでした。これが、最後の一押しになりました(8)」

だが大学がこうした活動にどう反応するか……残された記述を見るとその不安が読み取れる。

「私は社会主義者になることを決め、同時にウェルズレー・カレッジとの契約を続けようと決めていました。ただし学長がそれを理解してくれるかどうかは分かりません(9)」

大学理事会は十二年後にエミリーを解雇するが、それは社会主義活動ではなく平和活動が原因であった。社会主義者を宣言した当初は大学を追われることもなく、ヨーロッパでの経験をまとめた『スラブの同胞』を一九一〇年に出版する。多くの統計や図表を用いた包括的な論文で、初期の社会主義研究における文献的資料として注目された。

平和活動への取り組み

エミリーは幼いときから平和を愛していた。少女時代には、司祭であり熱心な平和活動家でもあったチャールズ・ドイルの説教にうっとりと耳を傾けた。「社会に貢献すること」「どんな困難が起きようとも責任を果たすこと」という司祭の教えに彼女は魅了された。その後しばらくは学問の道に進む計画を断念し、自ら教会を建てることを考えるほどだった。

そんな彼女が成長したとき、起こったのが第一次世界大戦である。改革志向のソーシャルソーカーにとって、戦争勃発は衝撃的な事件だった。彼らはすぐさま会合を開き、できるだけ早く平和を取り戻すための作業部会を設立した。エミリーは「反軍国主義連合」に参加し、平和活動家としての二番目のキャリアをスタートさせた。

「ようやく満足できる秩序を求めようという時代において、戦争は悲劇的な障害です。しかし、世界中が戦争状態にあるときにその意味を問うことなど不可能でしょう。戦争の目的は、人間の進化とはまったく無関係のようですから」(10)

エミリーは構造的なレベルで平和のために闘うことを決意する。

「戦争回避への努力が、早急に求められています。世界は爆発寸前で、誰も未来を見通すことができません。しかし誰もがときに意識的に、ときに無意識に未来を築く担い手になっているのです」(11)

エミリーは、戦争とキリスト教世界の法則は相反するものと考え、戦争回帰を止めるべきだと堅く信じていた。しかし一方では、世界の構造から戦争を撲滅させることが途方もない大改革だということも理解していた。戦争は改善されることはない——撲滅するか、代替策を見つけるかのどちらかで、人は安全を作り出さなくてはならないのだ、と。(12)

複雑な文脈を容易な言葉に要約すること——彼女自身は「何の役にも立たない」としてきた長年の教師生活で培ったこの能力が、今まさに必要とされていた。ジェーン・アダムズの後押しを受け、エミリーは一九一五年ハーグで開かれた国際婦人平和会議に出席し、議会の公式文書を作る任務を引き受ける。十二カ国、一〇〇〇人近くの代表が、戦争阻止のための平和計画を立てた。エミリーは各国の重要人物の意見や提案をまとめる媒介者として、スカンジナビアやロシアをまわった。

残念ながらこうした努力が平和の到来を早めることはなかったが、彼女は毅然とした態度であらゆる暴力や権力、弾圧政治を批判し、代わりに現実的な問題について国家間の協力を求めた。個人、集団、人類のニーズは本来対立しないというのが彼女の見解だった。

「社会的、政治的、あるいは国際的な紛争は、忍耐強く、知的な努力で解決されなければなりません。大きな目で見れば、それがすべての問題を解決する最善の方法なのです」(13)

平和会議から戻ると、エミリーとジェーン・アダムズはウッドロー・ウィルソン大統領を訪問した。エミリーはこのときの印象を次のように述べている。

「大統領個人は素晴らしい人だと感銘を受けましたが、申し入れを拒否されたことには深く失望しました」(14)

ウィルソンはふたりの女性の話に耳を傾けたが、中立国の平和会議の議長を務めてほしいという要望には応えなかった。

大統領が提案した「十四カ条の平和条約」は否決された。のちにエミリーはこうに記している。
「おそらく大統領は時がくれば適切な行動がとれると感じていたのでしょう。しかし彼はもはや中立の立場にはなく、同盟国の政治権力に完全にひきずりこまれていたのです(15)」

婦人国際平和自由連盟の事務局長に

ジェーン・アダムズと同様、エミリーもまた平和活動家としての信念のために、同胞からの反感を買った。彼女は「アメリカで二番目に危険な女性」と言われた――言うまでもなくトップは友人のジェーンだった。エミリーは通常、二番手の地位に徹し、最前線の裏で手綱を引いていたが、能弁でもあった。構造を組み立て、絶え間なく文章を作りあげることができた。そしてしかるべき聴衆に向けて声明を送ることにも躊躇しなかった。彼女はアメリカ中立協議会での経験をこう書き残している。

「あるとき、我々はニューヨークの新聞に大きな反戦広告を打ち、さらに多くの広告が出せるよう寄付も募りました。するとある朝、五番街の事務所の前には寄付をしようと集まった女性の列ができていたのです。まとめきれないほどの寄付金も郵送されてきました(16)」

エミリーは戦時中に、戦後の賠償金問題について声明を出している。

「戦後の賠償金要求は、平和の妨げになります。国が破壊される前に補償金の準備をする国などありませんが、壊滅状態にある国家が大金を払える力を持っているはずもありません(17)」

賠償金に代わるものとして提案したのが、中立国の指導に基づく復興基金制度だった。彼女は一九一六年の時点で、のちに国連が導入する制度を予言していたのである。

一九一七年、エミリーは再び研究休暇を取ったが、今回は無給だった。大学の経営陣は、彼女の平和主義者としての活動や反戦運動への参加が手に負えなくなっていると判断したのだ。一九一九年度の契約は更新されなかった。五十二歳の大学教授は、恩給基金も支払われずに突如路上に放り出された。友人の多くはこれを言論の自由に対する古典的暴力であると考えたが、エミリー自身は騒ぎたてることもなく、むしろこの決断にある種の理解さえ示した。

「私は戦争がキリストの教えにどう合致するのかが理解できなかったのです」という一文が学長宛てに書かれただけだった。(18)

その後しばらくは、ネーション誌への執筆で当面の生活費を維持していた。一九一九年、チューリッヒで開かれた国際婦人会議のあと、彼女は新しく組織された「婦人国際平和自由連盟」(婦人連盟)の事務局長に任命される。それからの四十年は、あらゆる種類の戦争を撲滅することが、エミリーにとって人生の新しい目標となった。職業として、また天命としても、国際平和に貢献し平和活動に従事することが、彼女の理想の姿だった。

ジュネーヴで彼女は婦人連盟の常設事務局を開設し、活動の基本指針を立てる。

「国際連盟に先駆けて、ジュネーヴに活動の場を定めました。国連の初期の発展を間近で見られたことは幸いでした。まだ権力政治が国連に目をつけ利用しようとする前です」(19)

国際連盟、のちの国際連合はエミリーの懸案事項を解決する波止場となった。多くの人はジャマイカプレーンズ出身の女教授がここでも影で糸を引いていると批判したが、エミリーはこうした機関の役員と文書の交換を続け、新メンバー承認の支援や、マイノリティの権利と保護のために活動を続けた。エミリーには多様な意見の人々を協力させる特別な才能があった。

一九二一年、エミリーは婦人連盟の第三回会議をウィーンで開き、ヨーロッパ中の女性たち——何よりバルカン半島の女性たちに参加を呼びかけた。やがて婦人連盟支局が五十カ国に設置され、一九四八年に国際連合NPOとして認められる。革命論者から無条件平和主義者まで、平和活動に向けて集まったあらゆる趣向のグループをひとつにまとめあげた。エミリーの強みは、すべてのグループに通じる妥協案をねばり強く練りあげるところにあった。

心の家

「私は、地球上のどこにいようとも、書物や自然、神がお与えになるもののなかに安らぎを感じることができます」[20]

エミリーは宗教のなかに精神的な支えを見出していた。一九二一年にロンドンで入信したクエーカー教の教えは、エミリーの哲学と共通していた——重要な事柄には団結し、それ以外には自由を尊重し、献身的な愛を基本方針とする。

クエーカー教の元祖「キリスト友会」は、十七世紀のイギリスで、ジョージ・フォックスにより創設された。二十世紀の初頭になると、クエーカー教は英国国教会や長老派教会とは異なる立場を取る宗教派閥のひとつとなる。ごく初期段階から女性にも平等の権利が与えられ、聖職者や伝道師のような重要な役割を女性が担うこともあった。困難の多い世の中において、信仰を実践する人々の内なる慈悲のなかにこそ神の王国は宿るという友会の信条に、エミリーは深く賛同する。

「戦争反対の宣誓書や彼らの信条、大規模な社会改革への寛大さのみならず、戦前戦後をとおして彼らの宗教があらゆる方法で示した積極的な隣人愛に惹かれました」[21]

クエーカー教徒と同じく、エミリーもそれぞれの人間のなかに、神の影として「内なる光」があると考えており――これはクエーカー教の信条の核であった――そこには全人類の平等が約束されていると信じていた。

教会の体制にとらわれず平凡で静粛な祈りだけが重用視されたクエーカー教の集会で、エミリーは「人間同士の素晴らしいコミュニケーション」が生まれる深淵な礼拝を経験し、それを深いエネルギーの源とした。対話を学ぶことはもとより、困難に立ち向かう瞑想の教えが、エミリーの活動において大きな助けになってくれたのだ。

「国際的自由」への希望

平和活動に割かれるエミリーの時間と労力はますます増えていった。健康上の理由から婦人連盟の議長を退いたあとも、ボランティアで数々の委託業務をこなした。国際大会の準備や、「薬物制御」「航空産業の国際化」「武装解除」といった会議の手伝い、個人的には国際紛争の現場で行われている十種類の平和使節団の研究に携わり、解決に向けた提案書を作成した。最大の成果は、一九二七年にまとめたハイチについての総合調査だ。婦人連盟のハイチ支部を訪れたエミリーは、一九一五年から続くアメリカの占領を終結させるべきだとの意見を発表する。これを受けてフーヴァー米大統領は正式委員会を設置、委員会の出した結論はほぼエミリーの提言と合致し、アメリカは一九三四年に撤退を決めることとなった。

続いて、一九三二年に満州を占領した日本軍への制裁と、日本への武器の輸出禁止も提唱する。彼女は多くの時間を記事や書籍の執筆、出版に費やした。第二次世界大戦勃発時には、「価値ある難民」という興味深い声明文をアメリカ政府に提出し、ナチスドイツからの難民を人道的理由はもとより、経済的、文化的理由においても受け入れるべきだと主張している。

しかしこの戦争のさなか、彼女は激しい良心の呵責に苦しめられる。ファシストによる根本的な人権冒涜のニュースはあまりにも恐ろしく、厳格な平和主義者としての姿勢が初めて揺さぶられることになった。ふたつに裂かれる感情のなかで、エミリーは友人にこんな手紙を送っている。

「おそらく外交官が言うように、自分の家だけを火事に備えるだけでは不十分なのかもしれません。隣家が燃え、窓から子どもが助けを求めているときに、顔を背けることはできないのですから」[22]

これまではどんな暴力にも断固反対を唱えていたエミリーだったが、特に日本軍の真珠湾攻撃後は、アメリカ軍の参戦を支持するようになる。しかしアメリカ政府の無条件降伏にこだわる姿勢は、戦争を必要以上に長引かせるだけだとも主張していた。このときも、一九四四年の時点ですでに、戦後問題についての妥当な解決策をフランクリン・ルーズベルト大統領に提出している。

第二次世界大戦終結時には、エミリーはすでに七十八歳になっていた。一九四二年一月一日、二十六カ国の代表が「連合国共同宣言」に署名をし、一九四五年六月二十六日にサンフランシスコで開かれた創設会議で国連が産声を上げたときも、彼女はこの動向を間近で見守っていた。

「新組織の未来は加盟国がこれから組み立てていくものです。実際の活動をとおして、組織が形作られるでしょう。国際機関の存在そのものが解決を生むわけではありません。この国際機関が道徳的価値を失ったり、道徳水準の規律を破ったり、人間愛にそぐわなかったりすれば、たちまち人々の興味は失われるでしょう」[23] さらにこうも付け加えた。「しかし現状において、この新世界機関が発足したことは、すでにある種の奇跡だとも言えます」[24]

このときからエミリーは数々の国連委員会への介入に力を注ぐようになり、これまで以上に紛争解決に重きを置くようになる。彼女が国連に望んでいたのは、発展途上地域の産業化、核の平和的利用、海路、陸路、その他海域の国際管理にあった。亡くなる二年前にエミリーは多くの提案のうちひとつを実現させる。一九五九年十二月一日、ワシントンDCで二十カ国による南国保護協定への署名が行われたのだ。人類史上初めて、特定地域での兵器実験を含むあらゆる軍事行動が国際調停により禁止されることになった。すでに一九四四年にエミリーは「国際的試みにふさわしい極地」という記事を発表していたが、これがようやく現実のものとなったと言える。

しかし彼女は世界政府という概念には疑問を呈していた。

「平和の道は世界政府のなかにはありません。政府というものは〝公の強制〟の最たるものです。我々は協力しあい、強制的政治から離れなくてはなりません。ただ隣り合って共生するだけでなく明確な共同認識のうえで確実な目標を持ち、すべての国と人類のために積極的に活動していかなくてはならないのです[25]」

これは冷戦が始まろうという時代において厳しく真価の問われる声明だった。国家権力は互いに疑心を抱き、核兵器競争の時代が始まっていた。一九四九年、ソ連は最初の核兵器実験に成功する。一九五二年、アメリカはすでに週に一～二発の核爆弾を備蓄目的で製造するようになっていた。タイム誌はこのように述べている。

「恐怖に包まれた平和のあとには、最も恐ろしい戦争が起こるだろう」

理想に生きた一世紀

「我々にはまだ大きな仕事が残されています。それは自分自身に打ち勝つことです——自分の愚かさ、怠惰、恐れ、偏見に満ちた独断的思考を乗り越えることです」(26)

エミリーはある講演で、米ソ間に膨らみつつある緊張関係についてこのように述べている。「我々はどれほど真剣に平和を求めているのでしょうか」(27)

「我々が本当に求めている世界とは、人々が助けあい、境界を越えた友好精神が芽生え、科学が暗い秘密を隠さずにいられる世界です。これはそれほど非現実的な夢でしょうか……いずれにせよ、これは世界を動かすトッププレイヤー、アイゼンハワー大統領が追い求めている目標でもあります。では何の権力も専門知識も持たない一個人ができることは何でしょう。まずは今起こっていることの意味を理解することです。我々は戦争に慣れきってしまっています。歴史と人類の英雄像に戦争が織り込まれているのです。……今ある深刻な危機とは、ひとつは不快な出来事に真剣に取り組もうとしない我々の怠惰のなかにあり、もうひとつは、まさに目の前で変化する世界のなかで戦争撲滅の可能性を想像できない我々の浅はかさにあるのです」(28)

一九四六年にノーベル平和委員会がエミリー・グリーン・ボルチに賞を授与したとき、世間は、ひとりの人間がどれだけ国際平和に貢献できるかを知ることになる。エミリーは、不屈の活動によって政府活動の地盤を築きあげることに成功した。

「すぐ先の路地を曲がれば完璧な理想郷が広がっているなどと言っているのではありません。一歩一歩、辛抱強く歩みを進めながら、次の段階に進むチャンスが来たときに行動を起こせる準備を整えることが大切なのです。勇気と希望と身を粉にして働く決意を持って、偉大で高貴な理想を追求するべきなのです」

オスロの授賞式の講演で、老婦人はこのように述べた。(29)

エミリーが生涯を通じてその活動を観察し、批評し、影響を与えたアメリカ大統領の数は十六人にのぼった。この驚くべき事実について彼女は次のように述べている。

「私は王女でもなんでもない無名のオールドミスで、ニューイングランドの元教師に過ぎませんが、人生のひととき、たまたま権力を持つ人たちとともに活動することになっただけです」(30)

ノーベル賞受賞の報せを受けたとき、エミリーは老衰とぜんそくで入院していた。ノーベル委員会の議長グナー・ヨハンはこのように述べている。

「女性の言葉にもっと耳を傾けてくれていたらと思わずにはいられません。どんなときも女性は提案を行ってきましたが、この男性優位社会ではそれが真剣に受けとめられたことはほとんどなかったのです。男性が冷笑以外の反応を示すようになれば、世の中はもっとよくなるでしょう」(31)

エミリーは受賞から二年たった一九四八年四月にオスロを訪れ、これまでで最長のレクチャーをとどけた。

一九六一年一月八日、九十四歳の誕生日の翌日に彼女はその生涯を閉じた。新時代のカリスマ的大統領、ジョン・F・ケネディがホワイトハウスに移り住む十一日前のことだった。

受賞講演

（抜粋）

1948.4.7

エミリー・グリーン・ボルチ
Emily Greene Balch

人は自分の生きてきた歳月を理解しようとし、どんな力によって突き動かされてきたかを分析しようとします。未来は予測がつかないようでありながら、現在見えているものに影響されることもあります。人は来たる出来事の原因となったり、少なくともその道筋に影響を与えたりしているのです……未来における平和について言えばなおさらです。

現在の特徴

現代には、いくつかの特徴があるようです。一つ目には、変化の時であるということ……誰の目にも明らかなのが科学技術の発達です。科学技術の開発と発見が、生産物の基盤を変え、社会関係に多くの影響を与えました。農民の手作業や手工芸が機械へと移行したことは人類史上大きな変化と言えるでしょう。

二つ目は……科学と医療の発展による人口増加。そして三つ目に……近年、人類を苦しめ、次々と繰り広げられている恐ろしい戦争があります。ただ、ひとつ救いがあるとすれば、こうした戦争がある意味で、植民地支配や帝国主義に打撃を与えていることでしょう。

ヨーロッパは戦争で大打撃を受けてほぼ崩壊しつつありますが、それでも長く必要とされてきた統一への兆しが見えています。もし成功すればヨーロッパの新時代が訪れるでしょう。そうすればヨーロッパは「戦争の母」としてではなく、「文化の母」としての役割を担うことになるはずです。

もうひとつ注目すべきは、愛国主義の普及です。これは現在も広がりを見せ、新共同体や発展途上国にも影響を与えています。ただし大規模な運動の常として、ここにもまた長所と短所が見られます。

分裂の風潮

人類が団結するには、自由、民主主義、慈悲、公共心、弾圧政治や暴力の断絶、精神的普遍性、共通の文化遺産、物理的環境や慣習の類似、国境の管理、偉業や思想の普遍化が必要です。

しかし人類の団結を目指すには、それとは真逆のもの――分裂、衝突、敵意にも正面から向き合わなくてはならないのです。

現代社会を作っているのは民主主義や慈悲への崇拝だけではなく、強欲心や暴力、国家や人種差別主義者の自己賛美、暴力への過信なども含まれています。こうしたことについて我々はあまりに無知です。

我々は、ファシズムとナチズムが氾濫する時代を生きてきました。彼らが何を目指していたにせよ、人類は多くの苦しみと損失を受けました。そしてみなさんもおわかりのとおり、こうした思考は、表面上は消えたようでも、実際はなくなっていないのです。

全体主義もまた、いまだに勢力を増しています。民主主義の苛立つほどの緩慢さに耐え難くなり、政治の効果を急速に求めているのかもしれません。あるいは経済自由主義や個人主義のシニシズムに原因があるのでしょう。しかし、いずれにせよこれは間違った道です。

全体主義者の最も危険な特徴は、「鉄のカーテン」という言葉によく表れています。自分たち以外の世界を断絶しようというのです。しかし、自然に広まっていく思考や体験を遮断し、隠蔽しつづけることができません。必要なのは世界をひとつにする力と違いを認める力であって、戦争ではないのです。

戦争撲滅こそ緊急任務です。武力は収容所に捕虜を隔離するためではなく、人類をひとつにするために使われなくてはなりません。

共通の認識を持ち、誰もが必要とすることを叶えるためには、制度化された機関が必要です。国家が国の情勢を作るように、世界の共同体が、独自の政治表明を作らなければなりません。

平和運動

平和運動、あるいは戦争撲滅運動はこれまでさまざまな原動力に支えられ、地域別、国別、あるいは国際的な民間の非公式団体によって運営されてきました。

私は、平和活動家や平和主義者（無抵抗主義者）は大きく分けて二種類の問題に向き合っていると考えています。ひとつは道徳的で個人的な問題、もうひとつは政治的で制度上の問題です。前者は主に宗教または民族的背景に基づいて暴力を拒み、友好的かつ発展的な活動に取り組んでいます。召集令状を受けた若者が自ら危険を冒し、良心に従って兵役拒否を行う例もありました。こうした平和活動は教育によって生まれます。これまでに行われている反戦と平和のための教育には注目せずにいられません。これを率先して行ったのがノーベル財団とベルタ・フォン・ズットナー女史でしょう。

もうひとつの平和活動は政治的なもので、特に具体的な問題に対し、政府や他の活動に影響を与えることが目的です。私が長年携わっている婦人国際平和自由連盟は国際機関として、また各国の国内組織として一九一五年から現在まで――そして私は今後も続いていくと信じていますが――平和に影響する政治活動をはじめとする数々の活動を続けてきました。そのなかでも最も確実に歴史を築いたといえる平和活動は、戦争を阻止し、国際協力を育成するための世界機関を作る努力を長く続けてきたことです。

新組織、国際連合はその前身よりも明らかに優れています。この組織は、注意深い話しあいの末構成されました。……国際連盟の反省を踏まえていますし、第二次世界大戦は大いなる戒めを与えてくれています。国際連盟が持っていた理想主義や希望的観測や過剰な自信は捨て、国際連合はより冷静な機関として存在しているのです。……

ただし、国際的軍備縮小や、警察組織や軍隊を含めた治安部隊の組織化という重要な問題については、いまだ明白な進歩を見せていません。核兵器の事実上の制御という恐ろしい問題についても、どう進めていくか些細な意見の食い違いによって停滞しています。さらなる科学兵器問題については、私の知るかぎり議論にものぼっていません。

武装によって世の中にはびこったのは焦燥感だけでした。一方、平和における近年最も輝かしい進歩は、現実的な世界政府を求める切実な声が広まっていることです。今後成長するこの動きに注目してください。国家主権が制限される必要性が問われ、全人類の願望と目的のためには必要に応じて国家の利益や決断を犠牲にする必要もあるということが教育されるはずです。……

「世界政府」が意味するものは、ときにスイスやアメリカ式の行政立法機関や司法制度を多少なりとも模倣した機構のことである場合があります。あるいは一塊の代表団が、国権侵略や戦争の防止に特化した目的で動く場合もあります。国際法に従おうとしない国を罰するとき、政府ではなく個人に圧力をかけようとする認識の甘さが世の中にあるように私には感じられます。一九三九年に懲罰のために選び出される人がいたとしたら、それはヒトラー以外考えられなかったでしょう。しかしヒトラーを罰したところで、大勢の人々が武器を持つことを防げたでしょうか。

暴力や侵略に対して集団保障組織を作る重要性や、「武力戦争」に発展する状況を阻止することや、悪意ある、あるいは間違った指導のもとで行われる集団攻撃を抑制することの大切さは認めます。しかし現在までに適切な解決方法はひとつも生まれていません。おそらく最も効果的な方法は、いわゆる経済制裁、そして最後に警察組織と、非軍事的な保安部隊の力ではないでしょうか。しかしこうした方法はまだほとんど研究されていないのが実状です。

軍備縮小は真の平和に欠かせないものですが、いまだ実現されておらず、以前に比べて少しもよくなっていません。

管理上の側面においても国際連合は発展の可能性は多々残されています。この文脈における国際管理とは、協力形態のことです。

世界機構がうまく機能すれば、今後は文化レベルの影響をもたらすでしょう。ユネスコがまだ完全にその能力を発揮できていないとしたら、それは文学、音楽、芸術、宗教、そして教育の分野における可能性があまりに広大で、いまだ漠然としているからにすぎません。

私はこれまで平和の基盤を作るために、恐れに立ち向かうことを呼びかけてきました。本当に恐ろしいのは、ごくふつうの良心的な人間が、アメリカ国民の代表として、核兵器を使う世界状況を作ってしまうことなのです。どんな挑発や誘惑があっても恐怖の最終兵器を使用しないことを事前に決断しなければなりません。

若者たちが良心に反し大量殺戮に加担するか、あるいは自由と民主主義と慈悲を諦めるかの選択を二度とせまられることのないよう、新たな方法を見つけましょう。

国際社会が平和のうちに発展すれば、新しい人間の可能性が開かれるでしょう。抑圧から解き放たれる春のように、友好かつ安全な空気のなかで育った若い男女が、親交を求め、冒険心のある人々に呼びかける世界を作ってくれるでしょう。

すぐ先の路地を曲がれば完璧な理想郷が広がっているなどと言っているのではありません。一歩一歩、辛抱強く歩みを進めながら、次の段階に進むチャンスが来たときに行動を起こせる準備を整えることが大切なのです。勇気と希望と身を粉にして働く決意を持って、偉大で高貴な理想を追求するべきなのです。

平和活動の母たち
ベティ・ウィリアムズ／マイレッド・コリガン

一九七六年受賞

「親愛なるルーク

『愛』は、あなたがこの棘だらけの人生という旅路をともに歩く人たちに与えることのできる最高の贈り物だということを知ってください。……敵に殺される前に殺さなくてはならないと主張するこの世界で、憎しみや殺戮を拒絶して武器も持たずに歩くのは大変な勇気が必要です。

ですが愛するルーク、あなたは愛という武器だけを持ち、力強く立ち上がり、憎しみを拒絶し、敵を拒絶し、恐怖心に人生を操られることのないように生きてください。愛だけが、人々や国々のあいだに生まれる憎しみと悪意の壁を破ることができるのです。憎しみと武器は恐れを生むだけで、戦争の到来を早めるだけです。

国を愛するという偽りの誇りの種を心に植えられてはいけません。その種が咲かすのは偏狭な愛国心という花でしかなく、恐怖に彩られたその花は周囲にある命を踏みにじり息絶やします。ルーク、いつも覚えていてください。人の命は国家より尊いことを。

母より――マイレッド・コリガン・マグワイアー」[1]

PEACE

一九九四年八月三十一日、テレビに緊急速報が流れた――「歴史的瞬間です。長い夜が明け、アイルランドに平和が訪れました」。停戦が発表されたのだ。しかし以前と変わらず、人々はアイルランド共和軍（ＩＲＡ）による血なまぐさい攻撃――自動車爆破テロや銃撃戦を覚悟していた。「自由の戦士」を名乗る彼らは、「アイルランドから戦争をなくそう」というシン・フェイン党のスローガンを守るのだろうか？　膨大な死者をもたらした二十五年以上の内戦を考えると、この国の平和はまだ壊れやすい建物のようだった。そして、アイルランド出身のふたりの女性がノーベル平和賞を受賞してから十八年の歳月が流れていた。

一九九四年秋、武装解除を表明した戦士とその指導者に世界中の注目が集まった。だがそのときアイルランドのノーベル平和賞受賞者、ベティ・ウィリアムズとマイレッド・コリガンのことについて触れる者は誰もいなかった。公式声明や国際メディアには、彼女らの名前も、ふたりが創設した「ピース・ピープル」の名も一切出なかった。本当なら、七〇年代半ばにいわゆる「集会」[*1]を起こしたふたりの勇敢なる女性たちは注目に値するはずだったのだ。当時、ベティ・ウィリアムズとマイレッド・コリガンは、自分たちの活動が必ず平和につながる環境を作り出すはずだと信じていた。

オスロで開かれたノーベル賞受賞式で、彼女らの運動の要点をまとめた『平和宣言』について、ベティはこう語った。

＊1　ベルファストの路上で行われた平和行進で、カトリックもプロテスタントも手に手を取りあい何千人という人々が参加した

「私たちは世界に向けてシンプルなメッセージを発しました。私たちが求めたのは公平で平和な世界を創りあげることです。子どもたちのために、また自分自身のために、家庭や職場や遊び場が喜びと平和に満ちたものであってほしいと願ったのです。そのためには大変な労力と勇気が必要だということはわかっていました。私たちの社会には数々の問題があり、それが紛争や戦争の原因になっていることも認識していました。銃弾が放たれ、爆弾が炸裂するたびに、この仕事が一層困難になることもわかっていました。しかし、私たちは爆弾や銃弾、その他あらゆる暴力を拒否しました。ただ来る日も来る日も、隣人たちと一緒に、悲劇が悪い思い出に変わり将来への警告となる平和な社会を築く努力をしたのです」(2)

ピース・ピープルの活動は、しかし長年のあいだに持続困難な状況に陥っていった。七〇年代、メディアはこぞってベティ・ウィリアムズとマイレッド・コリガンを「ベルファストの母」「戦争を愛で終わらせる母」「平和の橋渡し人」と呼んだ。だが、その後さまざまな批判にあい、ふたりはそれぞれ独自のやり方で、これに向き合った。ベティは結局ピース・ピープルの活動から完全に手を引き、アメリカに移住した。最近のインタビューのなかでこんな告白をしている。

「私は逃げたのです。パニックになって。もうどんな力も残っていませんでした」(3)

マイレッドは再び出発点から始めることにした。かつてはアイルランド中に約一六〇〇の支部を持ち、一万人の会員が集まっていたが、いまや三十〜四十人しか残っていない。それでもマイレッドは敵陣営の政治家を交渉の場に連れてきたり、国内外で講演や講義を行ったり、若者向けの集会を開いたりと、ベルファストにあるピース・ピープルの都市部オフィスから人道主義の指導や活動に取り組んだ。

悲劇の火曜日

ベルファストは南北に分割された都市だ。そして貧困の都市でもある。北アイルランドのこの煤汚れた首都には、自由やチャンスはみじんもなく、二十七万人が労働者階級向けに作られた狭い長屋で暮らしている。北アイルランドの成人失業率は約三〇％、未成年者は五〇％以上で、西ヨーロッパ諸国においてワースト・テンに入る。アルコール依存や失業率の高さに後押しされるように、多くの若者がIRAやシン・フェイン党に志願し、武装勢力に命を賭けようとしていた。多くの場合こうした民兵組織は若者の支持で成り立っていた。しかしこれは、すべて暴力という言語に支配されたものだった。

一九七六年四月十日、マイレッド・コリガンとベティ・ウィリアムズが、日夜行われる殺戮に立ち向かうきっかけをつくったのが、こうしたIRA戦士だった。

当時十九歳だったダニー・レノンと、ジョン・チリングワースは暗殺に失敗し、イギリス軍から逃走しているところだった。フィナギーロード北部を走行中、ダニーは車のコントロールを失い、近くにいた母子四人を死傷させた。死亡したのは八歳半になるジョアン、二歳半のジョン、乳母車にいた赤ん坊のアンドリューだった。幸い七歳のマークは無傷で、母親のアン・マグワイアーは重傷を負ったが一命をとりとめた。彼女は、夫と生き残った息子とともにニュージーランドに移住し、そこで新たにふたりの子どもを授かったが、哀しみを乗り越えられず一九八〇年一月二十一日、自らの命を絶った。強制収容所に拘束されていたダニーは、イギリス兵の銃弾を受けて死亡。ジョンは重傷を負い、肺の片方を失った。

一九六九年の内戦勃発以来、ベルファストでは暴力による死は日常の風景になっていたが、この三人の子どもの死は人々の心に火をつけた——少なくとも、本人の弁によれば、この事件を目撃したベティ・ウィリアムズにとっては大きなきっかけになった。のちにＩＲＡはこの事件を否定し、ベティ・ウィリアムズは当時別の場所で買い物をしていたはずだと主張している。

当時二児の母だったベティはこの事件に衝撃を受け、暴力反対の平和デモ行進を行う署名を集めて、カトリック教会の本拠地アンダーソンズタウンの人々を結集させた。ただし、ベティの目的はカトリック教徒を非暴力抵抗運動に参加させることだけではなかった。

彼女が次に起こした行動にどれほどの勇気が必要だったかは、暴力と不信がはびこる当時のベルファストを体験しない人にはわからないかもしれない。住民が疑惑の目で監視しあう街、住所は襲撃を受けるためだけにあるような街だ。ベティは一九七三年にも、狙撃兵の襲撃を受けて虫の息のイギリス兵を助けようとしたことがあった。そのとき、兵士を取り囲んだカトリックの女たちが恐ろしい侮蔑の言葉を浴びせかけた。のちに語ったところによれば、彼女はこの経験から「人間は命の価値を忘れてしまった」と確信したという。しかし、こうした状況にもかかわらず、ベティは北アイルランド日刊新聞社に電話をかけ、懇願書を出版してくれるよう頼んだ。そして自らの氏名と電話番号を公開した——このごく自然に見える行為も、当時のベルファストでは信じがたいほどの勇気を必要とすることだった。

中流階級のリベラルな家庭に生まれ育ったベティは、これまで故郷で起こっている宗教紛争についてそれほど注意を払うことはなかった。カトリック教徒として育ち、プロテスタントの大と結婚したが、海軍技師だった夫ラルフと海外で暮らしていたため、北アイルランドで起こる暗殺事件は遠く離れた場所の悲しい出来事でしかなかったのだ。

故郷に戻ったベティは、当初北アイルランド問題の武力解決に賛同していた。革命運動家をかくまい、国境越えに協力したこともあった。しかしますます激化するＩＲＡの暴力に、しだいに疑問を抱くようになる。特にふたりの従弟がＩＲＡの犠牲になってからはなおさらであった。しかし現実に起こっていることをはっきりと認識したのは、知り合いのアン・マグワイアーと子どもたちが、血を流して倒れているのを目撃したときだ。彼女は行動を起こした。オーチャードヴィル・ガーデンという美しい名の通りに面したベティの家の電話は、その日から鳴りやむことはなかった。

ベルファスト——台風の目

ベルファストでは死者の数があまりに多いため、一週間前に誰が死んだかさえ思い出せないと言われる。死は恐ろしい日常なのだ。プロテスタントとカトリックのあいだにくすぶっていた確執は、七〇年代には本格的な内戦へと発展した。しかし武力抗争の原因は宗教だけでなく、領土分割問題にもあった。イギリス政府とダブリン暫定政権の協定により、一九二一年十二月六日、アイルランドは正式に南北に分割される。カトリック教徒が優勢をしめる南部エール地方は共和国の名を与えられ、住民の三分の二がプロテスタントである北アイルランドは引き続きイギリス領となった。しかし南のアイルランド共和国は後々も憲法上、島の全土を要求しつづけた。一方、北アイルランドは一九四七年にイギリスとのあいだに、北アイルランド議会の承認なしには英国からの分離はないという法律を制定する。

内戦のルーツをたどると、一六九〇年にイングランド王ウィリアム三世がジェームス二世を破り、プロテスタントがカトリックから勝利を収めた時代にまで遡る。それ以降、アイルランドは絶え間ない戦争の歴史を繰り返し、外国人には容易には理解できないほど複雑なものとなった。北アイルランドの憲法によれば、市民は宗教の自由を与えられているが、カトリック教徒が政治的にも経済的にも社会的にも差別を受けているのは事実だ。

二十世紀に入り、国内紛争は一九六九年四月にロンドンデリーで起こった流血事件で頂点を迎える。これがきっかけとなり、同年八月、ロンドンデリーとベルファストでのイギリス軍駐留が決定する。軍事介入と改革政策で状況は改善されるかに思えた。だが希望も虚しく、ＩＲＡはゲリラ戦を開始、カトリック教徒は当初歓迎していたイギリス兵に対しても敵意を抱くことになった。プロテスタント側の「答え」は、「アルスター義勇軍」と呼ばれるテロ部隊を組織し、ＩＲＡに恐怖の制裁を加えることだった。

急増した犠牲者の多くは一般市民だった。一九六九年当初八人だった死者の数は翌年には一七七人に、七二年には四六七人に増えた。同年、イギリス駐留軍の数は最高二万人に上った。しかしいくら兵士の数が増えようとも、攻撃や暗殺を防ぐことはできなかった。なすすべもなく戦闘が広がっていき、プロテスタント派とカトリック派の亀裂はますます深まっていった。

平和とは組織的な愛

一九七六年八月十日のその夜、ベティ・ウィリアムズはすぐに組織化の準備を始めた。努力のかいあり、わずか四日後には何千人もの人々がデモ行進に参加した。始めはフィナギーロードに向かい、三人の子どもの死を悼むための行進だった。それがやがて町中から参加者が集い、聖ミカエル教会の前の広場にあふれかえるほどになった。プロテスタントの女たちを乗せたバスが何台もカトリック地区に入ってきた。このような風景がベルファストで見られるのは、一九六九年の内戦勃発以来、初めてのことだった。以前は考えられなかったカトリック教徒とプロテスタント教徒の感動的な出会いが繰り広げられた。ＩＲＡシンパがデモ行進を襲撃し十六人の女性が負傷したが、ベティはひるまなかった。

「私たちはいま勝利を手にしたのです。彼らのあいだを進んできたのですから」(4)

この第一回目の行進を手始めに、反戦デモが次々に開かれた。デモ参加者は「アイルランド人の瞳に笑顔を」「我々に勝利を」「神が世界を制す」と声をあげ、祈り、『平和宣言』を唱えた。彼女たちは笛を鳴らし、団結と平和への道を訴えた。笛の音は甲高く人の耳をつんざいた。笛は世界中から郵送されてきた。

「将来、北アイルランドの女性はみな警笛を持ち、すべての母親が、故郷に多くの苦難と悲嘆をもたらしているテロリストに注意を呼びかけることでしょう」(5)

こうした活動が最高潮に達したのが、一九七六年十月にロンドンのトラファルガー広場で行われた集団デモで、参加者のなかには、アメリカの反体制歌手として有名なジョーン・バエズの姿もあった。

この運動の強みは、まずカトリックとプロテスタント両方に支持者がいたこと、政党や教会、政府とは無関係に組織されていた点にある。彼女らは北アイルランドの戦線を和らげる、新しい風といえた。目標は単純明快だ。戦闘の終結とイギリス軍の撤退により、カトリックとプロテスタントが互いに協力して問題を解決すること。しかし七年にわたる内戦の傷跡は簡単には癒えず、両陣営には最後まで戦うべきだと主張する者たちもいた。そういった世代の子どもたちが学ぶのは、暴力と憎しみ、不信感でしかなかった。

ふたりの平和運動家のもとに、アイルランド国境のはるか遠くから支援や賛同が寄せられた。ドイツの「プロテスタント女性協会」からは、「この先も可能なかぎり援助を続けさせてください。戦闘に立ち向かった勇気と素晴らしい指導力に深い賞賛の念を持っておふたりのご活躍を心よりお祈り申しあげます」[6]とあった。さらに子どもたちからの手紙もあった。「ベティさんへ。毎晩あなたのためにお祈りしています。神様があなたやアイルランドのみなさんをお守りくださいますように」。ロンドンの十一歳の少年からのものだった。[7]

また、ベティは、日夜彼女を悩ませるジャーナリストたちにこう語った。

「私たちが心から必要としているのは、活動の支援者です。私たちは決して感情的に行動を起こしているのではありません。もはや両政府に折衝会議で問題解決法を探るよう懇願する段階でもありません。支援のおかげで、私たちはこれからも諦めずに活動を続ける勇気をもらいました」[8]

もうひとつ、彼女が切に必要としていたのは勇気だった。デモの開始当初から、彼女は「イギリスのスパイ」と見なされていたのだ。IRAは裏切り者に容赦しない――死あるのみ。IRAの指揮官は公然とこう発表した。

「戦いは継続する。平和至上主義者のたわごとに邪魔されることはない」[9]

IRAはこの言葉を証明するかのように悲劇を起こした。一九七一年、平和活動は何度か暴力により鎮圧された。ベティとマイレッドも脅迫を受けたが、ふたりが屈することはなかった。

「もちろん死は恐ろしいです」とベティは素直に認めている。「しかし殺害脅迫を受けたところで、私たちの決意は強まるだけです。悪に屈するつもりはありません。たとえ不安に苦しもうとも私たちは逃げも隠れもしません。人は恐怖心を持ってもなお勇敢でいられるものではないでしょうか」[10]

戦友マイレッドが付け加えた。

「おそらく九九%の人が虐殺の終結を願っているはずです。しかしこれまでは報復を恐れ、声を上げることができなかった。私はもう恐れません。ひとりの命を救うことができるなら、我が身を犠牲にする覚悟ができています。もう二度と哀れな子どもたちが意味もなく殺されてはならないのです」[11]

だが現実的に活動の継続には問題があった。三十三歳のベティは民間企業の受付秘書をしていた。あのデモ活動の怒りが静まったあと、日々の生活はどう変化するのか。以前の仕事にただ戻ることなど考えられなかった。

マイレッドは、殺された三人の子どもたちの伯母だった。彼女は、デモ行進が恒久的平和への第一歩に過ぎないことを知っていた。三十一歳、今後は平和活動に専念することをすでに心に決めていた。活発で、ときに傲慢だとも言われたベティとは違い、マイレッドは控えめな性格だった。窓ふき職人の娘に生まれたマイレッドは、自らも貧しさの影響を受けて育った。極貧の両親の反対を押し切り、彼女はベルファスト西部のカトリック少数派が暮らす陰鬱な地域から出ていくことを決めた。子守をして貯めた金で学校に通い、非熟練工向けの単純作業員から、有名なビール会社の役員秘書にまで上りつめた。平和活動に関われば、カトリックの福祉団体で長期的に働くことになることは理解していた。彼女は若いころから、聖母マリア軍人会の敬虔な会員として、家を失った子どもたちやアルコール依存症患者や娼婦など、社会から取り残された人々の問題に取り組んできたのだ。同会の代表として一九七二年にはタイの世界教会協議会に出席しており、その一年後にはソビエトを訪問、ロシアの社会主義者に向けてカトリックの教えを説いた映画制作に協力している。またロングケッシュ刑務所[*2]を幾度となく訪問するうちに、両宗派の過激派と接触を持つことになり、このことで自国の内戦に対する意識を高め、どんな種類の暴力も拒否するという決意を強めるにいたった。

惨劇事件がテレビで放送された数時間後には、彼女は平和に向けた内戦撲滅を呼びかけていた。そしてカトリック、プロテスタントを問わず、すべての親たちが隣人愛を子どもに教育するよう求めた。

＊2　ベルファスト近郊にある刑務所。政治犯や多くのカトリック教徒が投獄された。看守らの暴力で悪名高い。メイズ刑務所とも呼ばれる。一九八一年閉鎖

疑問視されたノーベル賞

新しく仲間に加わったシアラン・マッコーエンは、まさにベティとマイレッドが求める人材だった。カトリック平和主義者であり、ジャーナリストでもあるこの若者は、自発的に行われるデモ運動を恒久的平和の発言権に利用するよう提案した。

過激派フェミニスト運動団体と見られないように「ピース・ピープル」を名乗り、男性の参加も求めた。「完全なる非暴力」。これが最重要理念だった。三人は二十四回のデモ行進を行い、活動の基本理念を世間に広く知らしめようとした。目標はイギリス軍を含むすべての軍隊やテロ部隊を街中から立ち去らせることであった。

次々と賛同者が集い、会員の数は瞬く間にアルスター住民の一割にあたる一万人になった。ピース・ピープルはリスボンロード二二四番地に事務局を設置し、ノルウェー語で平和の家を意味する「フレドハイム」と呼んだ。

北アイルランドの悲惨な社会情勢も内戦の一因だった。カトリック貧困層の失業率は高く、ベティが「ヨーロッパのスラム」と呼んだゲットーのような生活環境はすさまじいものがあった。暴力への抵抗は、貧困への抵抗につながるものでなくてはならない。「効率的に活動するなら、路上から離れるべきだ」というのがベティの考えだった。(12)

ベティとマイレッドは北アイルランド以外の国々にも受け入れられた。ふたりは数え切れないほどの招待を受け、自分たちの現状や運動についての講演を行った。こうした旅でマイレッドは、非暴力の懇願を世界中に広げることができた。

「アルゼンチンまで出向き、アドルフォ・ペレス・エスキヴェル氏[*3]を訪れたことは、今日の世界における非暴力運動の普及と発展に大いに役立ちました。アメリカへの旅も非暴力を信じる人々を勇気づけるきっかけになったと考えています」(13)

彼女らは活動資金を募り、特にアイルランド系アメリカ人からの寄付金を求めた。

「三世代にわたり在米しているアイルランド系アメリカ人の『飢えたアイルランド同胞のための基金』が、実際にアイルランドの貧困層にとどけられることはありません。募金はすべて武器や弾薬に使われていたのです。これを止めなくてはなりません」

ベティは自らの渡米理由をこう説明した。

「我々には外国の資金が必要なのです。アイルランドにはもはや何も残っていないのです」(14)

数百万ポンドの寄付が集まったという噂が立ったが、実際は六十万ポンドほどだった。祖国でふたりは「世界旅行をする贅沢者」と非難された。

マイレッド・コリガンとベティ・ウィリアムズは、一九九七年に一九七六年度のノーベル平和賞を受賞したが[*4]、当時、ピース・ピープルはすでに全盛期を過ぎていた。運動が失敗したにもかかわらずノーベル賞を受賞したことへの批判の声もあがった。ベティ自身、この賞が祖国のためになったかどうか疑問を抱いていた。

「我々が平和賞を受け取るには早すぎたようです。それだけの成果が出ていないのですから」(15)

しかし受賞がまったく無意味だったと考えていたわけでもなかった。

「一見、この賞には暴力に対抗する力などないように思えます。しかし平和への確固たる信念こそが何よりも大切なのです。三週間前、ベルファストの四人の若者が武器を放棄して、私に差し出してくれました。一四〇挺のライフルとピストルとリボルバー――ここが始まりです」(16)

＊3
一九八〇年度ノーベル平和賞受賞者

＊4
一九七六年の委員会は一次選考を通過した五十人の候補者のなかから受賞者を選考できず、発表が翌年に持ち越された

マイレッドはピース・ピープルの重要性を正しく評価していた。

「私たちは国民の意識を暴力から平和へと導くことができたと考えております。一九七六年の八月以来、暴力行為は確実に減少しています。人は暴力に対抗する勇気を持ちはじめたのです。暴力を止められるのは、正義の人権のために力を尽くす人々だけなのです」(17)

ノーベル賞により、ふたりの運動は再び注目と理解を集めた。ベティとマイレッドはさまざまなプロジェクトを動かした。差別撤廃を謳う小企業を支援し、狂信的な信者たちが民兵組織を脱退し、新しい人生を始める手助けをした。プロテスタントとカトリックの両方の若者を、ノルウェーの合同キャンプやドイツにある若者のための福祉訓練所に送った。そして雑誌『ピース・バイ・ピース』を刊行し、彼女らの方法論や意図を発表した。

ピース・ピープル崩壊

「我々は感情に突き動かされて平和活動を行いましたが、感情だけで平和を実現するのは不可能だということにも気づきました。三万人をひとつにまとめ、手をあげ、平和の訪れを信じるだけでは不十分だったのです。決め手は感情を行動に変えることでした。組織の力がなければ我々は問題に立ち向かうことができなかったでしょう。……ノーベル平和賞の賞金など問題ではありません。勲章をいただけるだけで十分です」(18)

ベティ・ウィリアムズのこの言葉は嘘ではなかったのだろう。ではなぜ彼女は賞金の取り分である三万八〇〇〇ポンドを独占したのだろうか。それとも彼女は賞金のすべてを運動に使おうとしていたのだろうか。シアラン・マッコーエンが、「賞金はベティとマイレッドが自分たちのために取っておくべきだ」と説得したというのが事実なのだろうか。十年後、ベティはこうコメントしている。

「私は破産状態にありました。家族関係も非常に困難な時期で、結婚生活もゆらいでいて……でも、もう賞金の使い道について詮索されるのはたくさん。確かに私が受け取りました。そのとおりですよ」[19]

ベティの決断を受け、マイレッドも取り分を受け取らずにはいられなかった。「あれは私のした最低の行動でした」とマイレッドはのちに述べている。[20]

ベティのとった態度はノーベル平和賞受賞者への人々の期待を裏切った。一九七八年秋、ベティがマグワイアーの子どもたちの墓に花を供えにいくと、墓の管理人は言った。

「新しい毛皮のコートはいつできるんだ?」

すると彼女はこう答えたという。

「大昔に夫が毛皮のコートを買ってくれました。でも受賞後の六カ月間、一度もそれを着ることができなかった。夫は車が好きで――海軍技師の夫には十分な収入があったのです――過去六年間にボルボを四台購入しました。私たちはそのことをひどく後悔しました。もちろん賞金には一銭も手をつけていませんが」[21]

草の根運動家からの反発も強かった。

「毎日、血で宛名を書いた手紙を受け取るんです」と彼女はオブザーバー紙のインタビューに答えている。しかしマイレッドはこれを話半分で聞いていた。

「そんなものを真に受けても仕方ないわ。北アイルランドでは誰にでも死の危険がせまっているんです」

しかしマイレッドもベティとの関係を改善することはできなかった。

「ベティとシアランと私はまったく性格が違いましたが、かつては強い絆で結ばれていました。この絆が互いへの信頼だったのです。互いを信頼していれば、人は疑うことなく、どんなことにも挑戦できます。しかし一度信用が崩れると、何もかもがうまくいかなくなるのです」[22]

ピース・ピープルの崩壊は、将来の活動について三人の意見が合わなかったからだという批判的な見方もあった。一九七八年にふたりがトップを退いても状況は何ら変わらなかった。むしろそのことで、世間に誤ったメッセージを広めることになった。

「金を自分のものにしたいから活動から手を引いた、などと言う人もいました」。「ピース・ピープルはもう終わりだ。言ったとおりだろう」。こんな言葉を受けたことをベティはあるジャーナリストに話している。[23]

一九八〇年二月七日、夜の理事会での激論の末、共同体は完全に分裂した。ベティはアメリカに渡り、ピース・ピープルについては沈黙をとおした。シアラン・マッコーエンも引退し、植字工として働くようになった。政治活動を行ったために、もはやジャーナリストには戻れなかったのだ。

マイレッドだけがピース・ピープルに関わりつづけた。彼女は亡き妹の夫と結婚し、現在はマイレッド・コリガン・マグワイアーとして実子ふたりを含めた五人の子どもを育てている。彼女はその信仰心に突き動かされて、非暴力を求めつづけた。ただし制度化された教会については歯に衣着せぬ批判をしている。

「この国の教会は国家主義に染まっています――アイルランド愛国主義のカトリックと、イギリス国家主義のプロテスタント。国家主義が人を滅ぼすのです。神ではなく国家に重きを置いている――だからこそ旗を振りあげ、軍服に身を包み殺人を行うのです。……考えてみてください、キリストがお教えになったのは非暴力の倫理ですか、それとも正義のための戦争ですか？　ふたつが同時に存在するとは思えません。……アイルランドが何かを達成し、悲劇を防ぐ可能性があるとすれば、それは人々が力を合わせ、互いの宗教に対する偏見を減らすしかありません」(24)

演説を求められたマイレッドは、世界中に論文を送り、講演を行った。危機的状況にある地域を訪れ救済活動を行い、死刑廃止を唱える「ハンズ・オフ・ケイン」や虐待を受けている子どもたちのための「チャイルド・ライト・ワールドワイド」といった人道団体の発展にも貢献した。非暴力は彼女にとって最重要事項でありつづけた。何が彼女をそこまで突き動かしたのだろうか。

「これは少数のエリートのための運動ではなく、全人類のためのものだからです。政治や社会地域を変化させ、悪を使わずに悪に立ち向かう手段なのです。非暴力はまったく新しい考え方です。覚えておいてください――人類が殺しあうことをやめれば、ライフルや核兵器は何の意味もなくなるのです」(25)

また、ベティ・ウィリアムズは一九七七年のノーベル賞受賞講演で次ようにまとめている。

「私たちは非暴力を追い求めてきました。我々を非現実的な理想主義者だという人に、我々こそが真の現実主義者だと申しあげたい。この時代において、いまだ軍国主義を支持している人々は人類滅亡の道を歩んでいるのです」(26)

十八年後の一九九四年、ＩＲＡが停戦を宣言したとき、北アイルランドの人々は、非暴力と努力は恒久的平和につながるのかもしれない、と慎重ながらも希望を持ちはじめた。

受賞講演

（抜粋）

1977.12.11

ベティ・ウィリアムズ／マイレッド・コリガン
Betty Williams & Mairead Corrigan

私は今日、心からの感謝と歴史の重みと誇らしさを抱いてここに立っています。……

ノーベル平和賞を正式に受賞できたのは、多くの人々が運動に参加してくれ、私たちの活動に注目してくださったおかげだと思っております。マイレッド・コリガンも私も、あの日、声をあげたことを喜ばしく思っています。そのおかげで北アイルランドの人々の心に、そして世界中の人々の心に眠る平和への大きな欲求を引き出すことができました。……

しかし平和への欲求を引き出すことだけでは不十分でした。力のかぎり決意のかぎり、あの恐ろしい暴力の流れを断ち切ろうという欲求を表現しなければ、人々の耳にはただの絶望の叫びにしか聞こえなかったのです。……ですからマイレッド・コリガンとシアラン・マッコーエンと私は、ピース・ピープルを創立し、人々の心の奥深くに眠っているはずの願いを導くことを決意しました……この願いは、公然と我々に反対の立場を取ってきた人々、おそらく今も反対している人々の心の奥底にもあるはずなのです。

生命と創造を支持し、戦争と破壊に対抗するため、私たちはあの恐ろしい一週間に暴力反対の声をあげました。しかしただ叫び声をあげただけではありません。シアラン・マッコーエンが『平和宣言』を記し、これを出版することで我々はピース・ピープル運動の存在を人々に知らしめ、四カ月にもわたるデモ行進を計画し、何百、何千の人たちに、宣言に沿った道を歩いてもらうことができました。あらゆる暴力手段を拒絶し、平和への取り組み方を探し、実行するという道。しかし歴史的なノーベル平和賞に関わった人なら誰もがご存じのように、その道はたやすくはありませんでした。献身と忍耐と勇気が必要とされました。私はかつてこの場に立ち、この賞を授与された歴代の方々のことを考えてきました。とりわけマーティン・ルーサー・キング牧師に我々は大きな影響を受けました。世界中の何百万という人々が彼の行為と言葉に影響を受け、非暴力で正義と平和を勝ち得ようと努力してきたのと同じように、我々も彼の行為に励まされ、彼の理想を引き継いだのです。

伝統的に、戦争は男性の世界のものとされてきました。新しい生命を育むことに身をもって関わっている女性の声は、あるいは戦争で消えゆく命を守りたいという懇願は、これまでほとんど聞き入れられませんでした。非暴力の世界を求める戦いにおいて、女性の声は特別な役割を担っています。宗教派閥抗争やイデオロギーの分裂問題を、性差別運動やその他の戦闘的フェミニズム問題に置き換えるつもりはありません。しかし私たちが信じるのは、女性がこの奮闘のなかで指導的役割を担うということです。

ですから今回、正義と平和を求める非暴力運動において女性の果たした役割が認められたことを我々は誇りに感じています。しかし同時に憤りも感じています……故郷では戦争が続き、そして世界では北アイルランドの紛争より大規模な戦いが愚かにも続けられています。多くの人間が貧困に苦しみ、ときには希望を失い、死を求めるほどの状況にいるなかで、日々軍事目的に資金が利用される矛盾にも憤りを覚えます。

一日に七億二〇〇〇万ドルが軍備に使われている一方、毎日一万二〇〇〇人が栄養失調や貧困のなかでうち捨てられ亡くなっている。この非常識な優先順位をどう思いますか――そして我々がこうして考えているあいだにも誰かが死んでいくのです。

こんなふうに考えてみてください。一日分の軍備費用七億二〇〇〇万ドルを、消えゆく運命の一万二〇〇〇人に分け与えれば、ひとりひとりが一日で六万ドルを手にすることができるのです。……これは貧困で亡くなるどころか、贅沢な暮らしをするに十分足りる金額です。しかし恐ろしいことに、この節度を欠いた大金が、自由や社会主義を守るという名目で争いに使われているのです……自由や社会主義がどれほど身を守ってくれるというのでしょう！

この途方もなく不条理なバランスは一晩で変わらないことはわかっています。粉骨砕身しなければ変化は訪れないこともわかっています。軍事目的に利用される莫大な資金の浪費をやめ、地球上のすべての場所で惨めな暮らしから抜け出そうという人々に投資する方向に変えていくには、非常な努力が必要です。そして武器を持たず非暴力で戦うには、銃の引き金を引いたり殺人兵器のボタンを押したりするよりもはるかに大きな勇気と忍耐が必要なのです。男性は戦争を終わらせるだけでなく、戦争を始めない勇気も持たなくてはなりません。

そうした真の勇気を持つためには、まず互いのあいだにある壁を壊すことです……物理的な壁、精神的な壁、イデオロギーの壁、偏見とあらゆる憎しみの壁を……。

数週間前、エジプトのサダト大統領がイスラエルとの和平交渉に自ら出向いた姿を世界中が見守っていました。四年間、中東には超大国の力が関与してきました。しかし、ロシアが破壊兵器を見せびらかし、アメリカが中性子爆弾の開発を行うなか、サダトは自ら平和のために敵国に出向いたのです。サダト大統領の誉められるべき点はその成果のみならず、大統領本人が口にしたように問題のほとんどが心理的なものであると気づいたことです。どんな戦争もたいていは心理的な問題なのです……恐れや不信、疑い、被害妄想からくると。サダト大統領はそれでも、今後再び戦争を始めるかもしれません。しかし少なくとも彼は、最も重要な心理的な壁を破る準備ができたのです。

ピース・ピープルはさらに先へ進みます。我々は人類が互いを理解し、互いの言葉で会話をし、互いの恐れや信条を理解し、物理的にも哲学的にも精神的にも理解しあうことが何よりの和解であると信じています。見知らぬ人や恐ろしい敵を遠く離れた場所から核兵器で大量に殺すより、親しい隣人をひとり殺すほうが何倍も難しいことです。我々が目指すのは、知らない人のない世界、ミサイルで撃ち殺すべき敵のいない世界です。それには、とてつもない努力と貢献が必要になります。こうした壁を壊すことができるのは、愛の力、真実の力、魂の力だけです。握手をし、抱きあうだけで、ふたりの人間が抱く憎しみが消えることは誰もがご存じでしょう。世界中でこの友好の行為が増えれば、第一次世界大戦の塹壕の前で行われた感傷的な友情の交換はもはや例外ではなくなり、人類のルールとなるでしょう。

私たちは非暴力を追い求めてきました。我々を非現実的な理想主義者だという人に、我々こそが真の現実主義者だと申しあげたい。この時代において、いまだ軍国主義を支持している人々は人類滅亡の道を歩んでいるのです。

北アイルランドという地球上の小さな地域にいる私たちにとって、まだ成しとげていないことがたくさんあることはよくわかっています。我々は残りの人生をかけて、まだまだ多くのことに取り組むつもりです。

今日、私たちは「人類が地球上で受け取ることのできる最も名誉な賞」とされるノーベル平和賞を受賞するのかもしれません。もしそうだとしたら、私たちはそれほどの名誉が与えられることに恐ろしいほどの責任を感じ震えております。しかし、受賞した私たちの心に浮かぶのは、壮大なモーン山脈からアントリム渓谷、苦しみの歴史を歩んできた最愛のベルファストからファーマナ郡の壮麗な湖、フォイル湾沿いにある美しいデリーからアルマーの果樹園まで、あの美しい景色のなかにこれまで流れた血、そしてこれから流されようという血のことです。そして我々には北アイルランドの人々の生活を、私たちの国の緑にあふれた景色と同じくらい美しいものにするために、膨大な仕事が残されているということです。

アルフレッド・ノーベル氏およびノーベル賞委員会のおかげで、非暴力の社会を作ろうという活動はより効果的なものになりました。またそれは全世界のおかげでもあります。私たちを心に留めてくださり、司令部を立て、経済支援をしてくださったノルウェーの人々にも多大な感謝を抱いています。……きっといつかノーベル平和賞はノルウェーの人々にこそ贈られるべきでしょう。

最後に全世界に向けて、一九七六年八月に発表したメッセージを再び送りたいと思います。『平和宣言』です。

「我々はこの平和運動において、世界に簡潔なメッセージを送る。我々が求めるのは正義と平和の社会に生き、愛し、これを築きあげること。自分たちのためだけでなく子どもの世代のためにも、家庭や職場や遊び場に喜びと平和に満ちた人生を作ることである。

こうした切なる願いは、献身と努力と勇気が必要である。我らの社会における多くの問題は、内戦や暴力が原因になっている。銃弾が放たれ、爆弾が落とされるたびに平和はより困難になっていくこともわかっている。

我々は爆弾や銃弾、あらゆる暴力行為の行使を拒否する。

隣人と毎日力を合わせ平和な社会を築くため、我々は一層の努力を続ける。そうすれば、悲劇は悪い思い出から、未来への警告に変わるであろう」

マザー・テレサ

一九七九年受賞

「神のご加護がありますように」

愛は家庭から

始まります。ともに祈る家族は近くにいられ、そして近くにいつづけることで、神があなた方を愛するように互いを愛することができるのです。

あなたの笑顔や眼差し、言葉や行動――家族を思いやり、大切にする気持ちをとおして、キリストの愛を家族に照らしてください。

分け与えることで、愛する喜びを持ちつづけてください。

神のご加護がありますように

マザー・テレサ――愛と祈りを込めて

華奢で慎み深いその女性が路上に歩み出たとき、あたりはまだ暗かった。それまで平穏に暮らしていた高い塀で囲まれた大きな家の門は、音を立てて閉まった。明け方の薄明かりのなかで彼女は世界に向けた長い旅路に続く一歩を踏み出した。

この朝、四十歳を目前にした女性は、やがてその名を世界に広める大仕事に取りかかろうとしていた。言葉にしようのない物音が聞こえ、汚れた路上には重苦しいベールのような霧が立ちこめている。教会の保護下にあり、どんな決断を迫られることもなく過ごしてきた十八年間を経て、その人は、たったひとりでほとんど何ももたずに立ちすくんでいた。後年、世に名が知れた彼女はこの日のことを思い出し、次のように語っている。

「一九四八年八月十六日のあの日、ドアを後ろ手に閉めてひとりで道に立ったとき、私は恐怖にも似た、激しい当惑の感情を抱いていました。その感情は容易に克服できるものではありませんでした」(1)

しかし彼女は強く、カトリック教会の保護を信頼していた。神のお告げを受けており、それに従うことを決めていた。その女性、シスター・アグネスはカルカッタ(現コルカタ)の路上に立ち、二度とそこを離れることはなかった。

貧しい者もハンセン病患者も……

二十世紀の終わり、シスター・アグネス——マザー・テレサは世界で最も成功した女性と呼ばれるようになっていた。四十年のあいだに、世界中に壮大なネットワークを築きあげたのだ。彼女が創設した「神の愛の宣教者会」はインドだけでも一九〇の修道院を持ち、四〇〇〇人以上のシスターと修練女、八〇〇人以上の信者《ブラザー》が加盟していた。一九九六年にはすでに、世界一〇〇カ国以上に五一七の支部が設立されていた。宗教共同体がその影響力を失いつつあり、資金問題に悩んでいた時代においてもなお、世界を動かす「隣人愛の会」に協力したいという人の数は増えつづけていた。

多くの人がその信じがたい成功に首を振った。一九五〇年に教皇ピウス十二世により公認されたこの修道会は、経済目標を持たず、需要と供給の法則に従うこともなく、代表事務所さえなかった。九〇年代半ばになるまで、ふたりの修道女は壊れそうなタイプライターを使ってすべての管理業務を行っていた。マザー・テレサが機器を使おうとしなかったのは、修道会が純粋な寄付だけで成り立っており、それだけの余裕がなかったからだ。

どこに出かけるにも、くたびれた旅行鞄ひとつにサリーとニットのカーディガンで身を包み、素足にぼろぼろのサンダルを履いた彼女は、行く先々で「生きる聖人」と呼ばれた。称賛は国境を越え、国家の権力者や要人が活動を支持し、頭を下げた。だが彼女は、ただこう言う。

「各国の権力者もみな神の子どもです。そして貧しい者も、ハンセン病患者も、大統領も、みな同じように愛と献身を必要としているのです[2]」

死を迎える日まで、巨大な組織の手綱を引きつづけたマザー・テレサは次のように主張している。

「多くの人が私たちとともに、私たちのために、そして人類のために働いてくれます。私は彼らとお金の話をしたことなど一度もなければ、何かを求めたこともありません。ただ彼らがここで人を愛することと、手を差し伸べ、彼らに愛する心を与えることを励ましているだけです」(3)

マザー・テレサは世俗にも経済の法則にも従わず、いかなる政治的、社会的イデオロギーに関わることもなかった。彼女はただ、神の言葉だけを信じていた。

「祈りが生むものは信仰です。祈りが生むものは愛です。祈りが生むものは奉仕です。孤独と厳しい貧困を助けるのは、現代人に足りない〝愛〟だけなのです」(4)

マケドニア共和国スコピエで、一万人以上の人々が跪《ひざまつ》き祈りを捧げた。八十歳のマザー・テレサは彼らとともに神の前に頭を下げた。「聖人、故郷に帰る」――一九九一年四月の新聞の見出しにはこう書かれていた。

貧しい者、病気の者、ハンセン病患者、死にゆく人々――これまで数かぎりない人の手を握ったその手で、マザー・テレサはこの日、彼女が心から大切にする同胞の民のために祈りを捧げた。若くしてこの地を離れてから六十二年、生を受けた場所にようやく戻ってきた。花のつぼみを意味する「ゴンジャ」と名付けられた少女時代から、マザー・テレサとあがめられ、一九七九年にノーベル平和賞を受賞するまで、長い道のりを歩いてきた。彼女は母を思い出していただろうか。信心深く、勇気のある母親は、彼女に「ともにいて幸せになれない人には近づかないようにしなさい」と教えてくれた。この日、マザー・テレサは祖先が眠るアルバニアに向かい、三つの支部を開いた――おそらくこれは秘かな誓いを達成するためだったのかもしれない。その少し前まで彼女は、母親と妹が最期を過ごしたアルバニア、ティラナへ近づくことを許されていなかったのだ。ティラナに二カ所、シュコダルに一カ所の支部を建て、一緒に働いてくれる修道女を伴った。故郷で六週間を過ごしたあと、彼女は自らが選んだ家、インドのカルカッタに戻った。

神の思し召し

「天の声は神を愛する入口であり、愛の証です。神の声を聴いたら、その声に応える勇気を持ちなさい」(5)

幼いアグネス・ボヤジュはすでに神の声を感じていた。彼女はできるかぎり姉のアガと兄のラザルとともに早朝のミサに行くようにしていた。文字が読めるようになるとすぐ、クリスチャン新聞をすみずみまで読みふけった。宣教師がスコピエに来ると必ずその場所に向かった。あるとき教会で、キリストが大きな地図を広げ、宣教師のいる場所を指し示した。

「そのとき私はすでに、貧しい人々のために働く使命を受けたことを悟りました」

幼少期のことを聞かれたマザー・テレサはこのように答えている。(6)

アグネスが幼いころのスコピエは人口二万人の小さな街で、人々は主に貿易や農産物で生活をしていた。一三九二年にトルコに征服される以前は、イリュリア人、ギリシャ人、ローマ人、ビザンチン人、スラブ人、ブルガリア人が町を統治していた。一九一二年になってようやくトルコの支配から脱したものの、続いてセルビアに占領される。アグネスの父コールは評判の高い薬剤師で、のちに建設会社の共同経営者となり、生涯をスコピエで過ごしたが、熱心なアルバニア愛国者でもあり、アルバニアのトルコ蜂起を支持した。一九一二年にアルバニアが独立を果たし、父の念願は叶った。その六年後、父が亡くなったとき、アグネスは九歳になったばかりだった。父は娘に、他人への思いやりを持ち、学校では規則正しく一生懸命勉強するようにと教えていた。それは、子どもたち全員への教えだった。特にふたりの娘に良い教育を受けさせたいという考えは、当時では非常に進歩的といえた。

夫の突然の死を受け、妻のドラナ・ボヤジュは子どもたちをひとりで抱えなくてはならなかった。家族の責任がすべて彼女にかかっていた。夫の存命中、家族は豊かな暮らしをしていたので、少しのあいだは事業の収入で生活できていたが、すぐにそれも底をつき、ドラナは働きにでることになった。長女アガはのちに経済学を学び、アルバニアに移住してティラナのラジオ局で、ジャーナリスト兼アナウンサーになった。亡き夫の面影を思い起こさせる息子のラザルは、祖国のためにと士官学校に入学した。ドラナも子どもたちも信心深かった。家族の祈りは生活の一部で、最も多く唱えられたのはアッシジの聖フランチェスコの祈りだった。これは娘のマザー・テレサが何年もあとに、オスロでのノーベル平和賞授賞式で客席に向かって語りかけた祈りでもある。

主よ、私をあなたの平和の道具としてください
憎しみのあるところに愛を
諍いのあるところに赦しの心を
分裂があるところに一致を
疑いのあるところに信仰を
誤りのあるところに真理を
絶望のあるところに希望を
暗闇のあるところに光を
哀しみのあるところに喜びをもたらせますように

主よ、慰められることよりも慰めることを
理解されることよりも理解することを
愛されることよりも愛することを
私たちが求めますように

なぜなら与える者こそが与えられ
自分をなくす者こそが見つけることができ
許す者こそが許され
死にゆく者こそが永遠の命を見つけることができるからです

外では沈黙を守り密やかに行動する、これが少数派カトリックであったドラナの家の習慣だった。ドラナは子どもたちにこう言った。

「善い行いは、慎み深く行いなさい」

ドラナは、家族に見捨てられたアルコール依存症の老女のところへ、子どもたちをたびたび連れて行き、食糧を届け、家を掃除した。ドラナが娘たちに教えたことは、彼女が自分の母や祖母から学んだことでもあった。

「見返りや感謝を求めてはいけません。物乞いの体を清め傷に包帯を巻くとき、あなたはキリストに奉仕しているのです(7)」

一九二八年九月二十五日、アグネスは母と姉とともに、クロアチアの首都ザグレブを訪れ、そこからひとりで、ダブリンのラスファーナムにあるロレット修道会に向かった。ゴンジャ・アグネス・ボヤジュは、アヴィラの聖テレサとリジューのテレーズへの追悼と崇拝を込めて、修道名シスター・マリア・テレサを名乗る。

ロレット修道会の教えは、聖イグナチオ・デ・ロヨラが著した『霊操』に特徴づけられている。薄い教本には、魂の分離と、慈善の施し、疑念についての法則が説かれていた。イグナチオの言葉がそれほど少なかったのは、彼が戦士であったためと言われている。結果、精神性はただひとつの目的――神の「偉大なる栄光」のために戦うことを意味していた。

「人は神の栄光を称え、崇拝し、奉仕するために創られた。この行動により魂は救われるであろう」

この信条は、ロレット修道会の創設者メリー・ウォードに影響を与えた。メリー・ウォードは情熱的で知性にあふれた女性で、急進的な思想を持ち、この思想のために闘うことも辞さない人物だった。彼女は教会における女性の役割の重要性に気づき、少女たちを教育することを自らの任務とした。メリー・ウォードの人生はシスター・テレサにとって、目標に向かって障害をものともせずに断固進んでいくべき修道女の手本となった。

一九三七年五月、終生誓願を済ませ、シスター・テレサと呼ばれるようになっていたアグネスは、母親に手紙を書いた。

「一緒にいられなくてごめんなさい。でもどうか喜んでください。アグネスは幸せです……まったく新しい人生を歩んでいます。センターはとてもきれいな場所です。私はここで教師をしていて、この仕事をとても気に入っています。校長にもなり、誰もがとてもよくしてくれています」(8)

手紙を受け取ったドラナは喜んだが、次のような返事を書いている。

「愛しいアグネス、貧しい人たちのためにインドに渡ったことを忘れないでください」(9)

世界的に有名になった娘に、死ぬ前にひと目会いたいというドラナの唯一の願いは叶えられることがなかった。マザー・テレサは、母が兄や姉とともに移住したアルバニアへの入国を拒否されていたからだ。ローマにあるアルバニア共和国大使館に同行したマザー・テレサの旧友は次のように報告している。(10)

「大使館員はマザー・テレサと話そうともしませんでした。大使館を出た彼女の瞳には涙が浮かんでいました。彼女は空を見上げて言いました。『ああ、主よ、私はこの苦しみを理解し、受け入れます。しかし年老いて、今一度娘に再会したいと必死で願う母が耐えねばならない苦しみを理解し受け入れることはとてもできません』」

マザー・テレサは家族の再会のためにあらゆる努力をしたが、すべて徒労に終わった。その後すぐ、彼女は兄ラザルから短い電報を受け取る。

「一九七二年七月十二日、母死す。祈りたまえ」

マザー・テレサは、のちにラザルにこう打ち明けている。

「これまで私は、愛と祈りでほとんどのことを実現させてきました……しかし愛だけでは乗り越えることのできない壁と障害があるのですね」(11)

希望の場所

シスター・テレサの道はアイルランドからはるか遠く、異なる文化へと彼女を導いていった。ヒマラヤ山脈のひとつ、カンチェンジュンガの麓の「雷の土地」ダージリン[*1]に送られたのだ。どことなく故郷のスコピエを思わせる町の風景に、彼女はすぐに馴染むことができた。そこから十キロ離れたロレ

＊1 標高二〇〇〇メートルほどの高地にあり、紅茶の生産で有名な町

ット修道会に一九二九年五月二十九日に入会し、修練女として二年間を過ごしたのち、一九三一年五月二十四日に初誓願を立て、シスター・テレサとしての新しい名を受ける。

やがて、テレサはカルカッタ近くの町エンタリーのベンガリ女子大学に派遣された。長く教師になることを夢見ていた彼女は、ついにその夢を叶えた。さらに修道会の壁の外に出て、カルカッタの聖マリア女子高等学校と聖テレサ学校で歴史と地理を教える。毎日学校と修道会を行き来するなかでシスター・テレサはこの大都市に、豊かな者と貧しい者が混在していることを知る。五十万人以上が、路上や駐車場、アーケードや並木の下で夜を過ごし、広い空の下、何千もの人々が生まれ、生き、そして死んでいった。生まれたばかりの赤ん坊がゴミ箱に捨てられ、ハンセン病で苦しむ物乞いがすすり泣き、子どもたちは無表情にバスや牛車や人力車をまわって物乞いをしていた。そこかしこにゴミが山のように積まれ、下水は垂れ流しにされているにもかかわらず、衛生施設はひとつもなかった。外国人も地元の人も、こうした悲惨な状況に無関心でいることで自分の身を守ろうとしていた。

どんな改革も近代化もこの町の人口増加に追いつけない。女神カーリーの名前を持つカルカッタは、世界で最も人口密度の高い都市であり、今日までインド文化、知的産業の中心でありつづけている。劇場、書店、出版社のほとんどが集中し、国立図書館の事務局も設置されている。ヒンズー教徒が八〇%、イスラム教徒が一〇%、キリスト教徒が三%、二%のシーク教徒、一%の仏教徒が生活をしている。

宣教師、シスター・テレサ

聖テレサ学校の初日の朝、シスター・テレサは袖をまくり上げ、水を運んできて教室の床を拭きはじめた。一九三五年のことだった。数人の子どもたちが見慣れぬ教師の行動を眺めていた。床をせっせと磨きながら、時折り顔を上げてウィンクをしてみせるこの人は、果たして女神かそれとも悪魔か。どちらか以外に考えられない。掃除はカーストの最低階層がやることなのだから。もし彼女が女神なら、この人を賛美する。もし恐ろしい悪魔なら距離を保たなくては。

ゆっくりと、ひとりの少女がグループのなかから歩み出て、教師のそばにたたずみ、長いあいだテレサを見つめていた。そして跪き、布を手に取った。今度はひとりの少年が水を換えにいった。二時間の掃除のあと、汚れた部屋は見事なまでに清潔な教室になった。

「その日を境に子どもたちは私を『マ』つまり『マザー』と呼ぶようになりました。子どもは、ほんの少しのことで幸せを感じられるのです。しだいに多くの母親たちが子どもを預けに来るようになりました。驚きましたが、どんなことにも対応するのが私の使命なのです」(12)

二十年をかけてマザー・テレサはカルカッタ中を歩きまわり、この町の貧困と密接に関わるようになった。そして聖マリア女学校に通う裕福な女生徒たちを教える一方で、修道院の壁の向こうで眠る貧しい者たちやハンセン病患者らのことを思うようになった。

その後マザー・テレサはインド人シスターの統合教区である「聖アンネ姉妹会」の責任者に任命される。シスターたちは地元の病院で働き、定期的にスラム街モティ・ジールの貧困層を訪ねていた。彼女たちが行っているのは、まさにマザー・テレサが望んでいた仕事だった。彼女はロレット修道会の豪奢な建物のなかで、美しい芝生で隔てられた場所で教師の仕事を続けている自分に疑問を感じた。考えを突き詰めていくなかで、マザー・テレサはスラムから二十人の少女たちを修道院に招き入れ教育を施すことにした。だがその場所は少女たちが知る世界とはあまりにかけ離れていた。一年後に残ったのはふたりだった。このとき、マザー・テレサは、本気で貧しい人を救いたいと思うなら彼らがいる場所に向かわなくてはならないと悟る。

一九四六年九月十日、マザー・テレサはダージリンの山へ向かう電車のなかで、神の声が降りてくるのを聞いた。

「はっきりとわかりました。神が私を呼んでいるのだと。お告げは明瞭でした。修道院を離れ、貧しい者を助けるために彼らに寄り添い、生活をともにしなさい、と。それは決定的な事実であり、指令のようでもありました。ようやく自分が属する場所がわかったのです。しかし、どうすればそこに辿り着けるのかはわかりませんでした。それは神と私とのあいだで交わされた約束でした。神は私たちにそれぞれ違う方法で語りかけてくださいます。その呼びかけに答えることはとても大切なことです。あの劇的で困難な日々を生きることができたのは、私ではなく神の御業でした。だからこそ、世界が価値を認めてくれたのです(13)」

今日にいたるまで、「神の愛の宣教者会」は九月十日を、「内なる呼びかけの日」として記念日としている。

長い道のり

神のお告げを聞いたマザー・テレサだったが、それを実現させる道には多くの障害が待ち受けていた。だがロレット修道会での規律が彼女の粘り強さを磨き、さらに二十年間にわたる教師生活で、自ら道を切り開く術を身につけている。神の声を受け入れ、自らの能力を使う準備が整った彼女に恐れるものは何もなかった。無条件の愛と献身、強い意志を神の栄光のために使うときが来たのだ。

修道院に戻り、マザー・テレサは「神とふたりきりで」思案を深めた。この任務は自分ひとりの力でなしえるものではない――新しい団体を作る必要があった。何日もの沈黙と瞑想ののち、仲間のシスターたちにこの考えを打ち明けるが、その反応は驚愕と批判でしかなかった。

しかし内なる声は大きくなる一方だ。マザー・テレサはカルカッタのカトリック大司教フェルディナンド・ペリエを訪ねた。そして自分の身に起きたことを話し、新しい使節団の設立を申し出た。このマザー・テレサの申し出は教会の常識を超えていた。通常は修道女が修道会を離れることさえ許されないのだ。しかもローマは新しい修道会を作ることに懐疑的だった。既存の修道会の後継者がいなくなるうえに、組織運営や管理に余分な出費が必要となる。また、新しい修道会は、人手不足ですぐに解散する例も多かった。

ペリエは、マザー・テレサが心身ともにこうした大仕事に耐えうるかどうか決めかねていた。しかも時はインド独立の瀬戸際だ。サリーに身を包み、カルカッタのスラムでベンガリの少女たちと働くヨーロッパ人に対する反応はいかなるものか。当初、大司教はマザー・テレサの請願を拒否し、この判断を彼女は冷静に受け止めた。

「司教は、そうするしかなかったのです。神の意志だと言って計画を持ち込んでくる修道女の声をすべて信じるわけにはいきませんから」(14)

しかし彼女は決して諦めなかった。

一九四七年、英国領インド帝国は独立を果たし、主にヒンズー教徒の住むインドと、イスラム教徒の住むパキスタン人に分割された。ふたつの宗教は互いに激しく衝突し、何千人もの死者を出した。何百万人のイスラム教徒やヒンズー教徒がいっせいに逃亡を始めた。カルカッタで行われたガンディーのハンガーストライキは人々の道徳意識を強めはしたが、国民が分別を持つにはいたらなかった。

一〇〇〇万人以上が家と国を失い、州都カルカッタに流れ出た。すでに人口過多のこの大都市は、いまや壊滅状態だった。そんななか、マザー・テレサはこれまで以上に神の声を実行に移す必要を感じていた。

以前と変わらず修道会の学校で教え、生活を営んでいたマザー・テレサだが、大司教ペリエへの請願は幾度となく続けていた。八十歳を過ぎた司教はまだ躊躇していた。彼はヒンズー教徒とイスラム教徒の敵意がキリスト教使節団に向けられるのを感じていた。権力もカーストも人種制度も無視し、最も悲惨な傷に手を伸ばそうという白人のキリスト教徒が果たして受け入れられるのか。年老いた司教はマザー・テレサにひとつの妥協案を出す。以前彼女が責任者だった「聖アンネ姉妹会」に加入してはどうか、と。シスターたちは、君が心から求めていることをしているではないか、最も貧しいスラムを毎日訪れているだろう。しかし、「聖アンネ姉妹会」はエンタリー修道院に暮らし、毎晩暖かい寝床に戻る。それはマザー・テレサが求めるものではなかった。貧しい人々を訪ねたいのではない、彼らと人生を共有したいのだ。マザー・テレサは司教の提案をきっぱりと辞退した。

とうとう、大司教はこの挑戦を受け入れた。続いてのハードルは、ロレット修道会総長の認可を得ることだ。

「もしそれが神の思し召しであるなら、我々の友情と尊敬とともに心からこれを認めましょう。何らかの理由で戻ることを望むのであれば、我がシスターとして喜んで迎え入れますよ」[15]

親切な言葉であったが、ローマ法王にも許可を得るという条件がつけられていた。

新たに修道会を設立するためには、協力してくれるシスターを少なくとも十人は集めなければならない。教皇ピウス十二世から修道院を離れる許可を与えられたのは一九四八年四月十二日、マザー・テレサが内なる声を聞いた二年後のことだ。

一九四八年八月十六日、マザー・テレサは出発する。

「ロレット修道会から出ることは私にとって最大の犠牲でした。修道会に入信するために家族を離れたときよりも苦しいことでした。ロレット修道会は私のすべてでした」[16]

三十八歳のマザー・テレサは文字通り神と自分のふたりきりで路上に立っていた。祈ること、奉仕することがこの先の人生となる。

この世界におけるルールを知ること、基本知識を習得することが任務の実行に必要だった。そこでまず「医療施設姉妹会」で看護を学ぶ。そしてカルカッタに戻り、約二十年前に窓から眺めたスラム街モティ・ジールに小さな家を借りた。大司教から渡された六ルピーのうち、四ルピーは物乞いにやり、残りを家賃にあてた。そして、彼女は自分が最も得意とすることをした。教えることだ。

シスターのあばら屋のまわりには、三歳から十二歳までの子どもたちが集まってきた。みな裸同然で薄汚れていた。マザー・テレサは地面を叩き固め、線を引き、翌日から教科書も手本帳も、机も椅子もない場所でアルファベットや衛生学の基礎を教えはじめた。同時に病気の人、極貧の人、死にゆく人々の介護も始めた。

のちに彼女は、当時を振り返り、幸せと喜びに満たされつつも、疲労の日々であったと述懐している。希望と断念が交錯し、重労働を繰り返す毎日だった。不可能を可能にしようと、彼女はすべてを神にゆだねた。しかし日々の経験には手応えがあった。神が彼女を確かに助け導いてくれていた。

昼夜を問わず一日中働きつづけた。一九四九年五月、ヨーロッパにいる友人にこんな手紙を送っている。

「喜んでください、いまでは協力してくれる人が三人いるのです。みんな、とても熱心で、膨大な量の仕事をこなしてくれます。私たちは五カ所のスラム地域で活動しています。ここではどれほど神が必要とされ、求められていることでしょう！　彼らの期待に満ちた顔を見てほしいくらいです。私たちを見る彼らの目の輝きを。彼らは不潔で貧しく着る物もないかもしれませんが、心は希望で満たされています……聖母マリアがより多くのシスターを我々にもたらしてくれるよう祈ってください。カルカッタだけでも、二十人以上のシスターに十分な仕事があるのです」(17)

やがて、エンタリーの教え子たちが仲間に加わり、一九五〇年初頭には七人が集まった。人数が増えるにつれ、滞在場所が必要になってくる。

「今日、私は宿泊設備を探すために、足が痛くなるまで歩きまわりました。そのとき、貧困がどれほど辛いものかを知りました。夜を越す場所や、食糧や病気の癒しを求めてさまよう人たちが、どれほどの痛みを抱えていることか。心にはロレット修道会の素晴らしい家が誘惑のように思い出されます。しかし主よ、私の意志ではなくあなたへの愛のために、私はあなたの決められる場所にとどまり活動を続けます。今一度、私に勇気をお与えください」(18)

救済は訪れた。ミカエル・ゴメスという人物がマザー・テレサの活動を聞きつけ、三階建てのコロニアル風住居を提供してくれたのだ。マザー・テレサは感謝してこの申し出を受けた。

一九五〇年十月七日のミサで、数年前にはあれほど渋っていた大司教ペリエが、新修道会の認可を与える教皇ピウス十二世の大勅書を読みあげた。

「神の愛の宣教者会」の規則、規約の冒頭はこのように始まる。

「主イエス・キリストの偉大なる愛に応えるために、我々は主の言葉とその人生を描きます。また神の国の唯一の啓示でもある福音に忠実に従い、分け隔てない心で、貧しい人のなかでも最も貧しい人に仕えることを誓います。我々の使命は、貧しい人々の罪の解放と癒しのために活動することです。キリストが主の手でこの世に送られ、我々にその精神をお伝えくださったからこそ、我々は愛と友好のメッセージを世界中の貧しい人々に伝えることができるのです。我々はイエス・キリストの福音をすべての人類に届けることに全力を尽くします。特に我々の助けを必要としている人々に向けて、主のメッセージを届けたいと思います。我々は『神の愛の宣教者会』を名乗ります。神は愛であり、我々は神の使者として、隣人愛に心を満たさなくてはなりません。この愛で、この愛をとおしてこそ、信じる者信じない者、すべての人の魂と心に触れることができるのです」[19]

「神の愛の宣教者会」の本部があるカルカッタのローワー・サーキュラー・ロードには、修道会への加入を求める世界中の少女たちが押し寄せた。ときには狭い部屋に三、四人が寝泊まりすることもあった。彼女らは志願予備軍として六カ月間の滞在を許された。その間にここでの仕事と生き方が自分の求めるものであるかどうかを見極め、英語を覚えるのだ。またこの半年間で彼女らは修道会の規律を教えられた。そしてそのまま修道会に残ることを決めれば、次の半年を志願生として過ごし、修練女になる前にさらに一年間、候補生としての期間が与えられることになる。

修練期間は二年。その間に神学、教会の歴史、聖書などを教えこまれるが、最も大切なのはこの会の軸となる精神を学ぶことだ。「純潔」「清貧」「従順」「全身全霊の奉仕」といった誓約の意味を理解する必要があった。特に、「清貧」の誓いについての教えは非常に厳しかった。

「貧しい人々を愛するということは、彼らを知ることです。自分自身も貧しさに身を置かなくてはなりません。豊かな者に仕えてはならないということです。我々の奉仕は無償でなくてはならず、そして貧しい人々のためだけに奉仕しなくてはならないのです」[20]

神の愛への絶対的な信仰は、マザー・テレサの人生に活力を与えてくれた。彼女は一見、無計画にさまざまな試みを実行しているように見えたが、そのなかには彼女なりの展望が常に維持されていた。

死を待つ人の家

その女性は病気だった。ネズミやアリが足を囓っていることにすらもはや気づかない。病院の前に倒れていたにもかかわらず、中には入れてもらえなかった。マザー・テレサがこの瀕死の女性を病院に運び入れ、この不幸な女性に慈悲を与えないかぎりここから出ていかないと告げてはじめて、病院は老女にベッドを与えた。

このような痛々しい出来事を目の当たりにし、マザー・テレサは人が尊厳を持って死を迎えるための家を作ることを決意する。「ニルマル・ヒルダイ（清純な心）＝死を待つ人の家」は一九五二年八月十五日のインド独立記念日にその扉を開けた。この世界初のホスピスで、マザー・テレサの名は国際的に知られるようになる。

「この施設は当初、まったく受け入れられませんでした。しばらく周囲から脅迫めいた抗議が続いたものですから、患者はみな脅えていました。ある日私は言いました。『もし私を殺したいなら殺しなさい。私はまっすぐ天に向かいます。しかしあなた方はこの愚かな行いをやめなくてはならない』と。それから直接的な脅しは減っていきました」(21)

しかし人々は繰り返し市当局に苦情を訴えた。警察本部長はマザー・テレサの活動を擁護したが、実際に状況が変わったのはある事件が起きてからだった。ホスピスからそう遠くない場所にあったカーリー寺院で二十五歳くらいの僧侶が、痛みにもがき、叫び声を上げていた。マザー・テレサは彼を目にした瞬間、コレラに罹っていることを見抜き、「死を待つ人の家」に運んだ。僧侶はマザー・テレサが愛によって手を差しのべるまで、神に憤り、絶望し、呪いの言葉を吐いていた。

「私は一生を賭けてカーリーの神に奉仕してきた。だが今日初めて、生きた神の姿を見た」(22)

この事件のあと、人々の抵抗はやみ、さらなる仲間や出資者が集まった。そしてついに市当局は「死を待つ人の家」に対し、年間一万五〇〇〇ルピーの寄付を決定する。インドの人口急増はとてつもない飢えと貧困を生んでいた。マザー・テレサは、飢えた子どもたちがぼろ切れのように放置され、残酷な大都市の底で必死に生き残ろうとしている姿を見て、一九五五年「ニルマラ・シシュババン」を設立する。これは、一〇〇人以上の孤児がシスターの手により保護を受けた初の孤児院となった。

七〇年代初頭、マザー・テレサは性教育の模範と概念をスラムに浸透させることを試みる。そのためには、キリスト教では罪とされる性行為や避妊など、難しい領域に踏み込まざるを得なかった。

「道徳について人が何を言おうがまったく気にしてはいけません。たとえ一時間後に死ぬとしても、生んであげなさい。乳児が愛も介護も受けることなく死んではならないのです……死を与えるより、自然に任せて命を失うほうがまだましです」(23)

「その子が生まれるべきかどうかは、私たちが決めることではありません。神だけが生と死を決められるのです。……人は命を殺めてはならず、神を超えるエゴを持ってはいけません。誰が生き、誰が死ぬべきかを決めることは、神の力を手にしようというのと同じこと。これこそ人がなし得る最も恐ろしい行為です。こうしたことが行われる代償として、今、世界中にさまざまな恐怖が降りかかっているのです。これは罪なのです」(24)

こうした態度で、マザー・テレサは中絶反対のために立ち上がり、それぞれが良心に従って行動することを求めた。

一九六三年、次なる計画である「神の愛の兄弟《ブラザー》宣教者会」が設立される。これは、男性にもシスターと同じ道を生きる機会を与えるというだけでなく、男性のほうが得意とする仕事があるという現実的な考えに基づいたものだった。現在、八〇〇人のブラザーが、簡素な衣服に身を包み、貧しい者や病む者に仕え、多くの国々でマザーハウスを運営している。

施しの家

「この二十年間の活動でわかったことは、人間が経験しうる最も恐ろしい病は、望まれずに生まれてくることだということです。あらゆる種類の病気には治療法や薬がありますが、望まれずに生まれてきた子を救えるものは、ただ真摯に世話をする手と、愛情深く気遣う心のほかにありません。そしてこの恐ろしい病が完全に癒えることはないように思うのです」(25)

一九五八年、マザー・テレサ率いるシスターたちは、ハンセン病患者を受け入れる施設を開いた——当局からの反対はもちろんあった。現在では早期に診断を受ければ容易に治療することができるが、当時ハンセン病は不治の病と考えられ敬遠されていた。カルカッタから北西に三十キロ離れた恐怖の町チタガールに、平和の村シャンティ・ナガールが作られた。

「この未開の土地は、かつて鉄道会社のものでした。当初、我々はここにただ居座って、線路に沿って広がっていきました」(26)

最後には鉄道会社から土地の使用許可を受け、立派な家が建った。シャンティ・ナガールはマザー・テレサが最も望んでいた計画のひとつだった。この平和の村は、希望の村へと成長していった。

「インドは長いあいだ施しを受ける立場にありました。これからは与える番です」(27)

こう言ってマザー・テレサの使節団は先進国に向かった。こうした国にはエイズ、アルコール依存症、薬物依存症など、独特の問題があった。

「そのために、我々はイギリスやアメリカ、オーストラリアといったパンに飢える者のない場所に出向きました。彼らは耐え難い孤独に苦しんでいます。必要とされず、助けられず、希望もないと感じているのです。人間の愛がいかなるものかを知らないのです。彼らを理解して、敬意を払う人が必要なのでしょう」(28)

マザー・テレサはローマに、アルコール依存症患者や高齢者、貧困者のための家を開く。一九六九年にはオーストラリアのバークにアボリジニ・センターを、翌年にはメルボルンとロンドンに薬物中毒者と高齢者のための家を開いた。

一九七六年、彼女は訪米中にNBCのインタビューを受け、アメリカ人の印象を語っている。

「素晴らしい人たちだと思いますが、ときに誤った方向に人々を導こうとするようです。もし互いを愛し理解を深めるようになれば、そしてアメリカ以外の国の人々にもっと心を開き、今手にしている物を共有することができれば、この世界はあなた方を聖人と感じることでしょう。高潔さは限られた人たちの贅沢のなかにあるのではなく、私たちひとりひとりの義務のなかにあるのです」(29)

マザー・テレサには数々の賞や名誉学位が与えられたが、そのどれも彼女の心を動かしはしなかった。教皇ヨハネ二十三世平和賞（一九七一年）、宗教促進に贈られる国際ジョン・F・ケネディ賞（一九七三年）、アルベルト・シュバイツァー国際賞（一九七五年）、そして一九七九年のノーベル平和賞——マザー・テレサはこうした賞のすべてを神に捧げた。

世界に証明するために

一九七九年十二月十日、オスロの輝かしい大ホールで前代未聞の出来事が起きていた。サリーとニットのカーディガンに身を包み、素足に古びたサンダルを履いたひとりの女性が、周囲の期待を一身に集めて会場に入ってきた。彼女はオラフ国王を訪ねる前にようやく説得されて靴下を履いた。彼女がノーベル賞受賞講演を終えると――原稿はあったが、それには従わない自由な演説だった――オスロ大学の大ホールには温かい拍手が鳴りひびいた。

スピーチの前に、観客の手には一枚の紙が手渡されていた。そこにはマザー・テレサが幼少期から親しんできた、「神の愛の宣教者会」を代表する祈りが記されていた。

「主よ、私を平和の道具としてください……」

この祈りから始まったマザー・テレサのスピーチは異例のものだった。しかし彼女を前にすると、異例なものもごく自然に感じられるのだ。この祈りがオスロの人々に「ユニヴァーシスタ」＝「団結」の心をとどけた。オラフ国王に祝福され、ソニヤ王妃から抱擁を受けたマザー・テレサは簡潔に述べた。

「貧しい人々を代表して賞をいただきます。私が賞を受け取ることで、世界の貧しい人々の存在に気づいてもらえるのでしたら(30)」

翌日、マザー・テレサはノルウェーの国民に向けてスピーチを繰り返した。講演は入場無料で、聴衆席は人であふれかえった。前日を上回る拍手が鳴りひびいたあと、数名の若者が「ハレルヤ・コーラス」を歌いだし、その場にいた全員が声を合わせた。

世界中で、マザー・テレサに与えられた名誉に歓喜の声があがった。

インドの外務大臣シャム・ダンダム・ミシュラはこう敬意を表した。

「五十年前、マザー・テレサはインドに来ました。……この地には多くの偉大な人物が訪れました。しかしそのなかに善人はほとんどいませんでした。しかしマザー・テレサ、あなたは数少ない善人のひとりです(31)」

また、ワシントン・ポスト紙は大衆の意見を次のようにまとめた。

「これまでノーベル平和賞受賞者の多くは政治や外交の分野で活躍した人物だった。過去三十一年間、カルカッタの貧しい人々や死にゆく人々のあいだで働きつづけてきた修道女に贈られたのはマザー・テレサが初めてである。彼女の姿をとおして、我々は一個人が人類に貢献できる大きさを教えてもらった。同時にヨーロッパやアメリカがおそらく体験することのない貧困の形を知らせてくれた。折に触れ、ノーベル委員会はこの賞を通じて、平和にはさまざまな形があること、そして政治だけが平和を勝ち得る手段ではないことを世界に指摘してくれる(32)」

このような記事をとおして、愛と慈悲の精神が初めて政治的に受け入れられた。

「愛は人間がいるところに存在します。指示や指導者を待っていてはいけません。あなたがひとりの人間として、隣人に善い行いをするのです(33)」

どこに行き、どんな聴衆を前にしても、彼女はいつも聴衆自身の心や故郷に意識を向けさせた。それぞれが愛を持つ必要について述べ、神をとおして、神のなかに、無限の愛を持つことができると説いた。

「愛することは痛みをともないます」

マザー・テレサはいかなる政治的、社会的、宗教的議論に関与することもなく、ただひたすらに自分の道を歩んだ。そして修道会の発展と保護に、自らの人生を費やした。活動が大きな論争や世界の権力の戦略に巻き込まれないよう注意することはとても重要なことだった。特に妊娠中絶嫌悪への批判には、いつもこう答えた。

「人が何を言うかなど気にしてはいけません。すべてを笑顔で受け止め、あなたがするべきことをし、あなたの道を歩きつづければいいのです」(34)

一九八九年九月五日、七十九歳のマザー・テレサはカルカッタで心臓発作を起こし、病院に運ばれた。症状は深刻だった。九月十日の夜、ペースメーカーがつけられ、カルカッタ中の、また世界中の何百万人が天に祈りを送った。「マザーをお助けください」――その祈りは聞き入れられ、六週間後、マザー・テレサは病院を離れた。彼女の居場所はあくまで、最も貧しい人々のなかにあったのだ。

一九九七年五月十三日、マザー・テレサは修道院院長の座を降りた。一九九七年九月五日、八十七歳の生涯を終えた彼女は、「スラムの聖女」としてインドの国葬を営まれカルカッタに埋葬された。二〇〇三年十月十九日、ローマ教皇ヨハネ・パウロ二世は死後六年という異例の早さで彼女を列福した。修道会の記録によると二〇〇三年現在、一三三カ国で七一〇軒のマザーハウスが維持されており、四五〇〇人のシスターと、何百何千人ものボランティアが働いている。

「まずは家庭から始めてください。夫や妻に優しい言葉をかけてください。地域や職場や学校で必要とされていることに協力してください。神のために、自らの行動をとおし、何かを美しくすることから始めてください」(35)

受賞講演（抜粋）

1979.12.11

マザー・テレサ
Mother Teresa

今日、ノーベル平和賞のために皆がここに集まったことを神に感謝し、祈りを捧げましょう。……さあ、ともに祈りましょう。……

今日ここに集まる機会を与えてくださったことを神に感謝します。この平和の贈り物によって、私たちが平和に生きるために創られたこと、そしてイエスが人となり、貧しい人々に福音をもたらしたことを思い出させてくれるからです。

主イエスは、原罪を持たぬ人として私たちと同じ体になり、十字架に架けられ偉大な愛のために亡くなられました。イエスの死はあなたや私のためだけでなく、ハンセン病患者や、飢えで死にゆく人々、カルカッタだけでなく、アフリカやニューヨーク、ロンドン、そしてオスロの路上に裸で横たわる人々のためにあるのです。イエスが私たちを愛したように、私たちも互いに愛しあいましょう。このことは福音にはっきりと記されています――神が私を愛したように私はあなた方を愛します――私があなた方を愛するように、あなた方も互いに愛しあいなさいと。私たちは痛みを伴うまで互いに与えあわなくてはなりません。神を愛しているけれども隣人は愛していない、というのは間違っています。もしあなたが神を愛していながら隣人を愛していないなどと言えば、聖ヨハネはそれを偽りだと言うでしょう。目の前にいて触れることができ、ともに暮らすことができる隣人を愛せなければ、目に見えない神をどうやって愛せるというのでしょう。真実の愛は痛みを伴うのです。キリストも痛みを伴いながら、我々を愛してくださったのです。

あるとき、老人のための施設を訪ねたことがありました。施設は整頓され美しい調度品がすべて揃っていました。しかし入居者はみな、ドアのほうを見ているのです。誰ひとりとして笑みを浮かべている人はいません。私はシスターに尋ねました。

「ここには何もかも揃っているのに、なぜ皆はドアのほうを眺めているのですか？　なぜ笑わないのですか？　私のところにいる人々はいつも笑顔を見せています、たとえ死の際にあっても」

するとシスターは言いました。

「いつもそうなのです。彼らは待っているのです、息子や娘が訪ねてきてくれるのを。忘れ去られ、傷ついているのです」

そうです、やはり愛は家族のなかにあるのです。もしかすると、あなたの家族も淋しい思いをしているかもしれません、気分が悪かったり、心配事を抱えていたりするかもしれません。誰にとっても辛い日々はあります。それを受け止める準備ができていますか？　母は子どもを受け止める準備ができていますか？

欧米諸国で実に多くの少年少女が薬物に手を染めていることに私は驚いています。いったい何が起こっているのかと、その理由を探ろうとしました。答えはこうでした。彼らを受け止めてくれる家族がいないのです。父親も母親も忙しすぎて子どもにかける時間がない……だから子どもたちは路上に出て、悪事に巻き込まれるのです。私たちは平和の話をしています。こうしたことが平和を壊すのです。

そして今日、平和を壊す最大の原因は中絶にあります。なぜなら中絶とは戦争であり、人殺しです。母が我が子を殺すということなのです。聖書を読めば、神ははっきりとこう仰っています。

「母が子を忘れようとも、私はあなたを忘れない。私はこの掌であなたを創ったのだ」

そう、私たちは神の手によって創られたのです。……今日、平和を破壊する最悪の方法は堕胎です。ここに立っている我々はみな、両親に望まれて生まれてきました。もし両親が堕胎していれば、我々はここにはいません。多くの人は子どもを望み、子どもを愛します。インドやアフリカの子どもたちが栄養失調や飢えなどで死んでいくのを、多くの人々が心から心配しています。しかし一方で、何百万の母親たちが我が子を故意に殺そうとしています。これこそ最も恐ろしいことです。母親が自分の子どもを殺すことができるなら、私とあなたが互いに殺しあうことなど、なんでもなくなるでしょう。……

我々は堕胎の対策として、養子援助を行っています。何千もの命を世界中の診療所や病院、警察などに送るのです。……子どもを親から預かり、その子に家を与えます。ありがたいことに世の中には子どもを望む夫婦がたくさんいます。また私たちは、物乞いやハンセン病患者やスラム街の住人、路上で暮らす人々にも適切な家族計画を指導しています。

貧しい人々は、素晴らしい人々です。私たちに多くの美を教えてくれます。先日ある人が私たちのところに来て言いました。貞節の誓いを立てたあなた方こそ、家族計画を教えるにふさわしいと。私はなんと美しい表現だろうと思いました。こういうことを言ったのは、食べる物も住む家もない人ですが、それでも素晴らしい人々です。

ある晩、私たちは路上に倒れている人を四人連れて帰りました。そのうちのひとりは非常に危険な状態にあったので、シスターたちに他の三人の手当を指示し、私はこの最も深刻な状態の人を診ることにしました。できるかぎりの愛を込めて介護しました。ベッドに寝かせると、彼女の顔に美しい笑みが浮かんだのです。彼女は私の手を取り、「ありがとう」と言って、息を引き取りました。

私は彼女を前に、自分の良心を見つめ直さずにはいられませんでした。私が彼女の立場なら、何と言ったでしょう？　答えは簡単です。私なら自分に少しでも注意を惹きつけようと、空腹だとか、死にそうだとか、寒いとか、痛いとかそうしたことを言ったと思います。しかし彼女が私にくれたものは、そんなものではありませんでした。あの老女は私に素晴らしい愛を与えてくれたのです。そして笑みを浮かべながら死んでいきました。

溝にはまって体に蛆《うじ》が湧いていた男性を、施設に連れてきたときもそうでした。その人は言いました。

「私は路上で動物のように生きてきましたが、いま、天使のように愛され、ご加護を受けて死ぬことができます」

そのようなことを言える人の姿を――誰を恨むことも、不平を言うこともなく死んでいける人の偉大さを見られたことは素晴らしいことでした。ですから私たちはキリストが仰る言葉を信じているのです。

「私は飢えた人である、私は裸の人である、私は家を持たない人である、私は求められておらず、愛されてもおらず、保護されてもいない人である――あなたが彼らのためにすることは私に対して行うことである」

我々はソーシャルワーカーではありません。社会福祉をしているように見えるかもしれませんが、実際に我々が目指しているのは人々の心のなかに入り込むことです。私たちは二十四時間キリストの体に触れています。……あなた方も祈ることで神の存在を家庭にもたらすことができます。我々はひとつの家族なのです。平和をもたらすのに爆弾や銃は必要ありません。ただともにいて、互いを愛し、その平和を、その喜びを、互いが存在する強さを家庭にもたらせばいいのです。そうすれば世界の悪に打ち勝つことができるでしょう。

世の中にはあまりに多くの苦しみや憎しみ、貧困がはびこっています。まずは家庭から祈りと犠牲を始めましょう。愛は家庭から生まれます。どれだけのことをしたかではなく、どれだけの愛を行動にしたかが問われているのです……神にどれだけ尽くせるかは、人にどれだけ奉仕できるかなのです。

以前カルカッタでは砂糖を手に入れるのが非常に困難でした。私にはどうやって施設の子どもたちに分けてあげようかと悩んでいました。するとある小さな四歳のヒンズー教徒の男の子が家に帰り、両親にこう言ったのです。

「僕は砂糖を三日間がまんするから、僕のぶんをマザー・テレサの家の子どもたちに分けてあげて」

三日後、男の子の両親が息子を伴って我々の施設に来ました。私は彼らに一度も会ったことがありませんでしたし、男の子は私の名を正確に発音することもできませんでしたが、彼は自分が何をしにきたのかはっきりと理解していました。彼は愛を共有しにきたのです。

いま私はあなた方に向かって言いたい。まずはあなたの家庭のなかに貧しい人を探してください。家庭から愛を始めてください。愛する人に福音を届けてください。そして隣人を理解してください。隣人がどんな人か知っていますか？　私はあるヒンズーの家族と素晴らしい体験をしたことがあります。この家庭には子どもが八人いました。ある男性が施設に来て言いました。

「マザー・テレサ、八人の子を抱えた家族が長いあいだ飢えで苦しんでいます、彼らのために何かしてください」

私はお米を持ってすぐに彼らのところに向かいました。そこには子どもたちがいました——あなた方が飢えた子どもを見たことがあるかどうかわかりませんが、私はよく知っています。母親は米を受け取り、それを分けてから、半分の米を持ってどこかへ行きました。彼女が戻ってくると私は尋ねました。

「どこに行っていたのですか？　何をしてきたのです？」

彼女はこう答えました。

「私たちの隣人もみな飢えているのです」

私は彼女が知っていたことに衝撃を受けました。隣人はイスラム教徒でした——それでも彼女はわかっていたのです。その夜、私はそれ以上の米を持って行くことはしませんでした。分け与える喜びを感じてほしかったからです。子どもたちは母親が与えた愛情を誇りに思い、喜びました。これが、愛の始まる場所、愛は家庭から始まるのです。


さあ、今日知りあうことができたこの機会を神に感謝しましょう。そしてお互いを親密にしてくれるこの知識をもたらしてくれたことを感謝しましょう。我々の仲間は世界中にいます。インドやアフリカの子どもたちのみならず、世界中の子どもたちを助けることができるでしょう。私が受け取った賞金で、家のない人たちのために、できるだけ多くの家をつくります。愛は家から始まるからです。貧しい人々に家を造れば、さらに大きな愛が広がっていくでしょう。

キリストの深い愛が再び広まるのを感じています——私たちはその情熱を分かちあい、その苦しみを分かちあうために、貧しい国々だけでなく世界中に向かっています。しかし私は欧米諸国にみる貧困こそ廃絶が困難だと感じるのです。もし路上の飢えた人に、ボウル一杯の米やパンをひとかけ与えれば、その人を満たすことができます。飢えを取り除くことができます。しかし疎外され、必要とされず、愛されていないと感じ、恐れ、社会からはみ出してしまった人——この貧しさこそ真に痛みを伴う非常に困難なものです。我々が助けになれるよう、どうぞお祈りください。あなた方が自分の国で祈ってくれなければ、私たちにもどうすることもできません。まずは貧しい人々を知ることです。今ここにいるみなさんは物質的な物はすべて持っているかもしれませんが、自分の家を振り返ってみたとき、互いのなかに笑顔を見つけることができますか？　笑顔こそ愛の始まりなのです。

愛の始まりである笑顔を常に絶やさずにいましょう。自然と互いを愛することができたとき、何かをしてあげたくなります。世界中で働いてくれるシスターやブラザーのために祈ってください。我々がこれからも神の贈り物に忠実でいられるよう、あなた方とともに貧しい人に仕えることで神を愛し、仕えることができるようお祈りください。

私たちがこれまでやってきたことは、あなた方の祈りなしには達成できませんでした。しかし私が求めるのは有り余るもののなかから与えることではなく、痛みを感じるまで分け与えることです……ここで大切なことをもう一度はっきりさせましょう。どんな子どもも、望まれないことがあってはいけません。そして笑顔でいることが難しいときこそ、笑顔で人と向きあわなければならないのです。

あるとき、アメリカの各大学から十四人の教授が私に会いに来ました。カルカッタの施設で、私たちは愛について、哀れみについての話をしました。すると、ひとりがこう言いました。マザー、何か心に残る話をひとつしてください。私は言いました。笑顔でいなさい、そして家族のための時間を作りなさい、互いに笑顔で暮らしなさいと。すると、もうひとりがこう尋ねました。あなたは結婚しているんですか？　私は答えました。ええ、しています。そして私にもイエスに微笑みかけることが難しいと感じるときがあります。彼はときに非常に厳しいことを求めてきますから。これは本当です。しかしそこに愛が生まれるのです――厳しい要求があってもなお、私たちは喜んで彼に応えます。もし私が天国に行くことができるなら、それは何をおいても、世界中に活動を広めてきたことのおかげでしょう。宣伝活動は私を浄化し、多くの犠牲を求め、天に向かう準備をさせてくれたからです。美しく生きることでこそ、我々はイエスとともにいられ、そして彼に愛されるのです。神が私たちを愛してくださっていることを覚えていれば、そして彼が私たちを愛するように、他人を愛する機会を見つけて、小さなことから愛を与えていけば、ノルウェーは愛の巣となるでしょう。

……もしあなた方が世界平和のために小さな火をともせば、ノーベル平和賞はノルウェーの人々にとっての贈り物になるでしょう。神のご加護がありますように！

アルバ・ミュルダール

一九八二年受賞

「諦めるのは人間にはふさわしくない行為です」

語れ、

まだ唇を持つ者ども

言葉は太陽になれる
言葉は河になれる
言葉は扉を開き、橋を架けることができる
言葉は暴君をも倒すことができる
もし私たちの多くが――十分な数が――言葉で武装するならば

アルバ・ミュルダールの死亡記事(1)

男たちは政治改革の話題に熱中するあまり、テーブルの下に隠れた十歳の少女が、自分たちの言葉にうっとりと聞き入っていることには気づかなかった。彼女には、社会民主主義の基本的価値観や投票権をめぐる議論の応酬の大半は理解できなかっただろう。だが彼女はこのときすでに、世界は母たちではなく、男たちが構想していることに気づいていた。そして、人類の半分だけによって構想され、形成された世界は、人類全体に利益をもたらすことはできない、ということも。

そうした議論に口を挟むことこそなかったが、テーブルの下で耳を傾けるうちに、少女の心のなかには、この世界で起きていることに積極的に関わりたいという決意が固まっていた。大義と必要性があれば、彼女は自分の信念のために語った。論争に加わった。そして諦めなかった。

そのほぼ半世紀後、女性会議の講演で、彼女はこう語った。

「私にはっきり言えることはふたつしかありません。ひとつは、私たちが困難を避け、希望的観測に甘んじているかぎり、何ひとつ得ることはできない、ということ。もうひとつは、いつでも自分のためにできることが必ずある、ということ。簡単に言えば、こういうことです――学び、新たな発見を得るために挑戦し、さまざまな提言に耳を傾けよ。そうでなければ、人間にできるのは諦めることだけです。そして、諦めるのは人間にはふさわしくない行為です」(2)

一九〇二年にスウェーデンのウプサラで生まれた我が娘に、技術オタクの父親、アルベルト・ライマーは、男の名前をつけた。彼は、十九世紀にカーボンマイクをはじめ、蓄音機や発電機を最初に作った人物の名で娘を呼んだのだ。この不屈の発明家と小さな少女は、のちにはいずれも世界的に知られる存在となる。ひとりは電球の発明者、トーマス・アルバ・エジソン。もうひとりは世界初の軍縮大臣で一九八二年にノーベル平和賞を受賞したアルバ・ミュルダールだ。

語れ、まだ唇を持つ者ども

八十四歳のアルバ・ミュルダールは、娘のカジの助けを借りながら、新聞から切り抜いた単語で、たった十一語の言葉を綴るのに何時間も苦闘していた。かつては三つの大陸で初めての、または唯一の女性高官として活躍したアルバ。巧みに言葉を操り、流暢に自身の言葉を語ったアルバが、今は末の娘に頼りきりになっている。その相手がカジだったのは、何とも皮肉なことだった。なにしろ彼女は、言葉が絶対のこの一家に生まれながら、四歳になるまで口をきかず、五十六歳になったときに、ミュルダール家の人間として生きることが、自分にとってどういうことだったのかを告白する自伝を書いたのだから。

この当時、アルバの言葉との闘いは数カ月も続いていた。一九八四年のストックホルム平和会議の開会時、最後にインタビューを受けたとき、すでに病に侵されていたものの、まだ彼女は健在だった。

「私はまだ言葉を綴ることも書くこともできます。ただ以前よりずっと、時間がかかるようになっただけです」(3)

だが、今では言葉を発することは一切なくなった。数度の手術でも、脳腫瘍の肥大をくい止めることはできず、痛みはアルバの頭をやむことなく破壊していった。発話能力と理解能力の低下は、彼女が一番大切にしていたもの、すなわち、自分にとって重要なことを臆せずに語る力を奪ってしまったのだ。

「January 20, 1984 was the day of a deep permanent destruction（一九八四年一月二十日は、深く完全な破壊の日だった）」(4)という十一語は、息子のヤンに公然と批判されたアルバが、外科医に自分の意を伝えようと並べた言葉だ。彼女が心の底から打ち込んできた平和活動が批判により法案廃止されたことを受けてのテレビ番組で、ヤンは考えられるかぎり侮蔑的な言葉を使って彼女の平和活動家としての業績を揶揄したのだ。

その後、アルバの会話能力は完全に失われた。何年にもわたり、彼女は数え切れないほどの手紙を息子に送り、十五年以上前に親子とのあいだに築かれた沈黙の壁を打ち破ろうとした。二回の流産のあと、一九二七年にようやく生まれた待望の息子は、この間ずっと、沈黙で彼女を罰しつづけた。彼はアルバに返信せず、葬式にも来なかった。二日後、スウェーデンの新聞には、ミュルダール家を恐れさせてきたヤンの辛辣な文句が再び躍っていた。

一九八二年にヤンが出したドキュメンタリー『スウェーデンの子ども時代』について、ある新聞はこう評した。

「覗き見趣味の曝露本以外の何物でもなかったが、ミュルダールの名声の泣き所を確実に突いてもいた。それは、彼女たち夫婦が人生すべての力を費やして培った、キャリア指向のカップル像の虚像を剥ぐ内容だったからだ。この下品な息子は『お生憎様、あんたたちは、うわべとはぜんぜん別物だよ』と言い放った」

出版のことをたまたまラジオで知ったアルバは、不意を突かれてすっかり動転した。(5)彼女たちのプライベートに関わるような内容が、二十八局で放送されてしまったのだ。このことは、同じ年に起きたある出来事に暗い影を落とした。アルバはこの年、彼女の友人で何年間も一緒に活動を続けてきた同志でもあるメキシコ外相のアルフォンソ・ガルシア・ロブレスとともに、ノーベル平和賞を受賞していたのだ。

授賞した理由には「貴殿は、軍備の問題をめぐる共同の責任感を広く喚起したという恒久的な寄与をされました」とある。その意味で一九八二年の受賞は、ノーベル賞委員会の議長が述べたとおり、「軍縮運動を後押しする救いの手」だったと解釈することもできるだろう。

アルバと、一九七四年にノーベル経済学賞を受賞した夫のグンナーは、一九〇三年にノーベル物理学賞を受賞したピエール／マリー・キュリー夫妻[*1]、一九三五年にノーベル化学賞を受賞したイレーヌ／フレデリック・ジョリオ＝キュリー夫妻、一九四七年にノーベル生理学・医学賞を受賞したカール／ゲルティ・コリ夫妻[*2]に続く、四組目のノーベル賞受賞夫妻となった。

言葉は太陽になれる

言葉の意味と、学び、考え、話す能力の高さ、そして自由への飽くなき献身は、アルバ・ミュルダールの人生を貫く赤い縦糸だった。そのことは、彼女が大切にしていた人々に綴った無数の手紙からも、心躍らせるスピーチからも、そしてユネスコと国連での働きや、軍縮大臣としての活躍からも明らかだ。彼女は精緻な議論を組みあげ、批判に対してもひるまず、言葉に関する天賦の才能を与えられた警告者として、「全世界での核兵器の完全廃絶」を実現するために、積極的に活動した。彼女の言葉は時に期待通りの効果を上げることもあったが、そうでないことも多々あった。

アルバは現実主義者だった。一九七〇年、夫とともにドイツの書籍見本市から平和賞を授与されたと

＊1 同国のアンリ・ベクレルとの共同受賞

＊2 アルゼンチンのバーナード／ウッセイとの共同受賞

きの受賞講演で、こう述べている。

「私たちは、人類は根底の部分では地球平和を希求していると信じたいのです。しかしこうした見方は、たとえば復讐感情などのさまざまな難題からは免れられませんし、また、マスメディアなどの情報操作の対象でもあることから、国際政治を変えるほど強力な倫理的圧力にはなってきませんでした。だから私は、『我々に平和を！』といった一般的な抗議運動では、意思決定機関、すなわち国家に対して、何も影響を与えられないでしょう」と、いかにも彼女らしい現実的な言葉を選びながら語っている。

「ちょっと意地悪な言い方で、私の本心を率直に言わせてもらうと、そういう軍縮運動は、軍縮派の自己セラピー行為くらいにしか役立っていません」(6)

彼女のさまざまな提案は巨大権力に拒絶され、無視されたが、彼女は諦めなかった。


アルバが死ぬ数時間前、オロフ・パルメ[*3]が、ラジーブ・ガンジー[*4]との会談を報告するために訪れた。彼女がその内容を理解できたかどうかは定かではないが、ふたりの面会の様子は娘のカジが見届けており、その内容は、アルバがスウェーデンの枠を超えて相互理解に尽くしたことを証明してもいた。

「アルバが亡くなる二時間前、私は窓越しに、オロフ・パルメが青いルノーから飛び出してくるのを見ました。彼はインドから帰国したばかりで、空港から直接この治療施設に駆けつけたんです。きっと、ラジーブ・ガンジーとの出会いで体験した感動を、アルバと分かちあいたかったんでしょう。アルバにとってインドとジャワハルラール・ネルー[*5]が特別な意味を持つ存在であることをよく知っていましたから。彼女の病室にも、銀色のフレームに入ったネルーの写真が飾ってあったんです。

パルメは彼女のベッドの端に腰掛けて話しはじめました。最初は注意を払っていたものの、その口調はしだいに大きく、熱っぽくなってゆきました。彼は、デリーでガンジーと話したときの様子や、ガン

*3 当時のスウェーデン首相
*4 インド第九代首相
*5 インド初代首相。一八八九年～一九六四年

ジーがアルバを『公式の外交チャネルを超えたところで結ばれた、両国間の深い友情』を築きあげた人物のひとりだ、と語っていたことを説明して聞かせました。

『ラジーブ・ガンジーは、まだ小さな子どもだったころに、スウェーデンという平和主義の小さな国家について、祖父ネルーからいろいろと教えられていたんだそうだ、そしてアルバ、君をとおして、彼はスウェーデンとつながりを築いたんだよ』と。

パルメは、平和政策をめぐって交わした会話を説明しつづけました。彼はそうした大きな構想と、アルバとネルーが連携していた非同盟諸国による平和運動を結びつけて語っていました。十五分ほどして、パルメはアルバの手を握り、立ち去りました。そのちょうど一カ月後に、オロフ・パルメは狙撃されて死んだんです」(7)

言葉は河になれる

スウェーデンの童話「地下のハット王子」に出てくる、娘のために三枚の歌う葉を探し求める王様のエピソードは、アルバ・ミュルダールにとって象徴的な意味を持つ物語となった。彼女にとって、一番目の歌う葉は「最愛の男性と、素晴らしい関係の夫婦になること」、二番目は「子どもと家族をつくること」、三番目は「他人と協力して変化を成しとげること」だった。

十七歳になったアルバが見つけた最初の一葉が、彼女の議論好きな性分と、この世界を生きるに値する場所にしたいという彼女の信念を共有できる相手、グンナー・ミュルダールだった。ふたりの関係は、お互いが別々の大陸に住んだ時期を挟みながらも、六十九年間にわたって続いた。数多くの共著からも読み取れるとおり、グンナーは彼女の三枚目の葉としても重要な役割を果たしている。共著のひとつ『人口問題の危機』はスウェーデン型福祉国家の提唱者としての地位を確立した。

この本は、一九三四年に出版されるや否や、スウェーデン中で大論争を引き起こした。彼らは、スウェーデンにおける家庭環境の貧困化が出生率の劇的な低下をもたらしており、将来の総人口に占める老年層の割合が異常なほど高くなる、と指摘したのだ。ミュルダール夫妻は気取った言葉を使わずに、家庭にやさしい住居計画、児童手当、家賃助成金、無償の学校教育の提供を訴えた。また中絶のようなタブーについても取りあげたが、その基本姿勢は家族の肯定にあったため、保守層も彼らのラディカルな要求を支持した。以来スウェーデンでは、子どもの養育に関わる物事には何でも「ミュルダール」が冠されるようになった。たとえば、妊婦用のコートは「ミュルダール・コート」といった具合に。

アルバは、夫と共同で練りあげた要求を実践に移す段になって、当時の伝統的な性別役割分担がどれほど女性の自立の妨げとなっているかを再体験することになった。くだんの著書は夫妻連名で出版されたにもかかわらず、社民政府はグンナーだけに、制度改革の実行を監督する委員会のメンバーに加わるよう要請したのだ。アルバには、単なる専門家としてお呼びがかかっただけだった。この件は、彼女が生涯闘いつづけた社会的制約とたまたま真正面からぶつかった例のひとつでしかない。彼女は後日、そうした制約について次のように回想している。

「本当なら仕事や私生活を充実させるために使えたはずの感情的エネルギーを、女性ジェンダーを包囲する人工的障壁に対抗することに浪費させられた(8)」

アルバは当初、伝統的な道徳規範に従っていた。彼女が自分の道を歩みはじめ、自分の能力を積極的に活用していたあいだも、自分の判断が正しいのかどうか悩みつづけた。政治問題に対する女性の反応は男性とどこが違うのか、と質問された際、彼女はこう答えている。

「政治の世界では、女性は権力に自覚的ではありません。女性は歴史上、一度たりとも政治権力を持たなかったし、また求めてもきませんでした。しかし世界のさまざまな地域で起きている政治抗争は、女性がもっと政治に関わるべき理由のひとつを示していると思います」

それから彼女は、こう付け加えた

「女性の政治家が男性より理想主義的だということはまったくありませんが、基本的に、私たちは男性より正直です」(9)

「地下のハット王子」と同じように、アルバは三枚の葉を集めるために多くの障害を乗り越えなければならなかった。彼女は何度となく自問した。

「私はどうやって自分の能力を知ればいいのか？　私はどれだけ他人に影響を与えられるのか？」。そして「どうすれば、他の人々にとって頼りになる、自立した人間でいられるのか？」と。(10)

グンナーは、常にアルバが自分のそばにいることを強く求めた。そのため彼女がこうした疑問を抱くのもごく当然なことだった。しかし、あえてその疑問を口にすることはなかった。夫から知的な面での助力を得ていたのは確かだし、なによりも彼は友人でもありスポンサーでもあった。彼女は夫についてこうも述べている。

「最後の審判の日の朝に目覚めたとしても、彼と一緒に過ごすことしか考えられない。私の最も親密な友人、永遠を耐えることのできる唯一の人物、私にいつも刺激と元気を与えてくれ、ともに世界の変革を目指す仲間」(11)

家計の切り盛りや子育てについて、グンナーは一切責任を負わなかった。グンナーは理論家で、アルバは実践家だった。グンナーはいつでもアルバにそばにいてほしがった。娘のシセラの言葉を借りれば、彼はアルバとの強い共生関係があって初めて「生き延び」ていたのであり、事実グンナーはアルバのことを自分の「こころの薬局」だと呼んでいた。

彼女は初めのうちは良妻としての役割に没頭しており、自分自身のキャリアを歩みはじめたのは四十七歳になってからだった。それまでは政界からの魅力的な誘いを退け、夫と家族のことを最優先にしてきた。夫が一九四一年に米国に渡って研究を続けようとしたときも、彼女は輝ける英雄、自分の王子様のあとを追った。アルバがいないときのグンナーは、鬱になるか、偏執狂的な仕事中毒に陥ってしまう。もし一緒に渡米しなければ、彼は離婚を申し出るだろう。だから彼女は夫に従った――子どもを置いて。

アルバがこの苦渋の決断について語る自由を得たのは、ずっと後年になってから、娘たちに出した手紙のなかでのことだった。

「いま人生のバックミラーを覗いて過去を振り返ってみると、『あのとき、生活を劇的に変えたりしないほうがよかったんじゃないかしら』って自問したくなる瞬間がふたつあるの。もちろん、どちらも離婚につながるような状況だった。でも、どうして離婚するのがダメなのかしら。それは私が自分で解決しなきゃいけない問題ね。でも、私は夫に忠実だった」(12)

彼女の未刊行の自伝にも、そのことへの疑問が書かれている。

「私が子どもよりも、夫のほうをずっと大事にしてしまったことは明白です。たとえ、その選択が避けようもないものだったとしても」(13)

アルバがインド、グンナーがヨーロッパに住み、それぞれのキャリアを歩んでいた時期には、グンナーとの関係を根本的に考え直そうとしたこともあったが、夫との結び付きは解消するにはあまりにも深いものだった。彼女はこう書いている。

「あんな会話の饗宴をともに楽しめる相手は、この地球上には彼しかいません」(14)

言葉は扉を開くことができる

二枚目の葉にあたる子どもと家庭は、若き日のアルバが思い描いたほど順調にはいかなかった。だが、強く、自立した意志を持つ女性が乗り越えなければならない障害に対しては、十分に心の準備ができていた。のちに、十七歳のころの彼女を、次のように回想している。

「家庭的な幸福や安心にはまったく憧れませんでした。……今の私は、家庭生活も大いに楽しんでいます。でも、私の仕事を女性向けに作られた役割に押し込めようとしてもうまくいきっこありません。……私は生物学的・性的な面では女性の役割を堪能していますが、精神的な活発さは完全に男性的役割に向いているんです」(15)

一方では妻や母として、もう一方では政治家として働くことは、常にバランスを取りつづける行為にほかならず、彼女は大変な苦労をしながらこのコツを掴んでいった。

当時の医学では治療ができなかった悪性の腹膜炎を患い、数度の流産を経験したが、彼女は医者からの警告を受けいれず、三人の子どもを産んだ。彼女は子どもをほしがったが、それはまったく「女性の自己実現の最高段階としての母性」によるものではなかった。(16)

娘のカジは、著書のなかで母親についてこう書いている。

「彼女は女性を縛り付ける母親の役割を軽蔑していました。ですから、子ども時代の人形遊びでも、人形用のドレスを仕立てるような遊び方しかしませんでした。赤ちゃんのために粉ミルクを用意したり、ほ乳瓶を消毒したりすることに、喜びを感じる人間ではなかったんです。早い時期から、経済的自立、職業選択の自由、自由恋愛、社会的責任などを求めて闘った先駆的女性の物語に、自分を重ね合わせていました。……彼女は、当時増えつつあった、『母権制こそが社会の理想的な姿で、持続可能な平和を達成する唯一の手段だ』と主張する女性たちとは、はっきりと距離を置いていました。女性問題を深く理解し、女性の権利を求めて活動してきた人間のひとりとして、ときにはそうした議論の一翼を担うこともありましたが、女性を人類の母や社会の母とみなす考え方を拒絶していました。彼女にとってそれは、神秘主義であり、誤解であり、ロマンチックな文明忌避の産物でした。女性を理想化することは、女性を政治や社会問題から遠ざけることを正当化してきた男性論理に近い危うさを感じていたんです」(17)

一九二九年にロックフェラー研究所から米国留学の奨学金を得たアルバとグンナーは、二歳になる息子のヤンを両親に預けて渡米した。のちに彼女は、この決断は自分の犯した最大の間違いのひとつだったと評した。

アルバは心理学の研究に集中し、フロイトの夢分析について論文を書くことにした。心理学者のアルフレート・アドラーや児童心理学者のシャルロット・ビューラーと会い、ジュネーヴではジャン・ピアジェにも学んだ。彼女の関心は、主に子どもの、自由な発達可能性にあった。そんな彼女とグンナーが、その後もずっとヤンと親密な関わりを持つことがなかったのは、運命の皮肉というものだろう。アルバがふたりの娘、シセラやカジと親密な関係になったのも、実際には彼女が人生の三分の二を終えてからのことだった。

アルバは常に社会問題に関心を持ちつづけてきた。一九三六年には三人の子どもを育てながらも、社会教育訓練校を立ちあげる仕事に一日の半分を割いた。多子家庭への住宅供給と児童福祉の強化をめぐる政治論争に加わったあとは、この学校の裁量権を与えられるまでになった。そうした家族政策を実行に移す能力を持った担当者が足りない、という彼女の批判が、「じゃあお前がやってみろ!」という反応を引き起こしたのだ。彼女はこの訓練校で十年以上も学部長を務め、新しい教育学的指標と先端的な児童心理学に基づいて幼稚園教諭を訓練し、世に送り出した。

戦中・戦後には、教育問題、難民問題、戦後スウェーデンの労働運動プログラムの作成、社会主義インターナショナルの再構築などの社会的・政治的問題を扱う委員会群に関わった。彼女は六カ国語で発行される週刊誌『ヴィア・スエシア』の編集者としても働き、戦災地からの難民がスウェーデンに適応するのを支援した。アルバの強みのひとつは、こうした具体的で実践的な解決策を生み出す能力にあり、彼女はこの長所を他のさまざまな領域でも巧みに活用した。

実践的な知性と構想力の高さが認められ、一九四五年にはスウェーデンの教育大臣に就任する機会を与えられたが、アルバはこの申し出を断っている。その理由は、同年に夫のグンナーが貿易大臣に就任していたから、というものだった。彼女にとっては、夫婦して内閣入りするというのは考えにくいことだったようだ。その一年後にはユネスコの最高責任者になるよう請われたが、やはり家族を尊重するためにこの誘いを断った。グンナーは彼女と一緒にパリに住むのは絶対に嫌だと明言していたから、その点で彼女は間違ってはいなかった。その代わりに今度はグンナーが国連ヨーロッパ経済委員会のメンバーに誘われ、一家はジュネーヴに引っ越した。

この時期、アルバの最初の一葉には亀裂が生じはじめていた。アルバは、グンナーには世界が開かれたのに、自分は再び良妻賢母の役割へと引き戻されたと感じていた。働くことを許されないままジュネーヴで過ごす日々は、「生きながら葬られる」ようなものだった。それでも彼女は寡黙を貫き、グンナーに自分の感情をぶつけたりはしなかった。ほぼ二年間にわたって、彼女は自分自身の意志を放棄していたも同然だった。この間、彼女は不満や怒りが子どもに及ぼす影響などについて数多くの文書を残しており、就学前教育に関する国際組織、世界幼児教育機構（OMEP）の創設にも携わっている。だが彼女は、夫との活発な討論や、創造的な共同作業の機会を決定的に失ってしまった。この時期のグンナーは、自分の生活から彼女の存在を消し去り、国連ヨーロッパ経済委員会の同僚やアシスタントの面々と過ごすことを選んだのだ。

橋を架ける

だから再び一九四九年に、国連事務局から仕事の打診を受けたアルバは、家族に相談することなく、突然、自らのキャリアを歩む決意をした。社会問題ディレクターの職責を引き受けたのだ。これは組織内で上から三番目、女性としては国連で一番高い地位だった。アルバが家族を置いて単身ニューヨークに発ったとき、シセラは十五歳、カジは十三歳だった。ヤンはすでに独り立ちしていた。グンナーは、アルバが三枚目の葉を探しに旅立ったあとも、ふたりの娘とスウェーデン人のメイドと一緒にジュネーヴに住みつづけた。彼女はついに「仲間と協力して、影響や変化をもたらすことができる」人生に足を踏み入れたのだ。

この決断が家庭に及ぼす影響への不安や懸念は、自分自身で乗り越えた。彼女は教育、就学、人口問題における女性の役割について自分の考えを表明し、それを国際的レベルの具体的改革案へと昇華していった。ついに、自分が長年関心を持ちつづけてきた分野に、公的な立場から取り組めるようになったのだ。

高い地位に就いたこともあって、彼女の言葉は国連内でも正当に評価され、彼女の提案を実践した部門は成果を上げるようになった——ときには実行に移されるまで、数年以上を要することもあったが。ニューヨークで二年間を過ごしたのち、アルバはパリのユネスコ本部への転属を申し出た。パリなら、家族の住むジュネーヴまで夜行列車で一晩の距離だ。すでに四十九歳になった彼女は、仕事に打ち込むことで、グンナーの占有欲にも振り回されない強さを身に付けていた。「再設計すること、決して諦めないこと」という彼女のモットーが、再び原動力になった。彼女自身はこのエネルギーを、こんな言葉で説明している。

「私の向上心は、必要充分以上の成果を上げる喜びよりも、むしろ、まだ満足な成果を上げていないという感覚に突き動かされていると言った方が適切かもしれません」(18)

一九五二年十二月、アルバはインドに派遣される。このとき、ジャワハルラール・ネルーとの運命的な出会いを果たし、長きにわたって友情を育むことになる。彼女はネルーの「強く、自立したインド」という考えを支持し、社会正義と経済発展を実現するのにふさわしい、非凡な道徳的影響力を備えたリーダーだと評価した。その後、彼女はスウェーデンの在インド大使に就任することとなる。

しかしグンナーから衝撃の手紙が届く。彼は自信をなくし、未来を見失っていた。アルバがいない生活の孤独や不安、鬱状態にあることなどが、劇的な調子で書かれていた。もちろんスウェーデンもアルバの外交手腕を手放すつもりはなかったので、結局、夏の数カ月間はアルバがヨーロッパへ行き、残りの期間はグンナーがインドにやってくることで折り合いがついた。

アルバの派遣は、両国に絶大な成果をもたらした。インドの有権者は大多数が教育を受けておらず、貧しかった。さらに言語の壁やカースト制度が、この国家の民主化を阻んでいた。アルバはいくつかの女性団体と密接に連携しながら、女性のための学校や大学を創設した。女性が主体的に社会貢献を行えるよう、国家が女性を後押しする重要性をことあるごとに強調した。

この間、彼女はしだいにネルーへの賞賛の念を強めていった。それはネルーの側も同じだった。ネルーが国内を視察旅行するときには、しばしばアルバに同行を求めた。アルバがひとりで旅したときは、彼女が戻ると詳細な報告を聞きたがった。国賓との晩餐会では、彼女がネルーの隣に座った。長い人生で出会った、チトー[*6]やウ・タント[*7]のような数多くの国際政治の立役者たちのなかでも、彼女に最も影響を与えた人物がジャワハラール・ネルーだった。

言葉は暴君をも倒すことができる

任期を終えてスウェーデンに戻ったアルバは、一九六一年五月、スウェーデン外相で国際法の権威でもあるアーステン・ウンデーンから、軍縮に関する講演の執筆協力を依頼される。アルバはわずか数週間の準備期間で、この複雑なテーマに精通した。そしてこれこそ、自分の残りの生涯を捧げるべき問題だと確信した。彼女はこれ以後「平和の達成は、理性と倫理の問題である」(19)というモットーを掲げ、一貫して軍拡競争に反対してゆくことになる。彼女はウンデーンにこう語った。

「私は軍拡競争のように無意味なことについて一度『なぜ』とか『何のために』と自問しはじめると、もう止まらなくなってしまうんです」(20)

五十九歳になったアルバは、今度は軍縮会議のスウェーデン代表使節に抜擢され、再びジュネーヴに赴く。当時は冷戦と軍拡競争の真っ只中で、東西対立は緊張の度を増していた。ケネディのピッグス湾事件は世界を存亡の危機にさらし、ドイツではベルリンの壁の建設が人々に衝撃を与えた。そして、まさにその秋、ソビエト連邦が核実験をめぐる条約の放棄を宣言する。これを受けて、米国も即座に軍備拡大を加速させた。

こうした情勢下、アルバ・ミュルダールは八カ国の非同盟諸国の声として意見表明を始めた。世界の

＊6
旧ユーゴスラビア大統領。東欧の社会主義国家ながらソ連の影響下から完全に離脱し、非同盟運動のリーダーのひとりとなった

＊7
ビルマ出身の国連第三代事務総長

運命を憂い、眠れぬ夜を過ごす日々の始まりだった。一九六二年三月、彼女は新しい職責を得てから初めて国連の欧州本部に足を踏み入れ、大いに感動を覚えた。非同盟諸国はこのとき初めて十八カ国委員会の審議への参加が認められ、アルバはスウェーデン代表として、エジプト・エチオピア・ブラジル・ビルマ・インド・メキシコ・ナイジェリアの非同盟諸国とともに列席した。彼女は入念に準備を整え、明快に主張を述べた。

「私たちは忍耐と燃えるような信念を持つだけでなく、この問題に精通しておく必要があります。デモや灯火行進も重要な第一歩ではありますが、それと同時に問題に深く切り込み、変化を促さなければなりません。悲観主義は後世の歴史家にとっては役立つかもしれませんが、作業仮説には不向きです。いまを生き、未来に向けて活動する私たちは、たとえしばしば絶望を感じるような状況でも、そうした懸念は極力控えておきましょう。知識と理性、そしてやればできるという意識があれば、世界はもっといい場所にできるのです」(21)

アルバは懸命に働き、この分野に通暁するまでになった。彼女がこの任に就いた一九六二年には、全世界で五〇〇発の巡航ミサイルが発射台の上に載っていたが、その十年後には、その数は二六〇〇発まで増加していた。また、当時核爆弾を保有していたのは米国・ソ連・イギリス・ノランスの四カ国だったが、アルバの任期中、一九六四年に中国が、そして一九七四年にはインドが核保有国のサークルに加入した。

十一年間にわたり、六十七人の男性とともに、唯一の女性として軍縮会議に参加しつづけたアルバは、国際的な軍拡競争にも決して絶望せず、提言しつづけた。ヨーロッパの非核保有国の代弁者として、彼女は各国議員の経済的常識に訴えた。核保有国同士に、これまでの「古典的」で成果に乏しい軍備管理交渉を放棄する二国間合意を結ばせ、代わりに核物質の製造と輸出入、核弾頭の製造、生物兵器の製造などを計測的手法により管理する査察プログラムを提唱したのだ。この計画は数段階に分けて順次進められ、核保有国と非核保有国の双方に適用される。これは実質的には、当時の非核保有国には核保有の断念を、そして核保有国には軍拡競争を停止して現在の保有兵器数を核保有の上限とすることを強いるものだった。

彼女は発言の際にできるだけ「軍備放棄」という言葉を避け、代わりに「低軍備」という表現を使った。そうすることで、彼女は自称・平和主義者たちに向けて、自分の提案は自国の防衛力まで放棄させるものではない、というメッセージを打ち出したのだ。

「平和を求める者は、防衛を批判するべきではありません」[22]

一九五四年にネルーが先鞭をつけた永久核実験停止の発議は、彼女の時代になって再び議論の俎上《そじょう》にのぼった。一九六三年には米国とソ連、イギリスが以後の核実験を地下に限定することで合意し、わずかな光明が差しはじめる。だがフランスは一九七四年まで、そして中国は一九八〇年まで、大気圏内核実験を続行した。アルバは核戦争の危険性を繰り返し指摘し、核抑止が平和を実現するという「恐怖の均衡」論を一笑に付した。

「超大国は、彼らの行為が我々の文明に与えている危険を無視して、非倫理的で非理性的な軍事競争を続けています。すでに全人類を何度も抹殺できるほどの数を備蓄しているにもかかわらず、いかなる用途にも使えないまったく役立たずの兵器をさらに増やしているのです。彼らはこの破壊手段を大量製造することが国家の安全を保障するのだとうそぶいていますが、それは間違っています。核軍備競争はいかなる均衡状態も不安定にさせるだけなのです。常軌を逸した見込み違いと言うほかありません」[23]

アルバは、「軍縮でいかさまを働いている」国を名指しで批判するときなど、怒りを露にすることもあった。軍縮論争を深刻に考えるフリをしているだけの大国は「詐欺師」だと言い捨てることもあった。

だが同時に、彼女は交渉の力に賭ける現実的な政治家でもあった。人生のハイライトとも言えるその偉大な業績に、関係者たちから『軍縮運動の良心』という賛辞を贈られた彼女は、国連の退任演説でも地に足の着いた現実主義者ぶりを覗かせた。

「私の公式表明を、同僚たちへの質問で締めくくらせてください。いったいいつになったら、軍縮への真剣な取り組みが始まるのでしょうか？」(24)

この当時にいたるまでの軍縮努力の経緯を、アルバは「機会損失の歴史」と呼んだ。彼女がこのとき念頭に置いていたのは、政治情勢が好転していたにもかかわらず、残念ながらそのタイミングを軍縮に役立てることができなかった歴史的瞬間の数々だ。

「平和は万人にとっての勝利です。それ以外には、いかなる勝利も存在しません」(25)

一九七〇年にドイツ書籍見本市から平和賞を受賞したときも、彼女は謝辞の場で、こうした機会損失に対する容赦ない批判を表明した。

「私たちは超大国を戒め警告するだけでなく、自らもしかるべき正当性を踏まえて行動し、責任を引き受けなければなりません。そうすれば、もうこれ以上、私たちの指のあいだをチャンスや歴史的好機がすり抜けてゆくこともなくなるでしょう。平和を築くのは〈私たちの〉義務なのです」(26)

一九七四年に引退したあとも、彼女はその国際的名声をとおして、軍縮をめぐる政治思想に影響を与えつづけた。そして引退のわずか一年後には、全欧安全保障協力会議（ＣＳＣＥ）設立の原動力となった。アルバが冷戦の終焉とベルリンの壁の崩壊、東欧の国境開放を目にすることはなかったが、膠着する戦争や危機的情勢の数々が核の壁自体の脅威を薄れさせてしまった昨今では、いったいどうすればいいのかと彼女に問いかけたくなる人もいるかもしれない。

「私は諦めませんでした。物事を見直す機会が与えられているなら、自分はそれをやるべきだと思いま

せんか？」(27)

アルバ・ミュルダールのこの回答は、今日もまったく同時代性を失っていない。

もし私たちの多くが言葉で武装するならば

一九八二年十二月十一日、この女性は、重病を患いながらも数段の階段を登り、オスロ大学の大講堂に登壇した。

にわか雪の降るなか、講演二日前に現地に到着したアルバは、青ざめ、衰弱しきっていた。すでに数度の心筋梗塞と失語症の初期症状にみまわれていた彼女は、それでも杖をつきながら階段を踏み締め、演壇へと歩み出た。彼女は満席の講堂をぐるりと見渡してから、講演を始めた。最初の一語はためらいがちな低い声だった。その言葉を理解できたのは、一言も聞き漏らすまいと集中していた人々だけだっただろう。だが彼女は、こんな時にも現実主義者の感覚を忘れていなかった。過去何度か起こっていたように、彼女がうまく話せなくなってしまった場合には、あらかじめ用意していた講演原稿をふたりの娘が半分ずつ読みあげる手筈を整えていたのだ。

だが一言話すごとに、彼女の姿は演台の後ろに立つ弱々しい身体よりひと回りもふた回りも大きく見えはじめ、語る言葉もしだいに流暢になっていった。彼女が演題に選んだのは、やはり国際軍縮の問題だった。彼女はここでも、無意味な軍備競争の結果跳ね上がった武力衝突の危険性について警鐘を鳴らし、多くの人々が平和運動に関わったことで不利益を被っていることに触れた。

「世界中に政治権力をふるう指導者たちが、人々の良識と意志に道を譲らざるを得なくなる日が遠からず訪れるだろうと信じています」[28]

さらに彼女はノーベル委員会に対し、ノーベルの遺志に沿って平和会議の主催者たちに賞を授与するよう進言もした。

アルバはノーベル平和賞に過去六回もノミネートされていたが、実際に受賞するまではかなりの年月が経っていた。彼女はこの賞を、同じく軍縮運動の不屈の闘士、メキシコ人のアルフォンソ・ガルシア・ロブレスと共同受賞している。彼女は賞金の七万八〇〇〇ドルを、自分が特に関心を注いでいたふたつの分野、「水中核兵器開発」と「暴力の文化をめぐる倫理的検討」に関わる専門家委員会に寄付した。

授賞式典は、アルバ・ミュルダールが大衆の前に姿を見せた最後の機会になった。これ以後彼女は、国際平和会議に祝辞を送るなど、文書をとおしてのみ活動を続けることになる。このころの彼女はまだ手紙を書く力は失っていなかった。ふたりの娘に「バックミラーを覗いて過去を振り返ってみて、人生を省察し、ずっと昔にした選択が正しかったのかどうかと自問する手紙をしたためているのもこのころだ。しかし、自分の犯した過ちや疑問について自責の念にかられながらも、人生のすべてを自己探求に費やしたことは後悔していなかった。

彼女は病と闘いつづけた。

「私は良識のために書きつづけ、人々に訴えつづける」[29]

腫瘍がいよいよ制御不能になりつつあった一九八四年七月には、彼女はこう自問している。

「私が物事を説明できないようになったら、いったいどうなってしまうのかしら」[30]

生涯をとおして、言葉は人間を目覚めさせ、変化を引き起こすと信じていたアルバは、八十四歳の誕生日を迎えた翌日の一九八六年二月一日、老人医療施設での十七カ月の闘病の末に、永遠の眠りについた。

受賞講演（抜粋）

1982.12.11

アルバ・ミュルダール
Alva Myrdal

議長、貴賓席のみなさん、まずはじめに、私の当然の、そして大変喜ばしい義務として、一九八二年のノーベル平和賞を受賞するという栄誉を与えていただいたことへの感謝を述べさせていただきます。それから、私は軍縮全般の話題だけでなく、軍備問題と、技術と暴力の無分別な暴走との関係についてもお話しさせていただきます。私たちは、人間の尊厳と権利が踏みにじられ、暴力行為が増加し、虐待が蔓延していることを忘れてはいけません。これらすべては、ひとりひとりの男性や女性の苦しみが軽視され、看過されつづけていることの証拠と言えるでしょう。

一方で本賞をガルシア・ロブレス博士と私への共同授賞としてくださったノーベル委員会の着想にも、多大な感謝を申しあげたく思います。これにより、本賞が私たち個人への褒賞ではないことが示され、平和を希求し、暴力の行使を減らそうとする諸運動全体への大きな励ましとなったからです。

私は極力「平和のための努力」という表現を使わないように意識しています。平和を求める気持ち自体は、すべての人間の心のなかにあるものです。しかし、近年さかんに喧伝《けんでん》されるようになってきた「努力」という言葉に、恒久平和への道を開くとか、あらゆる国家間紛争を解決するといった大望までを負わせるのは無理があるでしょう。紛争の根底にある経済的・政治的原因は非常に強固なものです。また、そうした努力によって、人類が恒久的に相互理解による和平状態にいたれるようなふりをすることもできません。私たちの直近の目標は、もっと慎ましいものであるべきです。それは現在の情勢において、人類の生存そのものに対する脅威、すなわち核兵器の脅威に歯止めをかけることです。

私は同僚とともに、具体的で詳細な提案を提示してきました。私たちが一定の成果を収めたこともありましたが、重要課題に関しては試みがうまくゆくことは希でした。しかし、たとえば私はスウェーデン政府にかけあって、ストックホルム国際平和研究所や、あまり知られていないハグフォース地震計測所などへの予算を捻出しました。これにより私たちは、最新装置を使ってごく小さな規模の地下核実験も見逃さずに監視し、そうした独自の体系的な計測の結果を、どんな政治的圧力にも拘束されることなく国際的に公表できるようになりました。

総じてこの世界は、破滅的な道のりへの迷走を続けながら、絶滅という不条理な目標に向かっています。より正確に言えば、絶滅の危機に瀕しているのは、北半球の市街や土地、そして文明を発達させてきた人々です。

私たちの時代における、ローマを襲った運命を思い起こさせるような悲惨な現状は、「兵器と武力が勝利をもたらす」という、救いがたくも明白な勘違いによって引き起こされたものです。……超大国が巨額を投じて進めている計画は、まさに戦争遂行のための準備です。新たな戦略構想を支えるための、最新技術による新兵器システムは、今やあからさまに、戦争遂行と空想上の「戦勝」へと狙いを定めています。充分な均衡をもたらす条件や、「均衡」と「抑止」という概念の本当の意味については、すでに多くのことが語られ、書かれています。すでに多くの研究者がこの単純な事実を明らかにしてきたにもかかわらず、今も誤った考えが台頭し蔓延しています。それが、もう充分以上に所有しているにもかかわらず、まだ必要なのだとする発想です。

私は、あらゆる兵器システムの凍結が現実的な外交政策への第一歩だと考えている多くの人々に同意します。行政当局を軍拡競争に駆り立てている力は狂気に他ならないのだと、彼ら自身が認識してくれればいいのですが。最近ボストンとストックホルムの両方で行われた、核兵器に反対する医師たちによる国際キャンペーンと協同したことで、私は一層その思いを強くしました。

ますます多くの国で見られるようになった、人間の良識に訴える力強い抵抗運動は、軍拡競争や世界の軍事化に絡んでいるすべての陣営と対立しつつあります。この運動は、一時期はオランダやノルウェーなどの国々で目を見張るほど力強いものとなり、近年では西ドイツや米国でも同じことが起きています。東側諸国の人々は、実際に声をあげるのはきわめて難しい状況にありますが、心のなかには同じ気持ちが宿っています。

この、核兵器に抗議する新たな民衆運動では、女性、数多くの教会、専門家団体が主導的な役割を果たしています。残念ながら私には、こうした核兵器支持に対する力強い抗議の激流について触れるための持ち時間がありません。ですが私は個人的に、世界中に政治権力をふるう指導者たちが、人々の良識と意志に道を譲らざるを得なくなる日が遠からず訪れるだろうと信じています。

暴力と技術

戦争は殺人です。そして、大規模紛争の可能性に備えていま進められている軍備は、集団殺人を目的としています。核時代の戦争犠牲者の数は、百万という単位で数えられることになるでしょう。私たちが生きている時代は、ある種の未開社会以外の何物でもありません。この剥き出しの真実に向き合わなければなりません。私たちの文明は、軍事化とともに野蛮化の道をたどっているのです。

この無意味な傾向を特徴づけている、ふたつの主要な要素があります。この講演では簡潔にまとめましょう。それは競争と暴力です。急激な技術進歩につけこんだ武力拡大の競争が、相互協調を阻んでいます。その結果は、より洗練された兵器の使用による暴力の増大です。まさにこのことが、私たちの時代を未開な野蛮時代としているのです。しかし、いまこそ真実が明かされる時でしょう。この分岐点において、私的な告白をさせてください。私はずっと、世界の発展を善の力と悪の闘いと捉えてきました。悪の力はますますその勢力を増しつつあるように思えますが、私たちは世界の大国の指導者たちがいずれ目を覚まし、自らの向かっている断崖に気づいて方向転換すると信じてよいのでしょうか？　少なくともルネサンス期以降、私たちの文明の進歩をもたらしてきた主な要因は、科学技術の進歩でした。しかし技術の進歩には功罪の両面があります。それは、善の力と悪の力、どちらにも利用される可能性が常にあるからです。

この必然的な二面性を複式簿記に見立てれば、もちろん貸方の側には、人類がさまざまな苦難を克服し、快適な生活を送るのに貢献した、飛躍的な技術進歩が羅列されるでしょう。数々の発明や大発見によって、すべての大陸間で相互のコミュニケーションと交易が可能となりました。しかし一方では、さまざまな分野で、悪の力の勝利が見てとれるようにもなっています。この場では、私が一番よく知っている、そして最も不吉な技術進歩についてだけ言及しておきましょう。それは、軍備が果たしている役割の増大です。武器とは何よりもまず、将来、競合国とのあいだで起こりうる戦争に備えるための手段です。戦争と軍備は、そうして一種の正当性を帯びるようになりました。

今では暴力への狂信はひとりひとりの人間関係をも侵しており、その結果私たちは、日常的な暴力、つまり路上や家庭における暴力の増加を目にしています。これが、私たちが若い世代に与えている規範なのです。これは単なる偶発的な出来事ではありません。事実上、高度な専門教育を受けた知的人材の半数が、殺傷的な目的のために動員されていることが科学的に明らかにされています。私たちは戦後期をとおして、ごく単純な広島の爆弾が、さまざまな形に高度化した技術装置へと発展してゆく過程を見届けてきました。

兵器や武器がごく簡単に入手できることは、問題ではないのでしょうか。これには研究の余地があるでしょう。どんな武器がどれほどの回数、社会や家族におけるごく一般的な暴力犯罪、殺戮と殺人に使われているのでしょうか？　そうした武器はどこからやってくるのでしょう？　銀行強盗の脅しの手段に使われる安価な小型小銃《サタデーナイトスペシャル》や、テロリストが用いる手榴弾は？　なぜ、こうした武器の販売や輸入が許されているのでしょう？

軍事化を押し進めるのは、戦争と兵器の購入だけではありません。それは……軍事訓練や防衛マニュアルなどによっても喧伝されるのです。演習や軍事訓練は、「汝、殺すなかれ」という命令にも内包されている、基本的な倫理観を浸食するのです。

近年、テロリズムによる事件が増加し、我が国のような平和な国にまでその累が及んでいるのは、恐ろしいことです。その「対策」として、人々の生活を守るための治安部隊が矢継ぎ早に設立されています。政治家の生命はますます危険にさらされています。この力と力の対立が生み出す負の螺旋は、どこに行き着くのでしょうか？

多くの国々が、自国の市民を迫害し、牢獄や強制収容所に収容しています。抑圧は、いまや体制を構成する一要素となりつつあります。

暴力に拍車をかけている文化的要因は、マスコミです。特に今日、マスコミの影響がきわめて大きくなっていることは、疑いようもありません。この問題に関しては、多くの国でさまざまな研究が実施され、発表されてきました。どちらかといえば一時的な影響しか持たない番組がある一方、永続的な強化効果が認められるような番組も存在しています。

最後に、もう一度技術と平和というテーマに戻り、簡潔にお話ししましょう。その理由は主に、この場で現実的な提案をするためです。ここで私は、技術の二面性を誰よりも体現した人物、ノーベルについて触れたいと思います。

ノーベルは本当の意味で平和の友でした。彼は、破壊の道具であるダイナマイトの発明が戦争を無意味にし、根絶してしまうだろうとさえ信じていました。その点では、彼は間違っていました。しかし、これは技術全般に共通することですが、彼やその他多くの人々の発明は、善いことにも悪いことにも使われうるものです。彼自身も語っているように、ニトログリセリンはそのよい例でしょう。

ここでノーベルの遺言書から、今では顧みられることのなくなった、しかし明快な実践的価値を持っている一文を引用したいと思います。ノーベルは、彼の基金の目的が、とりわけ「平和会議の開催と助成」を支えることにある、と表明しているのです。

私が知るかぎり、この遺書が遺されてから一〇〇年近くが経過した今も、平和会議は開催されていません。私は今後、ノーベル基金が方針を変更し、「平和会議」の指導者をノーベル平和賞候補にすることを提言したいと思います。そうした会議の場は、重要な課題に対し、行動的で、客観的事実に基づいた分析と討論がなされる、素晴らしい機会となるでしょう。いま力を増しつつある、軍拡競争に対抗する力強い大衆運動は、こうした動きを後押しするでしょうし、同時にこの運動が未来を切り開くためには、こうした刺激が必要とされてもいるのです。

沈黙の刑を科せられ、それでもなお声をあげる
アウンサンスーチー

一九九一年受賞

「ビルマで広く知られている「王の十の義務」は、初代国王の統治以来、近代政府も従うべき道徳律として広く受け入れられています。その義務とは、ダナ（寛大）、シラ（道徳）、パトリカガ（自己犠牲）、アッジャヴァ（高潔・誠実）、マッダヴァ（親切心）、タパ（自制）、アッコダ（冷静）、アヴィヴァムサ（非暴力）、カンティ（忍耐）、アヴィヴロダ（民衆の意志に背かないこと）です。この伝統的義務は、民主政府に対する民衆の期待を表すだけでなく、民主政府そのものの正統性を証し立てる要素でもあるのです。」

――アウンサンスーチー[1]

七十二歩進んで、七十二歩戻る。若い兵士は七人の同胞と交代で、もう数カ月以上も二十四時間体制の警備を続けていた。すでに石畳のひとつひとつも、通りのどんな些細な変化も、すべて頭に入っている。常に変わらぬ路上を往復しながら、目線は一軒の家をまっすぐに見据えたまま、何も見逃すまいと見張っていた。彼がラングーン[*1]のユニバーシティ通り五十四番地の家と、その家の主をどう思っているかは、その表情からは一切読み取れない。

兵士はその家を取り囲む鉄条網にはまったく注意を払わなかった。一九八九年以後、ビルマではなく「ミャンマー」と呼ばれるようになったこの国では、鉄条網はそこら中に張りめぐらされているのだ。金網の向こうに見える家の中庭に、ひとりのか弱げな女性が歩み出た。その家から五十メートルほど離れた場所には、赤い字で「破壊的行動を取ったり、指示に従わない者は、我々の敵である」と書かれた大看板が立っている。軍事政権の訓告だ。今から三十年以上前の一九四七年六月、軍事政権が、中庭に立つ女性の父、当時三十二歳の国民的英雄にしてビルマの正統な指導者だったアウンサンを殺害したのだ。軍司令部はこの大看板を、交差点、ビル、空港、鉄道駅など、国中のあらゆる場所に設置してきた。

兵士は自分が監視する家で、あるときから――正確には一九九一年の春以来――モーツァルトのピアノソナタが聞こえなくなったことには気づいていなかったかもしれない。人々はミャンマー万歳のポーズを取りながら、裏では「彼女は金に困ってピアノを売り払ったのだ」と囁き合った。もし兵士が、こ

*1 ビルマの旧首都。軍事政権下で一九八九年にヤンゴンと改名され、二〇〇六年には新都市ネピドーに遷都された

の「不思議でいながら平和的な音楽は、すべての人への『希望を失わないで！』というメッセージだった」ことを知ったとしても、彼はそれを表情も変えずに無視したことだろう。[2] むしろ彼は、そんなことを語る人間を上官に通報しなければならない立場なのだ。さもなければ、彼自身が拘留されてしまう危険があるのだから。

兵士が監視している女性の名は、アウンサンスーチー。「記念すべき輝かしい勝利の数々」という意味の名前だ。彼女はこの社会にとって最大の敵とみなされている。彼女が背負っているのは、この国を独立に導きながらも、十の伝統的義務に沿ってビルマを統治する前に命を落とした父親から引き継いだ無形の遺産だ。今では、これらの義務に応えられるかどうかは、二歳のときに父親を殺された彼女の肩にかかっているのだ。

一九九一年、この身長一五〇センチメートルばかりのこの華奢な女性がノーベル平和賞を受賞し、ビルマが世界の注目を集めたときも、兵士たちは彼女の家の前で変わらず監視を続けていた。彼女に代わって賞を受け取ったのは、ふたりの息子と夫だった。そう、本来主役であるはずの彼女は、オスロに飛ぶことができなかったのだ。その点で、アウンサンスーチーには仲間がいる。

一九三五年のノーベル委員会は、平和賞に選ばれたカール・フォン・オシエツキー[*2]がまだ強制収容所に入っていたことから、この年にはあえて授賞式を行わず、彼が翌年釈放されるのを待ってから平和賞を与えた。これに激怒したヒトラーは、以後ドイツ人がノーベル賞を受賞することを厳禁した。

一九七〇年にアレクサンドル・ソルジェニーツィンがノーベル文学賞を受賞し、一九七五年にアンドレイ・サハロフ[*3]がノーベル平和賞を受賞したときも、モスクワは彼らにノルウェーへの渡航を禁じた。

一九八三年のレフ・ワレサ[*4]は、ノーベル平和賞の受賞自体は許されるとみられていたが、ポーランドへの再入国をヤルゼルスキ将軍が保証しなかったため、彼は代理として妻をオスロに向かわせている。

＊2 ドイツの反戦運動家

＊3 ソ連の水爆開発者で、のちに反体制運動家に転じた

＊4 自主管理労働組合「連帯」議長で、後の第二代ポーランド大統領

アウンサンスーチーも、本人が直接ノーベル平和賞を受け取ること自体は可能と思われたが、その後にまたビルマの土を踏めるかどうかはまったくわからなかった。

アヴィヴァムサ――非暴力

ブレーキを鳴らしながらジープが止まり、もうもうと土埃が舞い上がった。小隊長に率いられた六人の兵士が次々とジープから飛び出し、膝射《しっしゃ》の姿勢を取ってライフルをアウンサンスーチーに向ける。彼女と支援者たちは、兵士たちの向ける銃口からほんの三十メートル先の場所にいた。

それは一九八九年四月五日、アウンサンスーチーが国民民主連盟（NLD）の指導者としてイラワディ地区で遊説をしていたときのことだった。このとき彼女は軍事政権に対し、完全非暴力の市民的抵抗を呼びかけていた。それまで数カ月間にわたって全国を行脚しながら、数え切れないほど行ってきた演説と同じ内容だ。

「私はみなさんを苦難から解放することはできません。私にできるのは、みなさんが自分自身を解放するのを助けることだけです」(3)

ビルマを民主化しようとする彼女の努力は、このときあっけなく幕切れを迎えるかのように見えた。アウンサンスーチーは、まるで撃たれないことを確信しているかのように、兵士に向かって歩き出した。その瞬間、彼女の命運は小隊長の手に握られた。現行法に従い、彼には彼女を撃つ権利が与えられていたのだ。事実、このとき彼女は、五人以上の集会を違法として重刑を科す「条例二・八八」に違反していた。この国の法体系は、一兵卒も含めたすべての兵士に、政治的敵対者を逮捕して三つの刑罰のいずれかを言い渡す権利を与えている。すなわち、強制労働キャンプへの三年間の収容か、終身刑か、死刑だ。

小隊長に向かって歩いてくる女性を処刑すれば、国際的な論議と非難が巻き起こるだろう。一方でこれは、小隊長にとって昇進のチャンスでもあった。なにしろ彼女は、これまで彼の上司たちが「最終手段」以外のあらゆる方法で潰そうとしてきた相手だ。小隊長は、軍指導部がこれまで得られなかった、千載一遇の機会を目にしているのだ。条例は条例だし、誰だろうとそれを遵守できなかった者は容赦なく処罰されるだけだ。彼女の表情には恐れの色はなかった。彼女は演説や文書で、恐怖が及ぼす悪影響は権力を上回る、と指摘している。

「人間を腐敗させるのは、権力ではなく、恐怖です。権力を失うことの恐怖は、すでに権力を持っている者を腐敗させ、権力に捕らえられることの恐怖が、権力に従う者たちを腐敗させるのです」(4)

このとき彼女は、もしかしたらマハトマ・ガンジーとマーティン・ルーサー・キングのことを考えていたのかもしれない。彼女の偉大なロールモデルであり、非暴力の信念を貫いた、二十世紀における最重要人物。撃鉄を起こしたライフルの銃口から、ほんの三十メートルしか離れていない場所に立つ彼女は、このふたりのカリスマと同じように殺される危険に自らをさらしていた。あるいは彼女は、父親の言葉を思い出していたのかもしれない。

「他人の勇気と大胆さに頼ってはいけない。誰もがみな、自己を犠牲にして、勇気ある恐れ知らずの英雄になる覚悟を持たなければいけないのだ。そうして初めて、我々は本当の自由を享受できる」(5)

だが小隊長は、本当に彼女を殺そうとしたのだろうか。なにしろ彼女は、一九四七年から四八年にかけ、主人《タキン》と呼ばれた三十人の愛国者たちを率い、イギリスの植民地支配や日本の占領軍を敵にまわしてビルマ独立を達成した男の娘なのだ。アウンサンスーチーは『恐れからの解放』というエッセイで、「恐れ知らずは生まれつきの才能かもしれませんが、それよりも価値があるのは、自分の行動を通じて恐怖を克服しつづけることで身につく勇気です。こうした勇気は『弾圧に抗する品格』とでも呼べるかもしれません。それは絶え間なく続く苛烈な抑圧のもとで、常に鍛えつづけられる品格です」と書いている。(6)

当時アウンサンスーチーは、会う人すべてに自らの勇気と品格を試されていたともいえる。軍事政権が喧伝した「(彼女は)外国人と不自然な性交渉を持ち、共産党やCIAと結託している」という中傷は、この勇気と品格の前には無力だった。当時の彼女は、母親の病気を機に、ほんの数カ月前に祖国に戻ってきたばかりだったが、この出来事は為政者たちに大きな動揺を与えていた。四三〇〇万人の人口を抱え、ひとり当たりの年間収入がわずか二八〇ドルのアジア最貧国、ビルマ——一九八八年八月、当時四十三歳だった彼女は、初めてその民衆に向かって語りはじめた。

彼女の話を聞こうと、何十万人もの聴衆がラングーンのシュエダゴン・パゴダに集まった。

「私が外国人と結婚したのは事実です。しかし、そのことで私の祖国への愛情と愛着が弱まったり薄れたりしたことは断じてありませんし、今後もないでしょう。他にも私についての風評がありますね。具体的には、私がビルマの政治に明るくない、という批判です。しかし問題はむしろ、私が知りすぎていることにあるのでしょう。私の家族は、父がビルマの大義のためにどれほどの受難を経たか、誰よりも知っています」(7)

簡潔で印象的な言葉を連ねた彼女の初演説は、軍事政権が最も恐れていた事態を巻き起こした。彼女は反体制派の新たな象徴となったのだ。カリスマと政治手腕を備えて突然表舞台に現れたこの人物は、その人権回復の主張によって軍事政権の脅威となりかねなかった。その上、この好ましからざる人物

――おまけに女性――は、非暴力の抵抗方針によって、重武装の政治体制を無効化してしまったのだ。

アッコダ ― 冷静

並んだ銃口の二十メートル手前で、自分の言葉の力だけで銃への抵抗を試みながら、彼女は自分の強さを証明しようとしていた。

「最も抑圧的な政府機構の下にあっても、暴力を振るわずに恐怖なき社会への道を開くことはできます。勇気はいつでも取り戻すことができます。恐怖は人間にとって自然な状態ではないのですから」。そして「固い信念と正しい道徳律を備え、同時に人類の精神的・物質的進歩への歴史的認識を持っていれば、逆境のなかでも、たとえ暴力の目前にあっても、勇気を捨てずに揺るぎないままでいられます」(8)

彼女は自分の政治への関わりをこう説明している。

「党派政治に魅力を感じたことはまったくありません。もともとは作家になりたかったのですが、私はいったん関わってしまったことを途中で投げ出すことができない性格なんです」(9)

一九八八年八月十五日、アウンサンの肖像を掲げた学生たちが抗議行進を行ったあと、彼女は慎重に練りあげた公開書簡を政府宛に送った。その書簡は、多党制政治の実現へ向け、独立系の委員による諮問委員会の設立を求める内容だった。また、政府とデモ隊双方の暴力禁止を強調し、囚人の釈放を提案した。この提案は、民主選挙により選出された最後のビルマ首相、ウー・ヌからの支持を取り付けた。

あと、たったの十五メートル。もし自分の身に何かあれば、息子たちはどうなるだろう？　アレクサンダーとキムは、オックスフォード大学でチベット学の教鞭を執る父親のマイケル・アリスとともに、遠く離れた英国で暮らしている。そもそもこのビルマ滞在は、母親を看護するあいだだけの短い旅になるはずだった。父親が亡くなったあと、彼女と母親はそれまでよりさらに深い絆で結ばれてきた。アウンサンスーチーが十五歳のとき、彼女の母親は女性初の駐印ビルマ大使に任命され、娘を連れてニューデリーに駐在した。

アウンサンスーチーはこのインドの首都で政治学を研究し、グローバルな権力関係について学んだ。なかでもガンジーの哲学を深く研究し、やがて彼と同じく、無条件の非暴力抵抗主義を信奉するようになった。

「そのころは驚くべき技術進歩により、凶悪な兵器の数々が開発されていました。それも、強大で心ない国家が、弱く、庇護されていない国々に向けて使う兵器です。ですから当時は、国家レベルでも国際的なレベルでも、政治と倫理学との深い相互連携が絶対に必要だったのです」(10)

その彼女が、今はライフルを構えた兵士たちの真正面に立っている。

ビルマの情勢がこれほど急激に悪化するとは、誰に予想できただろう。一九八八年三月に学生と僧侶が決起したときは、一週間の市民デモの末に独裁者ネ・ウィンを失脚させた。しかしサウマウン将軍と、彼が組織した国家法秩序回復評議会（SLORC）には、民主化を求める無血デモは何の成果も上げなかった。彼はためらいもせず、学生へ発砲するよう兵士たちに命じた。銃剣を持った精鋭部隊が、首都の街道で学生と僧侶を追い回した。だが、国民全員が政府の言うがままになることはなかった。八月の暴動は、もはや押し止めることのできない変化を引き起こしたのだ。

アウンサンスーチーに政治の表舞台に出てきてほしいと期待していた国民はいなかった。誰もが、米国市民となってカリフォルニア州サンディエゴに住んでいる彼女の兄、アウンサンオーの帰国のほうを当てにしていただろう。二番目の兄のアウンサンリンは、子どものころに池で溺死している。結果的に、ビルマに残った国家的英雄の子は彼女だけになった。

「現在の危機は国家全体に関わるものです。私は父の娘として、このまま現状を見過ごすことはできません。この国家的危機は第二の独立戦争と呼ぶべきかもしれません」(11)

本当に、この華奢な女性の双肩に、ビルマ民衆を解放できるかどうかがかかっているのだろうか。アウンサンの一家から新たなヒロインが生まれるのか、それとも彼女はただの殉教者に終わるのか。彼女は今、麻薬密売の収益で購入されたであろう銃に狙いをつけられているのだ。

一九八八年以来、軍事政権の支配する地域では麻薬の栽培が倍増した。ビルマの事情に通じたスウェーデンのジャーナリスト、バーティル・リントナーによれば、一九九二年だけでも二〇〇〇トンのアヘンが収穫されたと伝えられている。この経済破綻した国家は、黄金の三角地帯《ゴールデン・トライアングル》＊5にいる麻薬王たちとの事業提携やヘロインの売上がなければ、中国から現代兵器を購入することもできないのだ。この孤立国家への長年の武器供給は、特に北京に甚大な利益をもたらした。一九九四年には、ビルマ海軍はインド洋の入口に中国人民軍用の艦隊基地を建造している。

カンティ ― 自制

彼女は「善良で寛容な為政者」として、愛情で嫉妬を、徳で悪を、寛大さで貪欲を、率直さで虚偽を打ち破ることができるのだろうか。今この瞬間にも死の危険にさらされている彼女は、ダーマ・ヴィジャヤ、すなわち公正への道を邁進することができるのだろうか。

＊5 ビルマ・タイ・ラオスの三国にまたがる山岳地帯。ヘロインや覚せい剤の密造で知られる

彼女にはいまだに恐怖の色は見えない。彼女は数カ月前の伝説的講演で、恐怖についてこう語っている。

「基本的人権の存在すら否定する体制のなかでは、やがて恐怖が日常化してしまいます。拘禁、拷問、死の恐怖。友人、資産、生計の手段を失う恐怖。貧困と孤立、不成功への恐怖」(12)

言論、出版、集会・結社の自由がないこの国では、人々は恐怖と隣り合わせで生きている。ここは常に拷問におびえて暮らし、事実上は自由意志を諦めなければならない国なのだ。アウンサンスーチーは恐怖に対する「魂の革命」、すなわち精神的価値の変化によって、国の向かう先を変えようと訴える。彼女によれば、この革命がなければ「旧体制の不正義をもたらしている力の源泉は存続し、改革や立て直しの過程への脅威になり続ける」のだ。

さらに彼女は、自由と民主主義、人権のために叫ぶだけでは不十分だと語る。

「この闘いをやり抜くこと、真実のために自己を犠牲にすること、悪意や無知、恐怖のもたらす腐敗に抵抗することを同時に目指さなければならないのです」(13)

「無数のガラスのかけらには、どんな小さい破片にも、自分を傷つけようとする手に抗する力が漲《みなぎ》り、きらめいています。そうした破片は、抑圧者から解放されたいと望む人々すべてに欠かせない属性、つまり『勇気の輝き』の、生き生きとした象徴のように思えます」(14)

演説を始めてから数週間を経て、アウンサンスーチーはガラスのかけらとなった。

「私たちはエメラルドのように無関心で／掌の上では水のよう／みんながなれればいいのに／掌の上のガラスのかけらに」(15)

だが今や、軍隊は小さな破片を掌の上から払いのけるのに成功したも同然に見える。あと十歩も歩けば、ライフルの銃口に触れる距離に彼女はいるのだ。まさにその直前、大佐が小隊長に発砲命令を撤回するよう命じた。のちにアウンサンスーチーは、この事件について次のように述べている。

「ひとりの標的を相手にさせた方が、多くの人間を巻き込むよりもずっと御しやすいと思ったんです」(16)

しかしその事件後、彼女が自分の思想や理想的な民主政府のあり方を公に訴えることができた時間はごくわずかだった。一九八九年七月二十日、兵士を満載した十一台のトラックがユニバーシティ通りに止まり、アウンサンスーチーの外出を禁止し、彼女を自宅に強制軟禁した。そのとき以来、彼女は監視され、外界から切り離され、沈黙を強要されているのだ。

アウンサンスーチーのすぐそばに、もうひとり有名な「囚人」が「自宅監禁」されていたのは、運命の皮肉というほかないだろう。その人物とは、かつての独裁者、ネ・ウィンだ。だが彼が自宅に拘束されている理由は、彼女とは違うものだった。ネ・ウィンは大衆を恐れ、親衛隊に自宅を警護させていたのだ。公的にはすでに権力を手放したことになっていたが、この老将軍はその後もビルマ政治を裏から操っていると囁かれていた。命を狙われることを恐れた彼は、銃とマシンガンで守られた自宅を出ることはめったになかった。

パトリカガ——自己犠牲

四つ目の徳であるパトリカガは、無私無欲で公共のために奉仕する精神のことを表している。善き為政者は、個人的欲求は二の次にして人民への奉仕を最優先する。だが、この国の軍高官らがそうした自己犠牲に殉じたことは一度もなかった。というより、そんなことを考えたことすらないのだろう。

彼らは、この精神を体現する賢者スメーダ[*6]の伝説も無視しつづけた。スメーダは一度の人生で涅槃《ねはん》にいたることができたのに、他の人間が苦悶から解放されるのを助けようと、数え切れないほどの輪廻転生を繰り返したとされている。

アウンサンスーチーは語る。

「人権保護の法律が平和と安全の必須条件であることを否定するのは、『平和』を敵対者が一切いなくなった状態と解釈し、そして『安全』とは武力を確保することだと解釈する、偏狭な心の持ち主だけです(17)」

ビルマの民衆は、平和と安全を涼しさと日陰の関係になぞらえ、詩で表している。

「樹木の陰は涼しいが／両親のつくる陰はもっと涼しく／教師の陰はさらに涼しい／為政者の陰はそれをも凌ぎ／最も涼しいのは仏陀の教えがつくる陰(18)」

そしてアウンサンスーチーはこう結論づける。

「民衆に平和と安全を与えたいと願う為政者が仏陀の教えに従わなければならない理由がここにあります。仏陀の教えは、誠実と公正、慈悲の理念を軸としているのです(19)」

そして今でも、ビルマの民衆はこれらの徳を備えた政府を待ちつづけている。

自宅に軟禁された彼女には、自由と希望、責任、徳について存分に考える時間ができた。アウンサンスーチーを黙らせ、放置することで、彼女の存在をビルマ人の記憶のなかから消し去りたいという軍部の望みは、かなうことはなかった。彼女は忘れられていない。ビルマではもう長いこと「聖人」として扱われ、彼女についての歌や詩が広まっている。

一九九〇年五月二十七日、ビルマでは国民民主連盟（ＮＬＤ）の地滑り的勝利が起こった。四八五議席の国民議会で、ＮＬＤは実に三九二議席を占めた。軍の支持を受け、一九六二年から八八年までビルマ

＊6
のちに釈迦へと輪廻転生する高徳のバラモン僧

社会主義計画党の名でこの国を支配してきた国民統一党（NUP）は、わずか十議席を獲得しただけだった。アウンサンスーチーは投票を許されなかったが、有権者の八〇％以上がNLDに投票した。

これは軍部の見込み違いだった。この事態を予期できていれば、そもそも彼らは正当な手続きによる自由選挙自体を許さないか、少なくとも国際的な選挙監視団を無視して選挙結果を改竄《かいざん》したはずだからだ。彼らは歯噛みしながら対立党の勝利を認めたが、政治権力の明け渡しは拒否した。だが、彼らの手中にあるのは、いまや誰も期待していない少数政党だ。大衆の支持を得られなかった野党をいったいどうすればいいのだろう。選挙後の適正な政治手続きに従ってアウンサンスーチーを首相に指名するのは問題外だったが、軍は彼女を殺すこともできなかった。彼らにとっては、政治的敵対よりも彼女が殉教者になることのほうがより大きな脅威だったのだ。

「人間の責任感の根底には、完遂という理念、物事を達成したいという欲望、そのための道を模索する知性、そして、あえて目標まで続いているかどうかはわからなくても、個人的束縛や生活環境の制約を乗り越えて進めるような道へと踏み出す意志があります」[20]

アウンサンスーチーは、この自らの言葉に忠実だった。たとえ自宅軟禁の状況にあっても、自分に課した目標のために身を捧げようとする彼女を止めることはできなかった。夫や息子たちと引き離され、三年以上も連絡を取ることができなくなっても、彼女が自分の理念を手放すことはなかった。

「無謀な権力に対する唯一の対抗手段が誠実、公正、慈悲である以上は、これらを陳腐な決まり文句だと切り捨てるわけにはいかないのです」[21]

「ビルマ語では難民のことを「デュッカト」、苦しむ（デュッカ）人、と表現します。その意味で、私たちはみな、難民とはどういう状態なのかを身をもって知っています。私たちは、危険から身を守ってくれ、人生に尊厳と意味を与えてくれる、物理的・精神的な安寧を奪われないための避難場所を探しているのです」(22)

アウンサンスーチーにとって、自らの境遇は、タイ国境の難民キャンプで暮らす数千人のビルマ人たちの日常生活と同じだった。仏教国ビルマでは、彼女が示すような深い思いやりの心が尊ばれている。またビルマ国外でも、独裁に対する彼女の非暴力闘争を支持する組織や人々は増えつづけた。彼女は一九九〇年にトロルフ・ラフト人権賞、一九九一年七月にサハロフ賞、そして同年十二月にノーベル平和賞を受賞した。

「彼女は力なき者の持つ力を示した、素晴らしい実例です。私は一九九一年のノーベル平和賞候補に彼女を推すことが自分の崇高な義務だと考えていましたし、ノーベル委員会の決定を、喜びと賛意とともに聞いた人間のひとりでもあります」と、当時のチェコスロバキア大統領、バツラフ・ハベルは述べている。(23)

オスロのノーベル委員会は、「この女性の不屈の努力を広く知らしめるとともに、平和的手段で民主主義、人権、和解を希求している世界中の人々への支持を示すために、今回の授賞を決めました。人々が未来への信頼を失わないためには、アウンサンスーチーのような人格者が必要です。彼女のなかでは、深い献身と忍耐が、一貫した道筋と目標を備えたビジョンと結びついています。また、彼女にとって最も重要な価値は、民主主義と、人権の尊重、集団間の和解、非暴力、そして個人と集団双方の規律です」と発表した。

ノーベル委員会は八十九人の候補者から、「個人の勇気を示した、過去数十年間のアジアにおける傑出した模範のひとり」としてアウンサンスーチーへの授賞を決めた。

だが、委員会の代表団は彼女と接触することを許されなかった。受賞の発表後ただちに彼女の警備部隊が増員されたことは、軍部がどれだけ彼女を危険とみなしているかを雄弁に物語っていた。タイのビルマ大使館の一等書記官を通じて発表された軍司令部のコメントは、「この賞は我が国に対する容認できない内政干渉だと考えられる。我が国がいい加減な委員会の影響などを受けると思うなら、それは誤りである。アウンサンスーチーは今後もこれまでと同じように処遇される」[24]というものだった。この状態を変えることは誰にもできなかった。一九九三年二月、七人のノーベル平和賞受賞者とともにバンコクに赴き、ビルマ政府に働きかけたダライ・ラマ猊下でさえもだ。彼らはビルマの軍事政権に個人的圧力をかけ、アウンサンスーチーの解放を求めたが、軍事政権は一団の行動もまた内政干渉にあたるとして彼らの受け入れを拒絶し、この試みは失敗に終わった。「人道主義には国境はない」というダライ・ラマの答は、軍部の態度を揺さぶることはできなかった。こうして、アウンサンスーチーと外界を結び付けるものは、短波ラジオと、日々の会話相手のメイドだけになった。

「民衆の意志に背いてはならないという戒律は、為政者に『自らの政治に正当性を与えてくれるのは、民衆による承認であり、為政者が全力で民心に尽くしていないと感じた民衆は、いつでもその為政権を取りあげる』という心がけを忘れさせないためのものです」[25]

ビルマ人たちはアウンサンスーチーに絶大な期待を寄せている。彼らは、彼女を正式な政府の長だとみなし、今も忠誠心を抱いている。一九九四年一月、彼女が解放されるという噂が流れたときにも、人々は半信半疑のままだった。彼らは、アウンサンスーチーが長期の軟禁に耐えられず、軍部と取引をして厳しい条件を呑んだのかもしれないと恐れたのだ。彼女はすぐに「自分がこれまでの主張を曲げることは一切ない」と宣言して、そうした懸念を打ち消した。こうした彼女の態度にもかかわらず、軍部は彼女が家族に定期的に連絡を取ることを許すようになった。おそらくそれは、彼女の解放を求める外国の政治家や要人たちの声の高まりを収めるためだったのだろう。彼らは無検閲の演説原稿を書くことも許可したが、それを本人が読みあげることは、ビルマの国内でも国外でも許さなかった。これまでと同じく、彼女の息子たちと夫が「輝かしい抵抗の象徴」の代理として演説を行い、彼女に代わって栄誉と賛辞を授けられた。

夫のマイケル・アリスは、一九九一年七月にサハロフ賞を代理受賞した際、「二〇年近く前に結婚したとき、私はスーに、彼女と祖国との関係を隔てたり、彼女が祖国のための義務だと考えていることを邪魔しないと約束しました。時が来れば、子ども時代に彼女の家族が得ていた信望や、両親から注がれた愛情に値する存在になるために、いつかは祖国に戻るだろうと思い、そう約束したのです」と明かした。(26)

妻が自宅軟禁を強要されてからまもなく、マイケル・アリスは面会を許された。ノーベル賞授賞式の三年前の話だ。かつてビルマの宗主国だった英国国民だという事情もあって、彼はビルマの政治的議論に巻き込まれるのを避けるため、公の場では極力目立たないよう慎重に振る舞ってきた。

「もし私がそんなことをしたら、スーは怒ったでしょう。私はそうするつもりはありませんし、そうする必要もありません。スーは私の助けがなくとも、自分が正しいと信じる道のために闘うことのできる、強い人間です」(27)

彼は妻の活躍ぶりを、たとえば子どもの教育でも学術研究でも、そしてビルマの民主化運動でも、何であれ必要だと思ったことには心身を捧げて打ち込む性格の賜物だと評する。彼と息子たちはこの別離状態をどう乗り越えているのだろう？　彼は一九九一年十二月のインタビューで、こう答えている。

「息子たちは私よりもうまくやっていると思います。母親がその道を選んだ理由をよく理解していますし、彼女が話すことを許されれば、自分たちに何と説明してくれるかもわかっています。スーは、ビルマをはじめ、多くの国々の民衆が非人道的な苦難にさらされていることを息子たちに説いたでしょう。それに抵抗するのは当然のことです。もしノーベル賞の受賞が、彼女よりも苦しんでいる数百万人の人々の運命から目をそらす結果になったら、スーは悲しむでしょうね」(28)

ダナ——寛大さ

アウンサンスーチーは、敵対する者にも深い寛大さを示してきた。彼女の演説や文書には、常に和解の意思が表れている。彼女は個人的にも民衆の名の下でも復讐をするつもりはなく、常に「国ぐるみの和解」について語ってきた。とはいえ、国家の過去は直視しなければならない。それは「恐怖と疑念は長い影を落としており、党利党略よりも国全体の公共の福利を優先したい、という人々の希望なしには、どんな和解もありえない」からだ。(29)

公共の福利という観点からすると、仮に今後アウンサンスーチーに首相になる機会が与えられたら、彼女は国家の経済的安定をはかるために数多くの課題に直面するだろう。

「ダナ（寛大）の義務では、為政者は人民が幸福に暮らせるよう寛大に計らわなければならないと説いており、これは、人民の暗黙の需要を政府が適切に供給しなければならないことをほのめかしています。したがって現代政治の文脈では、国家の経済的安定を保護することが、政権にとって一番重要な義務のひとつと言えるでしょう」(30)

かつては豊かだったビルマの経済は、一九六三年から八八年まで権力の座にあった独裁者、ネ・ウィンの社会主義的実験によって急激に悪化し、以来低調なままだ。彼はマルクス主義とビルマで主流のテラワーダ仏教を組み合わせた福祉国家を作り出そうとした。これは階級闘争とプロレタリア独裁ではなく、国有化と協同組合をとおした慈愛ある政治によって達成されるはずだった。しかし、政府の間違った経済政策と市場介入は、経済の完全失速を招いた。イギリス統治時代に高度に発展した石油・ガス産業は、事実上枯渇した。世界有数の埋蔵量を誇るともいわれる宝石鉱山は、荒れ果てたままになっている。そしてこの数十年間、インフラの整備はまったく行われてこなかった。世界の生育量の八〇%を占める高価なチークの木は、武器購入のために売却されている。一九八七年、ビルマは国連に対し、後発開発途上国への認定を出願した。

アウンサンスーチーは、母国を立て直すには、三十年以上も国のすべてを操ってきた軍部と協力しなければならないことを知っている。選挙前に、西側の外交官に対し、最も難しい作業は、軍部との協調路線を自分の支持者に納得してもらうことだと明かしていた。軍は「ニュルンベルクのような戦犯法廷」＊7が行われることを何よりも恐れている。権力者のこうした恐怖を和らげるには、対話を続けるほかに方法はない。こうした対話は、より公正な権力配分と、西側の援助の再獲得につながるだろう。

＊7 第二次世界大戦後にドイツのニュルンベルクで行われた、ナチスドイツの戦争犯罪を裁く国際軍事裁判

ミャンマーはひとつの巨大な牢獄だ。約二十万人の秘密警察が、国家法秩序回復評議会（SLORC）の走狗として市民の生活すべてを統制している。街では住民が小さな集団に分割されていて、それぞれをひとりの捜査官が見張り、あらゆる出来事を報告している。住居の外で起こったことはすべて報告の対象だ。外部からの訪問者はすぐに報告され、重犯罪として裁かれる。夜間は電力供給が切られ、ガソリンは地区内の一カ所でしか購入できず、航空券や列車のチケットは許可がなければ入手できない。

一九九四年の九月と十月には、アウンサンスーチーと軍事政権のトップたちのあいだで慎重なすり合わせが行われた。この対談の内容は、外部には一切漏れていない。一部の新聞報道によると、ラングーンの大物武官で秘密警察のトップだったキン・ニュン中将[*8]は彼女を転向させようとしたが、アウンサンスーチーは自らの主張を譲らなかったと言われる。早期釈放の望みは、権力を握る軍幹部たちが「新憲法の起草が終わるまでは、アウンサンスーチーは解放しない」と発表したことで挫かれた。

SLORC法の二章九十一条では、アウンサンスーチーのような破壊分子に科す刑は最長で五年ということになっている。だが彼女に限っては、SLORCはさらに軟禁期間を延ばす方法をひねり出した。一年目の軟禁は「保護のための拘置期間」と発表され、彼女がビルマを離れて政治的野心を捨てる決意をすれば、早ければ一九九五年七月には解放されるはずだったが、アウンサンスーチーは、善き為政者が備えるべき高潔さと誠実さを保ちつづけた。

「矢のようにまっすぐな性格で、筋を曲げたり屈したりせずに、語ったことを貫き通す」(31)

そして彼女は、軍部が民主選挙の結果を尊重していないという恥ずべき事実を常に思い起こさせる、厄介な生き証人でもある。当選した議員たちは議会の席に着くかわりに、刑務所で虐待されたり、国境を越えてタイに逃れたりしている。だが、軍部が彼女の軟禁を延ばすことで稼いだ猶予期間も、今は尽きてい

＊8 軍部内の国際協調派の代表格で、大将と首相を歴任したが、二〇〇四年に保守派との闘争に敗れて失脚した

る。軍部は、もしアウンサンスーチーを解放すれば反対陣営と民衆はみな彼女につくという、不安定な状況におかれているのだ。といって解放を延ばしつづければ、彼女は殉教者に祭りあげられてしまう。この件に詳しい専門家はこう言う。

「彼女が路上に出られるようになったら、ビルマ全体を揺るがすことができるだろう」

声を取り戻す

アウンサンスーチーが軟禁十年目を迎える十日前、一九九五年七月十日に解放されたという情報は、その翌日になって世界のメディアに大々的に報じられたが、軍部は自分たちの決めた法的条項に従ったに過ぎなかった。しかし、対立陣営の指導者である彼女が、長い軟禁生活によって現実を把握できなくなっていたり、運動に疲弊しているかもしれない、という軍司令部の期待は、すぐさま打ち消された。

「私たちはみな、対話と破壊のどちらかを選ばなければいけないのです」と、彼女はビデオカメラの前で語り、ビルマ人の和解を呼びかけた。彼女は、ビルマの民主勢力は今後も健在だと確信している、と語った。

解放を受け、どういう気分かと質問されたとき、彼女は落ち着いてこう答えた。

「正直に言えば、私はどう感じればいいのかわかりませんでした。素晴らしい、やっと自由になれた、と自分に言い聞かせる一方で、私はこれまでもずっと自由を感じていたのです。私は広大な世界を待ちこがれていたわけではありませんでした。私にとって第一に重要なのは、内なる自由なのです」(32)

そして、彼女に過剰な期待が寄せられているかもしれないことについては、次のように語っている。

「私は人々にあまり多くを期待されたくはありません。多くを期待しすぎる人は、自分自身で問題に立ち向かうことがないからです。彼らは自分たちで取り組まなければなりません。そして、やるべきことはたくさんある、ということにも気づいてもらわなければ。目標までの道のりはまだまだ長く、決して平坦でもありません。でも、私たちが意志を持ち、賢明なやり方で前進すれば、そこへ到達できると私は信じています」(33)

解放の翌年の一九九六年の夏、アウンサンスーチーは初の野党会議を開催した。これに対して、軍はただちに拘留の嵐で応じた。一九五人の選出議員を含む、約二五〇人のNLD活動家全員が収監された。だが国のメディアが報じるところでは、彼女は挫けておらず、残った十九人の選出議員で会議を開いた。約五〇〇〇人のシンパがアウンサンスーチーの話を聞くために集った。彼女は開会宣言で、一九九〇年の選挙結果は今こそ誇るべきだと語りかけ、この会議は今後も開催される一連の党集会の第一弾だと述べた。彼女は「交渉」をキーワードとし、軍司令部からの権力譲渡について建設的対話を続ける意図を表明したが、軍司令部はこれを拒みつづけた。その代わり、一九九六年をビルマ観光年とし、海外投資家の誘致に専念すると宣言したのだ。

自党メンバーの逮捕に対して彼女はビルマ製品のボイコットを呼びかけ、再び自宅軟禁の危険を冒すことになった。軍部の広報紙はこう報じている。

「我々は忍耐強く接してきたが、かの女性はますます手がつけられなくなっている」

一九九九年三月二十七日、五十三歳の誕生日を迎えた当日に、夫のマイケル・アリスは癌で死亡した。自分が末期の前立腺癌に冒されていると知ってから、彼はラングーンの当局に、最後のビルマ入国を依頼する請願書を何度も送っていた。一九九五年のクリスマス以来、もう四年以上も妻と会っていなかったにもかかわらず、軍事政権はこの請願をにべもなくはねつけた。翌日の一九九九年三月二十八日、クリントン元米大統領は、ホワイトハウスで「私はマイケルの御家族とすべてのビルマ人民に対し、アメリカ合衆国は、ビルマ国内の人権無視によって分断され亡命している人々が家族と再会し、そしてビルマが自由とともに暮らせる日が来るよう尽力しつづけることを確約する」という声明を発表した。

マイケル・アリスは世界中の同情を集めるなか、イギリスで埋葬された。息子のアレクサンダーとキムは、母親の付き添いなしに墓標の前に立った。

「息子のアレクサンダーとキム、そして私の伴侶を代表して、病中の夫を支え、私たち家族に愛と同情を与えてくださった世界中のみなさまに感謝を申しあげます。私は、常に私が知るべきことを教えてくれた素晴らしい夫とめぐり会えて、本当に幸運です。この彼からの授かり物を私から奪うことは、誰にもできません」

アウンサンスーチー、一九九九年三月二十七日

受賞講演（抜粋）

1991.12.10

アウンサンスーチー
代理 アレクサンダー・アリス
Aung San Suu Kyi

陛下、閣下、紳士淑女のみなさま、私は、私の母のアウンサンスーチーの代理として、この素晴らしい賞、ノーベル平和賞を受け取るためにこの壇上に立っています。母本人がこの場に来ることを状況が許さないため、私は彼女が表明したいであろう気持ちを、みなさんに精一杯お伝えしたいと思います。

まず初めに、彼女なら、ノーベル平和賞を自分自身ではなく、すべてのビルマ人民の名のもとに受賞します、という話から始めるでしょう。この賞は彼女のものではなく、私がこうして話しているあいだも民主ビルマを実現するために自分の幸福や自由や命さえも犠牲にしている、男性、女性、子どもたちすべてのものだと言うはずです。賞は彼らのものであり、平和と自由、民主主義を希求するビルマの長い闘いもまた彼らのものなのです。

しかし彼女の息子として語るうえで個人的意見を付け加えさせていただければ、彼女の献身と自己犠牲によって、全ビルマ人民の窮状を知らしめるための価値ある象徴になったと信じています。そしてこの窮状は、決して過小評価されてはなりません。地方や市街地で困窮と欠乏のなかに暮らす人々の苦難、監獄の中で暴行され虐待される人々の苦難、ビルマの希望でありながら、逃亡先のジャングルでマラリアに冒され死にかけている若者たちの苦難、殴打され侮辱される仏教僧たちの苦難。そして広く尊敬を集めながら今も収監されたままの、母以外の多くの指導者たちのことも忘れてはいけません。

こうした人々を代表して、私は心の底から、この究極の栄誉をいただくことに御礼を申しあげます。ビルマの人々は今日、この遠く離れた地で、彼らの苦しみが聞き届けられ、関心を向けられていることを知り、毅然とした面持ちでいることでしょう。

私たちはまた、厳重な警備で守られたラングーンの屋敷の中での孤独な闘いが、人間精神を専制政治と心理的支配から解放しようとする、世界中で行われている大きな闘いの一部だということも心に刻むべきでしょう。この授賞は、そうした闘争に身を投じているあらゆる地域の人々を称えることも意図してのものだと確信しています。本日このオスロの授賞式が、世界中で祝われている国際人権記念日に開催されているのは、決して偶然ではないのです。

議長、今回のノーベル委員会の選択を、国際社会全体が称えています。国連はほんの数日前、この授賞の重要性を訴えるとともに、私の母の軟禁状態からの一刻も早い解放を再三求めてきたハビエル・ペレス・デ・クエヤル事務総長の声明を歓迎する歴史的決議を、満場一致で採択しました。一般からも、ビルマの憂慮すべき人権状況についての関心がはっきりと示されています。世界中の国々から孤立し隔離されたラングーンの軍事政権だけは異議申し立ての声を上げていますが、それは遅きに失し、また弱々しいものでした。

軍事政権は三十年近く続いた悪政によって、かつて「黄金の大地」と呼ばれた裕福なビルマを、世界最貧国のひとつに転落させてしまいました。ラングーンの権力者たちもその胸の内では、恐怖、抑圧、憎悪によって権威を誇示してきたあらゆる全体主義的政権の末路を理解しているはずです。

一九八八年にビルマの路上で生まれた民主化を求める闘争は、その後に東欧、アジア、アフリカで起こった国際的な民主化運動の潮流の先駆けになりました。一九九一年現在、いまだに抑圧的で頑迷な国家法秩序回復評議会（SLORC）の為政による苦難が続いているビルマは、こうした国々からは浮いて見えるかもしれません。しかし民主主義を達成できた他の国々の経験は、ビルマ人民に重要なメッセージを伝えてもいます。それは、「もしビルマ経済が完全に破綻すれば、現在の全体主義的政権も吹き飛んでしまうだろう」という事実です。インフレの進行、経済政策の失敗、紙屑になったチャット[*9]に直面するビルマ政府は、自ら蒔いた種の報いを、今になって受けているのです。

しかし私は、現政権が完全な経済破綻に陥る前に、今年度のノーベル委員会の選考に込められた意思表示のように、基本的人間性に訴える請願の数々に耳を傾けてくれることを、心の底から望んでいます。軍事政権のなかにも、恐怖と抑圧で人民を支配する現政策を、ビルマが受け継ぐ仏教的伝統の神聖な理念を侵害する忌まわしいものだと感じている人々がいます。これは虚しい希望的観測などではなく、母が政権内の責任ある地位にいる人々とやりとりを重ねるあいだに得た確信なのです。そのことは、軍人とその家族がほとんどを占める選挙区でも彼女の党が勝利したことからも見てとれるでしょう。責任ある地位に就いている人々が懐に抱いている近代化と和解への志が、いまビルマが最も必要としているものを感じ取り、汲み取ってくれればと、深く願っています。

＊9 ビルマの通貨単位

もし母が今日、自由の身になったとしたら、みなさんにお礼を申しあげるとともに、抑圧する者と抑圧された者とが武器を投げ捨て、互いに協力して平和精神と人間性を基礎とした国家を作りあげるよう祈ってください、とお願いしたことでしょう。

母はしばしば、民主化を目指して平和的手段で闘う反体制派だと言われますが、彼女の探求は、基本的には精神的なものだということも覚えておいてください。彼女は「最も根本的な革命は、魂の革命」だと述べ、その闘いに「不可欠な精神的目標」についても書いています。それが実現できるかどうかは、人間の責任感、彼女の言う「完遂という理念、物事を達成したいという欲望、そのための道を模索する知性、そして、あえてその道――目標まで続いているかどうかはわからなくても、個人的束縛や生活環境の制約は乗り越えて進めるような道――へと踏み出す意志」にかかっています。

彼女はこうも言っています

「人生をまっとうするには、他者の求めに応じて責任を負う勇気を持たなければなりません……人間は進んでこの責任を引き受ける必要があるのです」

こうした意識は、彼女の信念と固く結びついています

「ビルマの伝統文化の基礎となっている仏教は、あらゆる存在のなかで唯一悟りの境地にいたることができる存在として、人間に最高の価値を与えています。すべての人間は、自分の意志と努力によって真理を理解し、他者の救済をとおしてそれを成就する可能性を秘めているのです」

そして最後に、「ビルマの民主化を目指す探求は、自由で平等な世界共同体の一員として、一点の曇りもない、意味のある人生を生きようとする人々の闘いです。これは、人間精神は人間の本性的な欠陥を乗り越

えることができると証明しようとする、人類の絶えざる努力の一環なのです」と言っています。

このノルウェーで、弟と私が母の代理として素晴らしい賞をいただいたのは、これが二回目です。私たちは去年、彼女に代わってトロルフ・ラフト人権賞を受け取るために、ベルゲン[*10]を訪れたのです。あのときの受賞は、今年のこの出来事の素晴らしい前兆となりました。ですから私たちは、今ではノルウェーの人々に特別な思いを抱いています。母とこの気持ちを分かちあい、私をとおしてではなく、本人から直接、みなさんにお話しできる日が早く来ることを願っています。母とビルマの人々に、こうして多大なご支持をいただいたことで、地球の反対側に住む人間同士が絆で結ばれました。このご縁を通じて、さらに多くの人々がこの流れに続くことでしょう。

最後にみなさんには、心の底からありがとうを言わせてください。今日この日から傷が癒えはじめ、来るべき将来には『一九九一年のノーベル平和賞は、ビルマに真の平和をもたらす歴史的な第一歩だった』と振り返られるよう、ともに願い、祈りましょう。過去の教訓を忘れてはいけませんが、私たちが今日こうして記念しているのは、未来への希望なのですから。

＊10　ノルウェー第二の都市

地球の歌

リゴベルタ・メンチュウ

一九九二年受賞

「我々に食べ物を与えてくれる母なる大地、
我々はトウモロコシの民です、
我々は黄色と白のトウモロコシでできているのですから

我々の子どもはあなたの上を歩くでしょう、
そして我々すべての母たる大地よ、
あなたは永遠の希望を与えてくれます

天国の中心にまします私たちの唯一の父、
あなたは光を、温もりを、希望を
我々に授けてくださいました
我々の敵を罰してください
父への信仰を我々から奪おうとする者すべてを
我々は貧しく素朴ですが、あなたを見失うことは決してありません
グアテマラ・インディオの婚約の祈り(1)」

ふたりは内々だけで結婚式を済ませた。伝統的な結婚式のように、村長が午前四時に花嫁の両親を訪れて扉開きの儀式を行うことはなかった。花嫁の家族がよい一週間を過ごせるよう、七五日あるインディオの休日を象徴する、七五個の大きなタマーレ[*1]を村人たちが蒸すこともなかった。昔話に花を咲かせる祖父母たちの姿もなければ、毛布や陶製の水差しなどの贈り物も見あたらなかった。花嫁側には結婚したことを示すものは何もなかった。

彼女の両親はすでに政府軍に殺されていた。生き延びた兄弟姉妹はゲリラとともに山に隠れた。姉妹のひとりはわずか八歳で武装抵抗勢力に加わった。別のふたりは何の手がかりも残さずにいなくなった。花嫁が生まれたチメール村は、結婚式のずっと前に廃村となった。八〇年代初頭にグアテマラ山岳地帯の地図から消された、他の四〇〇の村落と同じ運命をたどったのだ。チメール村の住民は世界中に四散し、素朴な作りの小屋と畑は土に還った。

喜びでいっぱいの花嫁は、その数年前の一九九三年のインタビューではこう語っていた。

「私は未亡人にも、拷問される母親にもなりたくありません。両親が死んだとき、それが子どもにとってどれだけ辛いことか思い知りましたから。革命家として生きることは、自分の命を危険にさらすことです。結婚には反対していませんが、私にとって結婚とは相手とともに幸福になることで、すでに私は幸せな生活を送る場所を失っています。もし結婚したら母と同じような生活をするつもりでしたが、私

*1 チリ味のひき肉をトウモロコシ粉の皮で巻き、トウモロコシの葉で包んで蒸す、中米の伝統的料理

が出かけているあいだに子どもの世話をしてくれる村人は、もういません。孤独でよかったと思うこともありますが、不安と悲しみでいっぱいになることもありますし、ときには人生を無駄にしているのではないかと恐怖にさいなまれることもあります。でも、無駄ではありません、私は闘うと決めたんですから。ですから私は、多くの人々とともに生き、同時に孤独でもあるのです」(2)

確かにその当時の彼女には、不安と恐怖に脅える理由が充分以上にあった。

グアテマラのエル・キチェ県、サン・ミゲル・ウスパンタン区の小村チメールで生まれた、この若い先住民女性は、二十三歳のときにグアテマラ政府に宣戦布告した。まだ彼女がスペイン語での読み書きや会話さえできなかったころの話だ。彼女は、大地主の農場でコーヒーや綿花栽培に従事するインディオ女性としての、苦労は多いがそこそこ安全に暮らせる生活ではなく、危険で恵まれない革命家の人生を選んだ。彼女がそう決意したのは、自分たちが貧しいのは宿命ではなく、大地主が言うようにインディオが怠惰で一所懸命働かないからでもない、と認識したからだ。

「毎日朝早くから畑で働いてきたのは私たち自身ですから」(3)

軍の暴走による組織的虐殺の結果、数え切れないほどの友人や親族を殺されたにもかかわらず、彼女は挫けなかった。信心深いクリスチャンである彼女は、脅迫や迫害にも絶対に屈しなかった。なぜなら、「この闘いは飢えや窮乏との闘いだから」(4)だ。

こうして彼女は、新たな歴史を紡ぐ使命に身を投じ、マヤ人の言う「神の使い」となった。グアテマラ・インディオの権利の獲得を目指すリゴベルタ・メンチュウ・トゥムの不屈の闘いは、すでに十年以上も続いている。

一九九五年の春、彼女は自分と同じくグアテマラ先住民の血を受け継ぐアンヘル・フランシスコ・カニルと結婚した。彼女は夫のことを「愛情にあふれていて憎めない、小さなぽっちゃりさん」と呼び、子どもはふたりを希望している。だが結婚後も、先住民を解放するための活動に献身するつもりだ。それこそが、一九九二年にラテンアメリカで初めてノーベル平和賞を受賞した女性のライフワークなのだ。

ラ・ミルパ — トウモロコシ畑

「種蒔きの季節が訪れると、村では大きな祭が開かれます。まず畑を耕していいかを大地に尋ねます。どの家でも乳香と祈祷、たくさんの蝋燭《ろうそく》を使って儀式を行います(5)」

すべての村人がこの祝祭に参加し、一番小さな子どもでさえおぼつかない声で大地への祈りを唱える。グアテマラ・キチェ地域の神話と歴史を綴ったポポル・ヴー（議会の書）には、こう書かれている。

「そこにはパタステ[*2]やココア、数え切れないほどのサポジラ[*3]、蜜リンゴ、サクランボの木、マルピギア・メキシカナ[*4]、ミカン、あふれんばかりの蜂蜜があった。大小さまざまな食べ物と、大小さまざまな植物があった。テペウとグクマツの祖先は白と黄色のトウモロコシを与え、それは今でも我々の身体をめぐっている(6)」

リゴベルタも小さいころからこの儀式に参加した。彼女は将来の自分がトウモロコシで命を繋いでゆくことも、そしてもちろん、自分の体がトウモロコシからできていることもわかっていた。事実母親は、お腹の中にいたリゴベルタをトウモロコシの滋養で育てていたのだから。彼女はトウモロコシに敬意を払い、道ばたで見つけたトウモロコシの粒はすべて拾って歩いた。そして母親の姿を見ながら、ごく幼い時期から自分の将来がどうなるのかを理解していった。

＊2 カカオの野生種
＊3 中米特産の果物で、樹液はチューインガムの原料となる
＊4 アセロラの近縁種

「女性にはトウモロコシや豆、植物、その他すべてを生み出す大地に似た価値が与えられていきました。大地は、子どもを産む母親と同じだったのです」(7)

彼女は自分たちの文化の起源である大地について、こんな詩を書いている。

〈私の大地〉

母なる大地、母なる故郷、祖先の遺骨と形見が眠る場所、
あなたのなかに、祖父母たちが、孫たちが、そして息子たちが埋葬されている

ここでは骨の上に骨が積み重なっている、あなたの子どもの骨が、この大地の美しい子どもたちの骨が
トウモロコシを、ユッカを、タロイモを、チラカヨテ瓜を、スカッシュ瓜を、カボチャを実らせている

ここで私の骨が形をなした
ここに私のへその緒がつながっていた
だから私はここに、何年ものあいだ、世代を超えて住みつづけた

私の故郷、祖父たちの大地よ、
あなたの豊かな雨が、澄んだ川が、自由で心地よい風が、緑の山々と太陽の焦がすような暑さが、
聖なるトウモロコシを育て、増やし、孫娘たちの骨を形作る

私の大地よ、祖父母の母よ
私はあなたの美しさを抱きしめたい
あなたの安らかな静けさを見つめ、
あなたとともに無言で佇みたい
世界中に散り散りになったあなたの子どもたち
私はそれを見るあなたの苦痛を和らげ、あなたの代わりに涙を流したい
彼らは遠く離れた地で、友もなく、平安もなく、母もなく、見捨てられたまま、
必死で隠れ家を探している(8)

父親のヴィセンテ・メンチュウは、アーク・アマーレ、つまり「状況を打破し、口火を切り、藪を切り開き、主導権を握る人物」だった。(9) 投票で選ばれたのではなく、生まれついてのリーダーで、共同体の世話をし、住民の問題解決に尽くすのだ。給料は一切受け取らないが、村人は彼とその家族のために一日働いた。一日分の労働を供出するのは簡単なことではない。なにしろ村人は厳しい天候の下、毎日十時間も働くのだから。八〇年代初頭には、裕福なラディーノ[*5]のプランテーションでコーヒー、サトウキビ、綿花栽培に従事すると、一日十時間働いて一・一二ケツァール[*6]、米ドル換算で約一ドルの賃金をもらえるのがふつうだった。

十人の兄弟姉妹のなかでも父親の一番のお気に入りだったリゴベルタは、毎日十五キログラム分のコーヒーを摘んで、二十センターボ[*7]の賃金をもらっていた。八歳のころには、すでに貧しさの意味を身に染みて理解していた。貧しさとは、空腹――やむことのない、耐えがたい空腹にほかならなかった。彼女は家族と一緒に、飢えて死んだ末っ子のニコラスを、親切なインディオにもらった段ボール箱に納め

＊5 スペイン人と先住民の混血
＊6 グアテマラの通貨単位
＊7 一〇〇センターボ＝一ケツァール

て埋葬したことがある。ニコラスはグアテマラで生まれる子どもの二〇%と同じく、四歳になる前に栄養失調で死んだ。この国の平均寿命は都市部では五十六歳、地方では四十一歳で、子どもの九%は生後一年以内に、一五%が十五歳になるまでに死亡する。そんな世界では、ひとりの子どもの死など、ごくありふれた出来事でしかなかった。

兄のフェリペも、大農場で亡くなっている。コーヒーの木を疫病や虫害から守ろうと、農場主が強力な殺虫剤を（労働者が畑にいるかどうかも確認せずに）空中散布した結果、それをまともに浴びたフェリペは死んだ。リゴベルタは生前のフェリペを知らなかったが、ニコラスのことは誰よりもよく知っていた。母親は、自分の働く農園でノルマを達成するために、まだ五歳のリゴベルタにニコラスの世話を任せていたからだ。だがニコラスを埋葬した後、現場監督は一家が働きに出てこなかったことを理由に、賃金も払わずに彼らを追い出した。

ほとんどの農場で、リゴベルタは犬以下の扱いを受けた。傷んで腐りかけた豆とトルティーヤが配られる日には、賃金の二十センターボはまるまるもらえたが、作りたてのトルティーヤが出される日や、二カ月に一度ほどの卵の配給日には、賃金から食事代が引かれた。大農場主たちは労働者ひとりひとりの出納帳を詳細につけており、食事や飲み物、子どものお菓子にいたるまで、すべてを酒場で記録していた。捨て鉢になった労働者たちが酒場で飲んだくれ、やっとの思いで得た収入をビールと酒に費やしてしまうこともしばしばだった。万が一、自分の子がコーヒーの木を折ってしまったら、母親は弁償のために、数カ月も無給で働かなければならないのだ。

だが農場主たちの几帳面さは、毎日の収穫物を計るときにはどこかに消えてしまう。たいていの現場監督は、計量をごまかして支払いをケチることに良心の呵責を一切感じなかった。誰もが彼らの不正を知っていたが、抗議する者はいなかった。そんなことをすれば、もらうべき金すら受け取れずに農場から追放されるのは目に見えていた。もし強情を張れば、暴力をふるわれたり軍に引き渡されることだってある。牢獄から無事に出てこられる人間はほとんどいないし、仮に釈放されたとしても、安く使える移動労働者は他にもたくさんいるのだ。

エル・メイズ — トウモロコシ

「私たちの文化では男は宇宙とみなされ、トウモロコシの種が崇拝されています。聖なる大地に埋めた種はたくさんに増え、翌年には人間を養うことができるからです。トウモロコシの粒は、いわば純粋で聖なる存在です。『種』という言葉は私たちにとって非常に重要な意味を持っていて、一粒たりとも無駄にはされません」(10)

リゴベルタたちの一家は、ラディーノの大農場で毎年八カ月働いた。家族全員が同じ畑で働くこともあれば、数百キロも離れた農場で別々に働くこともあった。彼女は十歳までコーヒーを摘み、収穫できる量も日々増えていった。

グアテマラでは一八七一年から、ラテンアメリカの金のなる木、コーヒーの生産が本格化した。だがコーヒーを栽培するには、広大な土地と大量の労働者が必要になる。そこでマヤの先住民族の土地を取りあげるための数々の法案が可決され、結果としてインディオは生存の危機にさらされることになった。彼らの多くは、農場主の下で低賃金労働者として働くほかに食う術がなくなった。

やがてリゴベルタは、毎日三十キログラム以上のコーヒーを収穫できるようになり、日当も三十五センターボに増えた。彼女は自分の収入が家計の足しになったことを誇りに思い、大人の仲間入りをした気分になった。実際、三十五センターボは悪くない収入だ。十センターボあればトルティーヤを十枚買える。米一合は八センターボ、三杯分のコーヒー豆は二センターボ、バナナ一本は三センターボ、スプーン一杯分の料理油が一センターボ。これだけ買っても、まだ一センターボのお小遣いが残るのだから。

十歳になると、両親は彼女を大人として扱うようになった。大人の仕事について説いて聞かせる必要はなかった。どのみち生活は今までとそう変わらず、日々の悩みやほしいものが減るわけでもないのだ。やがて彼女は子どもを生める年になり、村落の一員として、常に村のことを考えて生きることを心がけるようになった。また地域の仕事に関わりはじめ、父親が会合で話したり、村内のもめごとを差配するときは一緒に出かけ、手伝うようになった。

彼女はしだいに、自分の生きる世界の全容と、その歪んだ部分を理解していった。貧しいラディーノでさえも、祖先にスペインの白人がいるというだけで先住民の私を見下すのはなぜだろう？　彼女はこの国では三等市民だった。頂点には裕福なラディーノがいて、二番目には貧しいラディーノがいる。そしてピラミッドの最下層に位置するのが、一九〇〇万人のインディオだ。

リゴベルタは、全インディオが蜂起して大農場主の土地を取り返したらどうなるだろうかと夢想した。大農場主たちが神のように振る舞い、労働者を家畜以下に扱うのを見てきた彼女は、若き伝道者として他の子どもたちと働くようになってからも、なぜ聖書に『金持ちが神の国に入るよりも、らくだが針の穴を通るほうがまだ易しい』と書かれているのかわからなかった。弾圧と報復という仕組みをとおして物事を見るようになった彼女は、「権力を持つ人間の嘘や強情、近視眼、独善が社会を腐敗させた結果、人々は、こうした権力者は大地の子ではないと信じるようになりました」とのちに語っている。(11)

幼くしてそんな現状を変えなければならないという確信を抱いたリゴベルタは、実際に行動を始めた。

十三歳のとき首都に出て、メイドとして働くことを決意したのだ。手荷物は薄い綿毛布だけで一足の靴も持たず、裸足のままの上京だった。もっとも当時の彼女は、靴を履くというのがどんな感触なのかも知らなかったのだが。勤め先の女主人はリゴベルタに新しい服を着せたがったため、彼女は四カ月間、無給で働かされた。よくあることながら、洋服代は彼女の稼ぎから引かれたわけだ。リゴベルタは、それまで一度もやったことのなかったベッドメーキングや皿洗い、アイロンがけを覚えた。館の飼い犬の餌は肉と米だったが、彼女が食べるのは黒豆と固くなったトルティーヤだった。

一年後、彼女は四十ケツァールばかりを貯めて街を去り、村に戻った。

ラ・マソルカ‐トウモロコシの穂

「収穫のすぐあと、翌年の種にするトウモロコシの穂は目印をつけられ、特別な場所に保管されました。茎から割いた葉を結び合わせ、束にして保存したのです」(12)

リゴベルタは、他のインディオたちもみな自分のように貧しいことを悟った。日々経験してきた屈辱は、現状を変えたいという彼女の決意を一層強くした。たとえば父親は、行政の代表者に話をするときにはひざまずかなければならなかった。そうしなければ彼らは話を聞こうともしなかったからだ。のちに自分の人生を振り返った彼女は、こう語っている。

「私には幼少期も少女時代もありませんでした。満足に食べることもできませんでした。何も持っていませんでした。それはなぜなのかと、私の人生を金持ちの子どもたちと比べたりもしました。……こういった考えはすべて私の頭の中だけのことで、それを話す相手は誰もいませんでした」(13)

教会も救いにはならなかった。

「教会はいつでも愛と自由を説きますが、そもそもグアテマラには自由などありません——少なくとも私たちには。けれど私たちは、天国で神の国に入るのをただ待ちわびるわけにはいかなかったのです」(14)

神父や司祭たちはしばしば、隠れ場所を求めて教会に逃げ込んできた農民たちを、軍事政権の殺人者たちに売っていた。これはグアテマラでは珍しいことではない。教会ははるかスペイン統治の時代から、「野蛮人」を撲滅し、インディオ時代の痕跡をぬぐい去って統治を強化しようとする政府を支援してきたのだ。

リゴベルタは、カトリック教会にはふたつの相反する傾向があるという。

「教会は事実上、二派に分かれています。多くの司祭たちが厄介事に関わりたくないと考えている豊かな教会と、私たちの味方になってくれる貧しい教会です」(15)

彼女は舌鋒鋭く批判を続ける。

「私たちは、富める者を優遇する教会の支配層とも闘っています。彼らはクリスチャンを自称しますが、実際に人々の苦しみを目にしても、しばしば見えないふり、聞こえないふりをするのです。そんな人々はクリスチャンの名に値しないでしょう。彼らは美しい家に住み、心配事なしに暮らしています。それでおしまい。グアテマラの教会が二派に分かれている、というのはこういう意味です。貧者の側に立ち、意見を分かちあう教会と、いまだに『顧問団』として政権に寄り添う支配層の教会があるのです。もし、民衆を導く羊飼いを自称する人々が、後者の側について政府に手を貸すなら、私たちは彼らを容赦しません」(16)

彼女はグアテマラのカトリック教会の見通しをこう語る。

「教会の支配層には、民衆の側に立って闘うような懐の深さはありません。言い換えれば、彼らは消える運命にある、ということです」(17)

では彼女は、信心深いクリスチャンとして、どんな解決策を考えているのだろうか。

「私の信仰をくじくことは誰にもできないでしょう。……私は同胞に、一致協力して民衆の教会を作ろうと呼びかけたいのです。教会の階層構造に組み込まれておらず、建物も持たない、私たち人間のあり方を変えるための、純粋な教会を。私は社会を変革できるのは民衆だけだと信じているのです」(18)

こう語る彼女の念頭にあるのは、父のヴィセンテのことだ。彼は厳しい生活のなかでも信仰を捨てなかったが、(19)それでも「彼は天国と現世を混同しませんでした」(20)

一時期の例外を除けば、軍事政権は一九五四年から八六年までグアテマラを支配しつづけてきた。彼らは選挙結果のごまかしやクーデター、買収によって権力の座に居座りつづけながら、貪欲に私腹を肥やし、インディオたちを居住地から容赦なく追い払った。だが長いあいだ、世界はグアテマラには目を向けなかった。ジャーナリストは誰も訪れず、彼らの無法を非難する者もいなかった。

リゴベルタが十六歳になった一九七四年、新たな軍幹部たちが政権に就き、土地をより平等に分配することを確約した。だが約束はまたしても空手形に終わった。リゴベルタは怒りを募らせたが、まだ同胞たちを救うための筋道は見えていなかった。彼女はさまざまな障害に直面していたが、なかでも一番厳しかったのは言語の壁だった。先住民のあいだでは二十二の独立した言語が使われており、先住民同士の意思の疎通さえままならなかったのだ。ラディーノだけが公的な言語を喋る一方で、インディオに国語教育を行う学校も存在しなかった。

「ある者は自らの血を与え、またある者は強さを与える運命にあった。ならば我々は可能なかぎり、自らの強さを与えよう。我々は、貧しく小さき命を守るために尽くさなければならない。そうすれば、やがて貧しく小さな命が我々の強さになるだろう。我々にはこれ以上の死者も殉教者もいらない。……今我々に必要なのは、彼らが闘うために我々の命を捧げることだ」[21]

弟のパトロシニオが血を流す姿を目撃したとき、父がつぶやいたこの言葉は、リゴベルタの胸に深く刻まれた。

一九七九年九月九日の日曜日、村人のひとりが十五ケツァールの賄賂で政府側に寝返ったせいで、パトロシニオは誘拐された。その数日後に軍が〈すべての高地住民を公開審問に召喚する、従わない者には最高刑を与える〉という内容のチラシを撒いた。リゴベルタの一家は、召喚されたチャフルの町に時間どおりにたどり着くために、一昼夜をかけて山々を越えた。彼女たちの危惧は、町に着いたときに確信に変わった。十六歳のペトロシニオは共産党員と疑われた人々と一緒に監獄に入れられ、何日も許し難い残虐な拷問を受けていた。手ひどく痛めつけられた彼らは、もはや自力で立つこともできなくなっていた。

隊長は拷問について長々と話しつづけ、囚人たちを共産党員のゲリラだと罵り、これ以上あの憎らしい共産党員どもに関わるようなら、もっと厳しい罰を与えると脅した。そして囚人たちにガソリンを浴びせ、火をつけた。リゴベルタは、兄弟が生きたまま焼き殺されるのを目にしたのだった。

葬儀のあと、一家は無言で家路についた。父親は、彼女にこう言った。

「あれだけ多くの若者が、自分の血の最後の一滴まで捧げるほど勇敢だったのだから、我々も同じくらい勇敢にならなければいけない」

そして母親はこう語った。

「他の母親には、私と同じような思いをさせてはいけないわ」[22]

リゴベルタは武器を取って闘うべきかどうか悩んだ。山に入ってゲリラとなるべきか、村々をめぐって人々の意識を変えるべきか。父親と話し合った結果、今はインディオの連帯をはかる方が重要だという結論を出した。彼の言うとおり、もう殉教者は充分すぎるほど出したのだから。

エル・シロテ ― 芯

「エル・シロテ」はトウモロコシの芯の部分だ。芯は瓶の栓や、飼料などにも使われる。(23) リゴベルタは徐々に、インディオが人権を獲得するための平和活動の芯へと成長していった。土地の収奪と強制労働、そして軍の焦土作戦は、グアテマラの歴史を貫く赤い糸のようなものだ。

自らをトウモロコシの民と称するマヤ人たちは、何世紀にもわたって自文化の規範と習慣を抑圧されてきた。その発端となったのが、一五二四年に黄金を発掘しにやってきたスペインの征服者たちだ。マヤ人たちの必死の抵抗は血の海に潰えた。スペイン人は黄金の代わりにきわめて肥沃な土壌と安価な労働力を手に入れ、この土地を耕作した。数学と天文学に優れ、当時ヨーロッパで使われていたグレゴリオ暦よりもはるかに精緻な暦を作っていたマヤ人たちは、自分たちの土地から追い出された。星の軌道から種蒔きと収穫の時期を正確に予測でき、食糧不足や栄養失調に苦しむことのなかった彼らは、スペイン人の奴隷となってしまった。彼らの小屋は嘆きにまみれた。

スペイン人の子孫は大農場主として、今もこの国を統治している。彼らの絶対不可侵の地位は軍によって守られており、その軍隊では強制編入されたインディオたちが、「騙されて道を誤った共産党員」というレッテルを貼られた同胞たちを攻撃している。

リゴベルタは山間に散らばる村落で活動を始め、さまざまな部族とともに生活した。彼女はまずマム族、カクチゲル族、ツトゥヒル族の言語を習得した。その目的は、インディオを組織化し、自分たちの悲惨な状況を語ってもらうとともに、その根本原因を啓蒙することだった。次に学んだのはスペイン語だ。当時の彼女は読み書きができなかったので、耳で聞いて覚えるところからのスタートだった。

「はじめは文字の意味もよくわからなかったので、紙に絵や図を書きながら読み書きを覚えたんです。修道院にいた時期に、修道女たちが正しい読み書きの方法を教えてくれました」(24)

彼女は紙と装備、書類とチラシを持って村々をめぐり、人々を教化してまわった。

このころのリゴベルタは両親との音信を断っていた。両親は、娘が村から村へ、プランテーションからプランテーションへと渡り歩いていることを知らなかった。家族は逃亡し、軍は一家を指名手配した。リゴベルタはこのことを知っていた。

「私の人生は、もう私自身のものではなくなりました。私は人生を大義に預けたのです。私は今日か明日にも殺されるかもしれませんが、私の死は無駄にはならず、同志への導きとなるでしょう。この世界は犯罪に満ち、血に飢えていますから、私の命などほんの一瞬で吹き飛んでしまうかもしれません。……ですから、私に残された使命は、闘うこと、大義ある暴力だけなのです。私はこれを聖書から学びました」(25)

当時はリゴベルタにとって学びの時期だった。彼女は自分に気づきを与え、伸ばしてくれる友人を見つけた。教師出身で、今は貧困層のために働いている、高い教育を受けた中流階級出身者の同志だ。

「彼との会話をとおして、私は先住民がただ搾取されているだけではなく、差別されていることにも気づきました。私たちが足し算を知らないせいで、市場にトウモロコシや豆を持ち込んでもわずかな代金しかもらえないことがよくあったのです。私はラディーノの仲間たちから多くのことを学びましたが、なかでも一番重要だったのは、私たちの問題は私たち自身で解決しなければならない、ということでし

た」(26)

父のヴィセンテ・メンチュウは、インディオの組織化に取り組んでいた。二回の投獄のあと、彼は家族を危険にさらさぬよう、一九七七年に地下に潜伏した。彼は同志とともに農民統一委員会（CUC）を結成した。そして一九七八年八月、CUCは公式に設立を宣言する。

リゴベルタはまだ駆け出しの運動家だったが、人の話をよく聞き、頭の回転も速かった。彼女は一九七九年にCUCに加入し、一九八六年には運営委員会の一員となった。CUCには数多くの先住民と貧しいラディーノが次々に志願してきた。彼女は父親と同様、組織にとって不可欠な人材となったが、その父親とは偶然に一度会ったきりだった。

「やがて私は指導者になり、ラディーノと先住民のために献身的に働いた。読み書きもできずスペイン語も下手だったので、自分が役立たずのように感じることもよくあった。だが私の経験には価値があり、この経験は全人類と分かちあうべきだ、ということはわかっていた」(27)とヴィセンテは語っているが、リゴベルタもラディーノと対等に議論できるようになるまでは、この無能感にさいなまれていたという。

「初めて同志に反論したときは、ひどく落ち込んだものです。それまでの人生では、ラディーノを批判したことなど一度もなかったのですから。でも私の批判は生産的なものでしたし、同志は行いを改め、私への非難も撤回してくれました。そのころの私にはこういうことすべてが難しかったのです」(28)

リゴベルタはしだいに自分の役割に慣れてゆき、自分は大義に仕える僕《しもべ》だと考えるようになった。彼女の言う大義とは人間として認められ、敬意を払われること、そして独自の出自や文化、宗教を持った、グアテマラ社会の正当な一員としての地位を獲得することであり、彼女はそのために尽力するつもりだった。

「武器運搬を任される可能性がありましたが、それでも私は街や村で働くことを決めました。みな自分なりのやり方で闘いに奉仕していましたが、最終的な目標は同じだったのです」(29)

彼女自身、明確な言葉で自分の立場を説明している。

「私の大義は、悲惨な状況下で先鋭化しました。飢え、先住民女性の苦しみ、弾圧、そしてありのままの自分を敬意を持って扱ってもらえないという経験が、私をより急進的にさせたのです。彼らが私の一番大切な家族を殺してから、私は自分の村の住人たちを一番大切な親族だと考えるようになりました」(30)

リゴベルタ・メンチュウを完全に非暴力な平和主義者だと呼ぶのは正確ではないだろう。政府は彼女のことをゲリラの協力者として扱っているし、実際、彼女自身も武装抵抗勢力と明確な一線を画しているわけではないからだ。だが彼女本人は、自らの武器には言葉を選んだ。

「私たちにとって殺人は醜悪な行為です。だからこそ、弾圧に対してこれだけの怒りが湧くのです。闘いを決意したのは、私たちの受けてきた苦しみと絶望に対する反応なのです」(31)

また彼女はさまざまな出来事に介入し、物事を前進させる、勇気あるグアテマラ女性のひとりでもある。

「女性は革命闘争のなかできわめて大きな役割を果たしています。……子どもと一緒にバリケードに立ったり、チラシや文書を運んだり。働く女性や農婦、女性教師たちの経験は、そのまま活動に生かされています。私たちがそうした活動に関わるのは、力がほしいからではなく、人々のために何かを残したいという思いがあるからなのです」(32)

世界はいつか、私たちに目を向ける

一九八〇年一月三十一日、グアテマラのスペイン大使館が炎上した。放火したのは警察部隊だった。大使館を占拠したヴィセンテ・メンチュウと、彼と大義をともにした三十八人は包囲され、逃げ場を失って焼き殺された。スペイン大使はこの攻撃で重傷を負いながらも、逃げのびた。[*8] のちに先住民の英雄となったリゴベルタの父を記念し、「ヴィセンテ・メンチュウ革命キリスト教徒同盟」という名前の組織が結成された。

同年四月、軍がリゴベルタの母親、フアナ・トゥムを捕らえた。村で助産婦をしていたフアナは、想像を絶する拷問と苦痛の果てに亡くなったという。リゴベルタはこのときCUCの代表として旅に出ており、母親の死を知ったのはずっとあとのことだった。両親を失った悲劇のあと、権力の座についたリオス・モント将軍による弾圧は大量虐殺の色合いを帯びはじめた。軍はゲリラ潜伏の可能性がある地域を片っ端から、ときにはナパーム弾まで使って、絨毯爆撃するようになったのだ。

八〇年代初頭にアムネスティ・インターナショナルが「政治綱領に殺人が組み込まれている国」と呼んだこの国では、先住民女性が明日も生きていられる保証は一切ない。それが活動家ならなおさらだ。首都で大規模なストライキに加わったとき、リゴベルタは危険人物としてマークされた。ストに参加した労働者たちはグアテマラ沿岸の経済活動を完全に麻痺させたが、得られた成果は芳しくなかった。最低賃金を五ケツァールにしろという主張は受け入れられず、三ケツァールに変えられたのだ。もっとも、それ以前の七十五センターボに比べれば、それなりに増えはしたのだが。

リゴベルタは友人たちに勧められ、一九八一年にグアテマラを脱出してメキシコに入り、そこでグアテマラ人の反政府組織、グアテマラ抵抗代表連合(RUOG)の旗揚げに関わる。彼女はRUOGや他の参加組織の代表として世界中を旅し、母国グアテマラに一般の関心を向けるために呼びかけた。

*8
スペイン大使館虐殺事件。デモを行った農民、人質となったグアテマラ政府高官、スペイン大使館員を含む四十人以上が死亡した。事件を生き延びたスペイン大使は、警官隊が治外法権を侵して大使館に無断突入し、農民たちを虐殺したのちに証拠隠滅のために建物に放火したとグアテマラ政府を激しく非難し、スペインがグアテマラとの国交を断絶するなど、当時のロメオ・ルカス・ガルシア政権の圧政を国際的に知らしめる大スキャンダルとなった

一九八二年の秋、彼女はジュネーヴとニューヨークの国連事務局に現れた。グアテマラ先住民女性の伝統衣装に身を包んだ彼女は、ピンストライプのスーツを着込みアタッシェケースを持った周囲の人々と鮮やかな対照をなしていた。だが、危機に瀕する先住民の人権保護を訴える彼女の請願に耳を傾けた者はほとんどいなかった。

「彼らと向き合うには学位と職業、そして銀行口座が必要なのだということが分かりました。貧乏面《づら》と向き合ったところで、厄介事にしか見えないのでしょう」と、貧窮の刻まれた表情で彼女は語る。(33) 状況を一変させたのは、一九八三年に出版され、これまで十カ国語に翻訳された彼女の自伝『私の名はリゴベルタ・メンチュウ』だった。

「やっと、世界は私たちに目を向けてくれました」(34)

彼女は命を危険にさらしながらも、何度かグアテマラに戻っている。最初は一九八八年、国家和解委員会が開催した「全国対話」に出席したときだ。彼女は入国直後に逮捕されたが、国内外からの批判により即刻釈放された。

一九九二年、リゴベルタ・メンチュウは、先住民の権利の尊重を前提とした社会正義の実現と民族的・文化的和解への取り組みを代表する人物として、ノーベル平和賞を受賞した。この名声によって、軍と大農場主たちもリゴベルタの声を無視するわけにはいかなくなったが、彼女自身はこれを「忘却され、世界の果てで生きてきた者たち……先住民、女性、教育を受ける機会のなかった人々」に与えられた栄誉だと考えている。(35) 民主主義の確立にはまだ長い道のりが必要だが、ノーベル賞は少なくとも「大量虐殺と弾圧を覆い隠してきた沈黙を打ち破る」ための一助となるだろうし、それがこの受賞のもたらした一番の価値だ、というのが彼女の見方だ。(36) 彼女はこの受賞を父親のヴィセンテ・メンチュウに捧げ、その賞金を投じて、先住民の職業訓練と教育を行う「ヴィセンテ・メンチュウ基金」を設立した。国連が一九九三年を「国際先住民年」に制定したときは、彼女はこう語った。

「グアテマラに、融和と多元性をもとにした新しい政治のあり方を築きあげましょう。二十世紀の末までに、先住民がすべてを自分の手に取り戻すことが必要です。私たちは、国際先住民年に決められた一九九三年を、変化の年にしなければなりません。皆が努力し、議論、参加をとおして貢献しなければならないのです」(37)

「インディオどもが読み書きを覚えたら、いったい誰が俺のコーヒーを摘むんだ」

グアテマラの上流階級全体の思いを代弁するかのような大農場主の主張に、彼女はこう反論する。

「自分たちが望みさえすれば、多くの変化を起こす力を持っているのに、それをしようとしない頑固者たちがこの世界にはたくさんいます。彼らが一回のパーティに使うお金のごく一部を私たちに与えてくれるだけで、変化は起こせるのです。私たちは何度も彼らにこう言います。私たちは何も持っていません。家もなければ、わずかな財産も持つこともできません。しかし私たちには勇気と自覚があります。私たちは、大農場主やその子どもたちが知らないこともたくさん知っています。私たちの歴史はまだ書き起こされていませんし、彼らがいつこの地にやってきて、いつ私たちと出会ったのかも、そして私たちが未来に素晴らしい夢を託していることも、彼らはようやく理解しはじめたばかりなのです」(38)

そして彼女は同郷の人々に向けて、印象的な比喩を使ってこう呼びかける。

「兄弟姉妹のみなさん、私たちの共同戦線で一番大事なことは、連帯することです。誰がどの組織のメンバーだとか、過去どんな経験をし、どんな教育を受けてきたのかとか、世代の違いだとかは問題ではありません。また、私たちがそれぞれ異なった表現方法を取ることも連帯の妨げにはなりません。どの表現方法も、一本のトウモロコシに実った一粒一粒なのです。私たちはみな、一本のトウモロコシについた、たくさんの実のようなものです。どのひとつが欠けても、トウモロコシは完璧ではなくなってしまいます。多くの先住民と黒人、そして私たちの国でラディーノと呼ばれるメスティーソ[*9]が、一本のトウモロコシに再び統合されるために闘っています」[39]

リゴベルタもまた、「殺人者たちに好き勝手を言わせないために」闘いつづける。

＊9
白人とインディオの混血

●訳者より
リゴベルタ・メンチュウがノーベル平和草を受賞したのち、彼女の自伝的エピソードに改変があることについて論争があったが、本書では原文のまま掲載している

受賞講演（抜粋）

1992.12.10

リゴベルタ・メンチュウ
Rigoberta Menchú Tum

こうして一九九二年のノーベル平和賞を受賞する栄誉に、強い感動と誇りを感じています。私自身の深い思い入れと、私の母国と古代文化に対する誇り。私が属している共同体と民族の価値、母国と母なる自然に抱いている愛情。それを理解してくれる方はみな、生命を尊重し、そのための闘いを応援してくれる人々です。

私はこの賞を、私個人のものではなく、平和と、人権と、五〇〇年にわたって散り散りにされ、大量虐殺の犠牲となり、弾圧され差別されてきた先住民の権利のための闘いが得た、素晴らしい獲得物のひとつだと考えています。またこの賞は、いまも政情の安定を求め、明るい未来への枠組作りをすすめ、市民民主主義と相互尊重を基盤とする開発と統合の道筋を模索している中央アメリカの人々への賛辞でもあります。

この平和賞のさまざまな意義を鑑み、これまで声を聞き届けられなかったり、自分の意見を語ることさえ抑圧されてきたすべての人々、弾圧され、差別され、貧困と窮乏に苦しみ、人権を侵害されてきた人々を代表して、ここでお話しさせていただきたいと思います。彼らは数世紀にわたってその状況に耐えながら、それでも良心と決意、そして希望を捨てずに生きているのです。

紳士淑女のみなさん、ここで私の国とマヤ文明についてお話しすることをお許しください。かつてマヤ人は高度に発達した文明を持ち、その領土は三万平方キロメートルにも及びました。彼らの支配はメキシコ南岸とベリーズ、グアテマラ、それにホンジュラスとエルサルバドルにまで広がり、政治組織の面でも社会・文化的にも豊かな文明を形成しました。彼らは数学・天文学・農業・建築・工学技術に優れた才能を発揮し、彫刻・絵画・織物の分野でも素晴らしい芸術家でした。マヤ人はインドと同時期に、そしてアラビア世界に先立って、ゼロの概念を発見しました。彼らの数学的計算と科学的観察による天文予測は、現在も色褪せないほど高精度なものでした。暦はグレゴリオ暦より正確で、医療の分野では頭蓋内外科手術さえ可能にしていました。このマヤ文明が生命と自然に常に深い敬意を払っていたことは、現代においても重要な示唆を与えてくれるでしょう。

このノーベル平和賞の第一の意義は、人類の友愛と相互理解にもとづく、尊厳と公正さに満ちた生活を求めて活動を続け、闘いの犠牲となり、姿を消したインディオの人々への供物です。貧困や疎外に苦しみ、土地から追い立てられ、グアテマラやアメリカ大陸で希望を失った同胞たちの状況を変革するために命を落とし、悲願を自らかなえることができなくなったインディオたちへの弔いです。今こうして私たちへの関心が高まっているのは、非常にありがたいことです。

私たちは五〇〇年ものあいだ、苦難と差別、弾圧、搾取にさらされてきましたが、自らの宇宙観や生命観のおかげで苦難に耐え忍び、ついに希望の光を見出しました。かつて根絶やしにされる運命にあった私たちのルーツは、今では強さ、希望、未来へのビジョンを備えて、再び成長を始めたのです。この賞はまた、両アメリカ大陸に住む六〇〇〇万人のインディオの民族的権利と、これまで彼らが耐えてきた五〇〇年間の抑圧への怒りの声に対する、国際的な関心と理解の高まりを示してもいます。もし先住民文明とヨーロッパ文明とが、破壊と収奪、差別と貧困などによらず、平和的・共生的なやり方で交流できていれば、彼らはより偉大で実りの多い、人類愛という大陸に進出できたことでしょう。ですから私は、これから先住民族と他民族との絆が深まり、この地球を平等な場所にするために互いの能力や可能性を活用しながら、力を合わせて問題を解決できる日が来ることを夢見ているのです。

紳士淑女のみなさん、ここで私の国について率直な意見を述べさせてください。グアテマラの人々が苦闘の末、一九四四年十月に民主主義政権を実現したことは広く知られています。当時のアメリカ大陸では、グアテマラは闘争によって完全な国家主権を獲得した例外的な存在でした。しかし一九五四年になると、既存の国家権力と植民地主義を引き継いだ層と超大国がめぐらせた陰謀の結果、民主主義政権は軍事侵攻によって転覆され、私の国の歴史を特徴づける抑圧的な旧体制が再び出現したのです。

反乱を叩き潰すために、独裁政権は残虐のかぎりを尽くしました。彼らは村々を破壊し、インディオを中心とする数千人の農民と、数百人の労働組合員、学生、傑出した知識人、政治家、神父、修道女を殺しました。国家の安全保障という大義名分のもとに行われた組織的迫害の結果、一〇〇万人の農民が居住地を追い払われ、十万人が難民として隣国に脱出しました。現在グアテマラには、約十万人の孤児と四万人以上の未亡人がいます。そしてみなさんも御存知の通り、私自身も虐殺された一家の生き残りです。

私の国の政界で、一九六二年以来存在しつづけている軍事紛争の政治的解決とグローバルな危機への対応に焦点が当てられるようになったのは、ごく最近のことです。その契機となったのは、エスキプラス和平合意[*10]の精神をグアテマラで実現するために、ここオスロ市で調印された、オスロ市委員会、グアテマラ政府の委任を受けた国家和解委員会、グアテマラ民族革命連合（URNG）の三者による和平協定でした。現在、そのグアテマラにおいて最も緊急に解決すべき問題が人権問題であることを、このオスロの地で訴えておきたいと思います。

グアテマラは早急に民主主義を確立しなければなりません。人権協定が完全に履行され、人種差別が撤廃され、結社の自由と国内全土での移動の自由が保障される必要があります。一言で言えば、私たちは、国家を非軍事化し、低開発と貧困から抜け出して今後の発展の礎を作るために、すべての土地の権利を多民族的な文明社会に向けて解放すべきなのです。多くのグアテマラ国民にとって最も辛い経験は、強制移住でした。彼らは軍隊に強制され迫害された結果、自分の村とともに、祖先の眠る母なる大地、生活環境、自分に生命を与え、共同体を育んでくれた自然などが一体となって築かれた、完結した社会組織と機能的な民主主義そのものを捨てなければならなくなったのです。

民主主義に欠かせないもうひとつの要素は公正さです。統計データに表れている、乳児死亡率の高さ、栄養失調の数、教育機会の少なさ、識字率の低さ、食いつなぐことすら困難な低賃金などの戦慄すべき現状を解決しなければなりません。これらの問題はグアテマラ国民に重く厳しい課題としてのしかかっており、人々は明るい見通しや希望を持てなくなっています。

グアテマラの重要な課題は、植民地時代だけでなく共和制の実現後も無視され蔑まれつづけてきた、先住

＊10 一九八〇年代に中米諸国で結ばれた包括的な平和協定。軍事対立の緩和と政治的安定に大きな役割を果たした

民族の権利とアイデンティティを認めることです。あらゆる局面でグアテマラ国家の形成に深く関わっている先住民族のアイデンティティを確立しないかぎり、自由で独立した、民主的なグアテマラを実現することはできないのです。

私はグアテマラの国民を構成するすべての社会階層や民族集団に対して、武力紛争を平和的に解決し、ラディーノ、黒人、インディオが前向きに連帯することで、多様な集団によるひとつの「グアテマラ人のアイデンティティ」を形成するよう呼びかけたいと思います。

みなさん、私がアメリカ大陸に、そして私の国に強い愛着を持っているからといって、平和や生存権、その他すべての侵されざるべき権利のために闘っている諸地域の人々に関心がないわけではありません。本日この会場にお集まりの方々の多くも、そうした闘いに関わってこられた方でしょう。そのみなさんにも、ここで謹んで感謝の念を述べさせていただきたいと思います。

私たちは平和共存と環境保護を達成するために闘っていますが、このふたつは全人類に最も必要とされているものでしょう。私たちはその闘いをとおして、より清らかな未来を形にしてゆきます。

この道のりが長く困難なことは確かですが、この世界は何でも労なくして実現できるユートピアではありません。それに私たちインディオは、それを実現できる自信を持つことができたのです。

戦争が終わっても、殺人は続く
ジョディ・ウィリアムズ

一九九七年受賞

「お父さん、お母さん、

愛している人たちが傷つき苦しんでいるとき、もし『魔法の呪文』を知っていれば、きっと何もかもが良い方向へ変えられる。だから私は長いこと、あなたたちとスティーブンにもその呪文を見つけてあげたい、と思ってきました。

でも四十三年が経った今、彼にはそんな呪文がないことは明らかでした。彼は断じてヘレン・ケラーのような人間ではなかったし、これからもそうならないでしょう。そして残念ながら、どうしてヘレン・ケラーがああいう大人になり、スティーブン・ウィリアムズが今みたいになったのか、説明できる人もどこにもいません。

でも、彼とともに経験したことが私の生き方を決め、そして多くの人々を救うことになったんです。このことはスティーブンにとっては救いにならなかったかもしれないけれど、彼の痛みと苦しみは、彼なしでは生まれなかったはずの喜びや人生を世界にもたらしてくれました。彼をとおして、彼のことを知りさえしない人たちの人生が、明るいものになったんですよ――永遠にね。

――愛を込めて　ジョディ」(1)

ご近所さんたちが農場に出かけるためにトラクターのエンジンを暖めているころ、ジョディ・ウィリアムズはバーモント州プトニーの農場でコンピュータの電源を入れる。彼女は朝三時から暗くなるまで、世界四十カ国に広がる七〇〇以上の人道支援組織とやりとりを続けるのだ。

ジョディは八〇年代末に対人地雷による悲惨な負傷のことを知って以来、国際的な地雷禁止条約を主導・発足させるために、同志とともにひとときも休まず奮闘しつづけてきた。その闘いは、世界中のすべての国がこの条約を批准するまで続くだろう。彼女のモットーは「関心を持ったことに全力で打ち込む」(2)というものだ。このモットーを胸に、沈黙の殺人機械に対する闘いを始めて数年後、「人間が目的に向かって全力投球すれば、どれほどのことが達成できるのか、本当に驚くばかりでした」(3)と彼女は語った。

地雷は戦闘員と市民を区別できないし、年齢や性別、攻撃の意志があるかどうかも区別できない。この地球では二十分おきに誰かが地雷を踏んでいる。軍事紛争のあとに残された、姿を見せない物静かな殺人兵器は、今も犠牲者を待ちつづけている。地雷による犠牲者は数多い。毎年二十五人が地雷で死亡しており、それよりずっと多くの人間が重傷を負い、身体障害者となっている。地雷はごく小さいのでそれほど危険には見えない。最小のものでたった一キログラムと、子どもでも充分運べるほど軽く、三ドル以下で製造可能だ。多少技術に心得のある人なら、自宅でも難なく組み立てられるだろう。そして地雷の犠牲者のほとんどは、農民や畑で遊ぶ子どもたちだ。たとえばカンボジアのチェン少年は、牛を自宅に連れ戻す途中で地雷を踏んだ。

「息子を助けに駆け寄ったときにふたつ目の地雷を踏み、脚を失いました。男やもめで八人の子どもを抱える身なので、子どもたちのことがとても心配です。蓄えもありませんし、私はもう畑を耕すこともできませんから」(4)と父親のニェンは語る。

チェンはカンボジアに数え切れないほどいる少年少女のひとりでしかない。ユニセフによれば、この国には四〇〇から六〇〇万個の地雷が爆発しないままに眠っているという。これはカンボジアの児童人口を凌ぐ数だ。この地で一番古い地雷はフランス占領時代のものだが、アメリカ、クメール・ルージュ[*1]、そしてベトナムも、この国全体を地雷まみれにしてしまった責任を負っている。

ヘリコプターから無作為に撒かれたり砲兵に埋設された地雷を除去するのは、きわめて難しく、危険で、そして何より非常にお金がかかる作業だ。戦争の勝者と敗者はどちらも、耕作できない畑、燃え尽きた家々、がれきの散らばる絶望的な風景、そして無数の爆発兵器を戦地に残してゆく。国連とNGOの見積りによれば、全世界の六十カ国以上(うちほとんどが第三世界)で一億一〇〇〇万個近くの対人地雷が埋設されており、さらに約一〇五カ国の軍隊が合計で二億五〇〇〇万個の地雷を保有しているという。

ユニセフは現在までに、三五〇種類以上の地雷の存在を確認している。約五一五カ国の一〇〇社の兵器企業で製造されているこの地雷リストも、すべてを網羅しているわけではないと見られている。それぞれ恐ろしい工夫が凝らされているにもかかわらず、この物言わぬ殺人者たちにはそれほど多くのタイプがあるわけではない。

「黒い未亡人」という詩的な異名を持つソ連製のＰＭＮ地雷は、二四〇グラムのＴＮＴ爆薬を内蔵し、

＊1　七〇年代にカンボジアを支配した共産主義政権

おそらく全地雷のなかで一番多くの人間を殺してきた代物だ。ＰＭＮは圧力感知式の地雷で、たいていは人間の手で埋設され、アフガニスタン、カンボジア、ニカラグア、イラン、アンゴラ、モザンビークなどの紛争国で使用されてきた。またバタフライと呼ばれる、ヘリコプターから「種蒔き」されるタイプは、アフガニスタンで使用された。長年を経て、この地雷に慣れっこになった子どもたちは、今では「緑のオウム」というあだ名で呼ぶようになっている。ユニセフのマイケル・クラウスは「地雷が日常的存在になってしまうと、その危険性が見過ごされるようになってしまう」[5]と警告する。

　事実、警戒心が薄れたアフガニスタンの子どもたちは、バタフライに石を投げ、誰が一番早く爆発させるかを競って遊んでいるほどだ。このバタフライの羽根には比較的少量の液体爆薬しか入っていないが、子どもの腕一本をもぎとるには充分な威力を持っている。棒型は、何かがワイヤーにひっかかった時点で作動し、半径二十五メートル以内の人間を確実に殺傷する。カンボジアでは、およそ常軌を逸した数の棒型地雷が使われた。

　そして忘れてはならないのが、地雷探知機器を使ってもほぼ探知不可能なプラスチック地雷だ。これらの地雷は破滅的な効果を持っている。爆発の直前に空中一メートルの高さに飛び上がり、広い範囲に無数の金属片を撒き散らすのだ。そのひとつに触れるだけでも、人体はずたずたに引き裂かれてしまう。「現代的」な地雷のなかには、無線信号で動作したり、太陽を追うひまわりのように、狙いをつけた犠牲者の方向に向きを変えるものもある。また、自動制御により動作不能になり、一定時間の経過後に自爆するものもある。しかしこうした現代的地雷——特に、信頼性の高い自爆機構を備えた地雷——を製造するにはかなりのコストがかかる。アメリカで発明された最新型地雷には、自分が除去されそうになると飛び跳ねて逃げ、別の場所に移動するものまであるのだ。

「当時はようやく平和が訪れたことに本当に感激したものです。家族も私もみな、平和な生活に戻りたいと思っていました。私たちはこれ以上戦争に関わるつもりはなかったのです。しかし故郷に戻る長い行軍の途中で、兄は地雷を踏み、片足を失いました。どうして私たちがこんな目に遭わなきゃいけないんですか。みんなはついに平和が訪れたって言ってたんですよ!」

モザンビークからジンバブエに難民として渡ったアリス・シンベインは、一九九二年十二月、アフリカ・ウォッチにこう証言した。(6) 長いモザンビーク在住歴を持ち、八〇年代からは首都マプトでテアトロ・エヴェニーダという組織を運営しているスウェーデン人作家、ヘニング・マンケルは、洪水災害が起こった際、地雷に関する印象的なコメントを語っている。

「これまでモザンビークの地中にいくつの地雷が埋められてきたのだろう。一〇〇万? 二〇〇万? 洪水は表土を押し流してしまった。以前は安全な深さに埋まっていた地雷も、今では地表近く、人間の足下すぐの危険な位置にある。これまで安全だと思われていた道路が、再び地雷でズタズタにされるかもしれないのだ」(7)

ここで余談を記しておこう。毎年、人間よりも多くの動物が地雷の犠牲になっている。スリランカだけでも二十頭の象が被害に遭い、絶滅寸前の一五〇匹のゴリラが住むルワンダ北西部地域でも、二十歳の雄ゴリラの「ムコノ」をはじめ、多くのゴリラが死んでいる。クロアチアでは一九九一年から九五年にかけ、同国最後の約四〇〇頭のヒグマのうち五七頭が地雷で死んだ。ガゼル(リビア)やユキヒョウ(インドと中国の国境地域)、バッファローやレイヨウにいたるまで、地雷の被害とは無縁な生き物はいないと言える。

農場から栄光を

一九八一年、職場に向かっていたジョディは、地下鉄を出たところでチラシを手渡された。エル・サルバドル内戦へのアメリカの関与を取りあげたイベントへの参加を呼びかける内容だった。これをきっかけに平和運動家への道を歩みはじめた彼女は、その後の活動の集大成として、一九九七年にノーベル平和賞を受賞することになる。そのころのジョディ・ウィリアムズは出身地のバーモント州を離れ、ワシントンDCの人材派遣会社で秘書として働いていた。彼女はそれまでも長年、社会問題に興味を持ちつづけていたのは、若いころに障害のある弟のスティーブンが学校で嫌がらせを受けるのを見てきたからだ。その経験から、不正義とはどういうことなのかを身をもって学んだのだ。母親が妊娠三カ月目を迎えたころにはしかにかかり、スティーブンは聴覚障害を持って生まれた。彼はしだいに扱いにくく、暴力的になり、三十歳を過ぎてから統合失調症という診断を下される。こうした辛い経験の数々と弟の過酷な運命を経て、彼女はどんな種類の不正義に対しても鋭敏な感覚を持つ人間になった。

「強い人間が弱い人間に意地悪をしていると、ものすごく腹が立つんです」

これはバーモント人に共通する気質だ。事実、人口六十万のバーモント州内には、三〇〇もの活動家団体があるという。

チラシを読んだジョディは、アメリカの中米政策を変えさせるためのさまざまな人権運動に関わるようになる。彼女はエル・サルバドルの医療援助プロジェクトで働き、メキシコで英語を教え、ニカラグアとホンジュラスの教育プロジェクトの調整役となり、これらの国々の情報を集める調査団の指揮を執った。

一九九一年秋、アメリカベトナム戦争退役軍人財団の代表、ロバート・ミュラーから連絡を受けた彼女は、新たな取り組みとして、対立陣営同士が平和協定を結んでからも、文字通り破滅的な破壊力をふるい続ける地雷の存在に関心を向けるようになる。ミュラーと同僚たちは、地雷の犠牲者に義足を提供するだけの活動には満足していなかった。彼らは政府を説得し、地雷がこれ以上撒き散らされて無辜《むこ》の民衆が犠牲になる前に、保有する地雷を破棄処分させようとしていたのだ。このジョディとロバートの出会いによって生まれた地雷禁止国際キャンペーン（ICBL）は、わずか六年足らずの短期間に一〇〇〇以上の団体が加盟し、地雷廃絶運動の流れを大きく転換する模範的社会運動へと発展していった。ICBLは結成一年目の時点で、運動を勢いづけることになる大きな勝利を収めた。民主党のパトリック・リーヒー上院議員の主導で、アメリカの地雷輸出を禁止する法案が可決したのだ。

説得交渉

誕生日の翌日に、自分とICBLの両方がノーベル平和賞を受賞したという知らせを聞いたジョディは、すぐにクリントン大統領に電話したいというコメントを発表した。クリントンはこのキャンペーンの賛同者だと言われていたが、対人地雷禁止条約を批准することには失敗した。[*2]

一方のボリス・エリツィン大統領は、ノーベル平和賞が発表された日、ロシアもこの条約に署名すると発表したが、結局その約束を果たすことはできなかった。

ジョディ・ウィリアムズは地雷のない世界を実現するために、ひたむきに人々の説得を続けてきた。たとえば韓国に対してはオタワ条約への加盟を求めるため、ソウルオリンピックに合わせて渡航し、国

*2 クリントンは朝鮮半島での例外的使用が認められないかぎり対人地雷禁止条約には署名できないとし、その結果、アメリカは現在もこの条約を批准していない

家の安全保障に地雷は必要ないと訴えている。アメリカと同様、韓国もこの条約への調印を長いあいだ拒みつづけてきた。一九五三年の朝鮮戦争以後ずっと臨戦状態にある共産主義国家、北朝鮮との国境を防衛するためには地雷が不可欠だ、というのが韓国政府の主張だ。だが、望みがないわけではない。ヒューマン・ライツ・ウォッチによれば、韓国政府の要人はジョディ・ウィリアムズに「韓国は将来この条約に加盟する可能性がある」と口頭で伝えたという。彼女はその返答として、声明を真摯なものとするために、署名までの具体的スケジュールを発表してほしいと請願した。

ロシアと中国も、安全保障を盾に調印を拒否している。各地の地域紛争に関わる武装集団にいたっては、そうした自己正当化すらせず、使える土地ならどこにでも地雷を使っている。彼らにとって、地雷は最も安価で破壊的な兵器なのだ。

ジョディは母国に対しても発言を手控えたりしない。あらゆる機会を通じて――ノーベル平和賞を受賞した今、その機会はたくさんある――アメリカはオタワ条約を批准していない最後の大国のひとつだと指摘してきた。また条約を受け入れながらもたびたび違反を繰り返している国についても、遠慮なく名指しで批判している。たとえばアンゴラは一三〇カ国の条約調印国のひとつだが、現在も地雷を使いつづけているし、ブルンジとスーダンにも同じ疑惑が持たれている。

これまで何度もジョディは、衝撃的な数字を引くことで胸が悪くなるような事実を明るみに出してきた。中国は一億一〇〇〇万個の、ロシアは六～七〇〇〇万個の地雷を保有している。ボスニアとクロアチアの国境近辺には、一〇〇万～二〇〇万個の地雷が仕掛けられている。世界有数の地雷国アフガニスタンでは、地雷で負傷した犠牲者の十人のうち八人が治療を受ける前に出血多量で死亡している。国際赤十字が記録した一九九一年から九二年にかけての地雷被害者の四〇%近くが、両足を切断せざるを得なかった。カンボジアは地雷事故による脚部切断者が四〇〇〇人と世界一多く、これはカンボジアの人口の二四〇分の一に相当する。こうした卑劣で背徳的な兵器を、専門家は皮肉を込めて「世界一安上がりな兵士」と呼ぶ。地雷には食事も睡眠も要らず、もちろん給料も要求しないからだ。

一九九七年十二月三日からの三日間は、ジョディ・ウィリアムズにとって格別に素晴らしいひとときだった。この三日間、条約への署名準備を整えた各国代表がオタワに集ったのだ。各国の代表団トップはこの条約への署名によって、保有地雷を四年以内に破壊すること、敷設した地雷を十年以内に撤去すること、今後地雷を製造・輸出しないこと、毎年地雷の残数と地雷の処分方法を報告することを確約した。ジョディと仲間たちの努力は、充分に報われたと言えるだろう。一三〇カ国が署名し、うち六十カ国が条約を批准した。[*3] 彼女は署名式の直前に行われた講演でこう語った。

「歴史の道筋が大きく変わりました。私たちも超大国と肩を並べる巨大勢力だということを覚えておきましょう。私たちは、新しい形の巨大勢力なのです」

一般市民の良心への訴えかけ

地雷撤去運動の闘士たちは、強力なメディア効果を持つイギリスのウェールズ大公妃ダイアナの協力によって、一般市民の関心をさらに高めることができた。ダイアナ妃はアンゴラとボスニアの地雷原を、地雷撤去の専門家と同じ装備を身につけて歩いて見せたのだ。こうした関心喚起が必要だった理由を、ジョディはこう説明する。

「人々は第二次世界大戦の映画を見て、地雷原とはフェンスと鉄条網で囲われたものだというイメージを持っていますが、実際はそうではないんです。地雷は水場や泉のそば、川べりの土手、そして畑など、

*3 重要度の高い国際条約の多くは、政府代表が署名したあと、各国議会の合意を得たうえで批准書を寄託することで手続きが完了する

住民が行き交う場所に仕掛けられます。人々がこうした場所に寄りつかずに生活するのは現実的ではありません」(8)

近年では、地雷は軍同士の戦闘ではなく、一般市民を恐怖に陥れ、その地域の社会・経済構造を長期にわたって停滞させることを目的として使われることが多くなってきている。

地雷戦は「卑劣な」手口だ。それは、まったく目印のない地中に埋められた「小さな卵」に近づかねばならない、一番弱い人間を狙うからだ。かつて各国の正規軍は地雷の埋設場所を記録していたので、撤退時には仕掛けた地雷をある程度確実に撤去できていた。

しかし七〇年代に入ると、この事情は一変する。どこにどれだけの地雷を埋めたのかを誰も把握しなくなり、可能なかぎりたくさんの地雷を広い場所に撒き散らすことが最優先になったのだ。一九七八年にカンボジアに侵攻したベトナム軍は、ジャングルに追い払ったクメール・ルージュに対する攻撃手段として地雷を活用した。彼らはクメール・ルージュの潜む村の周囲に地雷帯を敷設してから、村に砲撃を加えたのだ。コフィ・アナン国連事務総長は、ジョディ・ウィリアムズとＩＣＢＬは地雷被害に遭った犠牲者の身体的被害についての報告を交えながら、揺るぎない訴えかけをとおして一般の問題意識を喚起することで、各国の世論を盛りあげ、地雷禁止の条約に合意するよう政府を動かしたと評価している。(9)

だが、やるべきことはまだたくさんある。二千年紀を迎えたあともアフリカや南米、中東、極東の各地で紛争が続いているし、その当事者たちは残念ながら、地雷使用をためらったりしない。というより、その正反対だ。ＩＣＢＬが発行した「ランドマイン・モニター・レポート・二〇〇〇」によれば、世界二十カ所の紛争に関わる十一の政府と三十の反政府勢力が地雷を使用している。しかもこれらの一部は、電子回路と高度なセンサーを内蔵した新型地雷だ。一方の地雷除去専門家たちは、いまだにプラスチック地雷には効果がない金属探知機や長い探針を使っている状態だ。彼らは細心の注意を払いながら腹ばいになって地雷を探り当て、信管を取り外したり、爆破処理を行う方法では年に一〇〇個程度の地雷しか除去できない。その一方では毎年二〇〇万個の地雷が新たに埋められているのだ。そして、事故を防ぐためにあらゆる手を尽くしているにもかかわらず、世界の地雷被害による死亡者の約五%は地雷除去作業者で占められている。

近年では多くの組織が、地雷に遭遇したときの心得を住民に教える活動に注力している。ハンディキャップ・インターナショナルは、ボスニア西端の町、ビハチの学校で地雷の怖さを教える授業を行っている。市場の案内所や企業、政府機関などでも、祖国に戻ったばかりの人々に向けて、地雷の危険性が周知されている。まだ約七十万個の地雷が残存しているとみられるボスニアでは、特製の啓蒙パンフレットも作成された。このパンフレットは、自分が地雷原に立ち入ってしまったことに気がついたときの対処法を説明している。「A.止まること。動いてはいけません。パニックにならないように。B.一緒にいる人たちに、地雷に注意するよう呼びかけること。C.自分の足跡を正確に逆向きにたどり、安全な場所まで戻ること。D.その場所を記録して通報すること」

ジョディはこう語る。

「私たちは正しい方向に進んでいますが、アメリカを含めて重要な国々が今もこの運動に加わっていません。しかし、私たちが彼らの活動を監視して圧力をかけ続けていれば、いずれすべての国がこの方向に進むことになるでしょう(10)」

最も有力な地雷製造国が軒並みオタワ条約を批准していないという事実は無視すべきでないだろう。具体的には、インド、パキスタン、イラク、イラン、イスラエル、エジプト、リビア、韓国、北朝鮮、トルコ、中国、ロシア、そしてアメリカだ。*4

*4 このうちトルコは二〇〇三年九月に、イラクは二〇〇七年八月に条約を批准した

ジョディ・ウィリアムズは地雷除去の難しさについてもよく理解している。手作業での除去に頼っているかぎり、地球上からすべての地雷を除去するには数世紀かかると予測する専門家もいる。九〇年代半ば、ドイツのとあるエンジニアが、装甲付きの回転式カッターで地雷を除去する装置を発明した（この装置は発明者の名前を取って「クローンシュ・フレーズ」と呼ばれている）。彼はモザンビークでこの装置を二台使い、二カ月間で一万六〇〇〇個の地雷を爆破処理することに成功した。しかしそれでも、この国から地雷をほぼ完全に除去して安全に歩けるようにするには二五年もかかるという。またドイツの地雷撤去組織MgMのように、より新しい地雷除去装置の開発と地雷撤去チームの派遣に取り組んでいる団体もある。MgMは二頭の追跡犬、フランキーとフレディとともにアンゴラに赴き、四週間で五万平方メートルの地雷原を処理した。彼らはアンゴラでMgMの地元メンバーを養成するワークショップを開き、この国の再建に協力している。

財政的な面についても触れておこう。地雷をひとつ除去するには三〇〇～一〇〇〇ドルほどかかると見積もられている。これは地雷に汚染された第三世界の国々にはとうてい捻出できないコストだ。ユニセフによれば、全世界の地雷をすべて除去するにはおよそ三兆三〇〇〇億ドルが必要だという。クウェートのような豊かな国は十億ドルの地雷除去費用を容易に調達できるが、カンボジアのように年間一二〇〇万ドルしか予算をつけられない国もある。

メディコ・インターナショナルやキャップ・アナムール委員会などの人道支援団体はもう何年にもわたって、地雷犠牲者の治療にも大幅な資金供出が必要だと訴えてきた。義足が完成するまでの時間も長すぎる。もうひとつの問題は、義足の平均耐用年数は二年から四年程度しかないということだ。地雷の犠牲者は高度でお金のかかる医療処置――三～五回の外科手術と輸血、抗生物質投与、X線撮影など――を受けるために、長期間入院しなければならない。国際赤十字の計算によると、平均月収が十スイスフランのアフガニスタンで地雷によって負傷した場合、傷の治療には平均で五〇〇〇フラン、簡素な義足には一〇〇フランが必要だという。

ジョディは地雷のない世界を実現するために、これからもＩＣＢＬの国際大使として、またＩＣＢＬ連絡調整委員会の一員として闘いつづける。バーモント大学から名誉博士号を授与されたとき、彼女は学生たちにこう語った。

「私は残りの人生でできることについて、ものすごく楽観的な見通しを持っているんです。毎朝起きるたび、好奇心いっぱいに『今日はどんなことをして世界を変えようか』と自問しています。リスクを恐れず、勇気を持って、自分が満足できることを見つけられるまで頑張ってください。あなたの喜びは、他人にも喜びを与えます。喜びを感じているときの自分が一番なんですよ」(11)

受賞講演

（抜粋）

1997.12.10

ジョディ・ウィリアムズ
Jody Williams

本日、地雷禁止国際キャンペーン（ＩＣＢＬ）の他の代表たちと共同で一九九七年のノーベル平和賞を受賞するために、ここに列席できることを、大変名誉に感じます。たとえ本賞が個人への表彰の形を取っていても、私はこの受賞が、この世界から地雷という無差別殺戮兵器をなくすための人道主義的努力が成しとげた、歴史的成果に対して与えられたものだと信じています。ノーベル委員会の言葉を借りれば、ＩＣＢＬの「開始したプロセスは、数年間で、対人地雷の禁止をビジョンから達成可能な現実へと変えた」のです。

地雷禁止への願いは、新しいものではありません。一九七〇年代の末には、国際赤十字をはじめ多くのＮＧＯの働きによって、殺傷力の高い兵器や無差別殺戮兵器に対する国際的な問題意識が高まりました。それらのなかでも特に関心を引いた兵器のひとつが、地雷です。なぜこの武器にだけ焦点を当てるのか質問されることがよくあります。地雷は他の一般的兵器とどこが違うのでしょうか。答は簡単です。地雷は、一度仕掛けられ、軍がその場から離れたあとでは、兵士と民間人を区別できません。相手が炊事をするために薪を集めに行く女性や子ども、お婆さんであってもです。そして問題の核心は、仮に交戦中の武器使用は軍事的に正当化されるにしても、……地雷は停戦と和平を認識できない、という点にあります。地雷は永遠に生け贄を待ちつづけるのです。

地雷は完璧な兵士、「永遠の番兵」などと呼ばれます。戦争が終わっても、地雷は殺しつづけます。第二次世界大戦後に起きた戦争の大多数は内戦です。そうした戦争ではたいてい地雷が使われ、今日では約七十カ国に一〇〇〇万個の地雷が埋まったままになっています。こうした国の大多数は、地雷を除去し、地雷被害者をケアする資金も技術も持たない発展途上国です。その結果、現在の国際社会は、地球規模の人道的危機に直面しているのです。しかし私たちは、すでに埋められた地雷だけでなく、備蓄され使用可能になっている地雷のことも考えなければなりません。統計では、全世界に一億から二億個の地雷が備蓄されているといわれています。

冷戦終結によってある程度の平和が達成されたあと、国連は内戦の起きている国家で活動できるようになりましたが、そこで判明したのは、膨大な数の地雷があらゆる面で平和維持活動の障害になっている、ということでした。それはすなわち、地雷が紛争解決後の社会の再構築にあらゆる面で影響を及ぼしている、ということでもあります。

カンボジアのプノンペンで平和維持活動を展開している人々には、これは比較的簡単な問題に思えるかもしれません。しかし四〇〇万から六〇〇万個の地雷が眠る奥地に部隊を派遣しなければならない身になると、これは大問題です。なにしろ主要な交通路にも地雷が埋まっているのですから。カンボジアの平和合意は、数十万人の難民を帰国させて選挙に投票させることで、新たにカンボジアの民主化をすすめるという要素も持っていました。その計画には、各家族が新天地での生活に行き詰まらないよう、自給自足ができるだけの土地を提供して、社会の立て直しに貢献してもらうことも含まれていました。

しかし国連は、地雷が多すぎて難民家族に提供する土地がないことに気づいたのです。結局、彼らには五十ドルと一年分のコメが支給されました。これこそが地雷の影響なのです。

この問題を根本的に解決するには地雷そのものを廃絶しなければならない、ということを真剣に考えはじめたのは、ＮＧＯでした。それまで人道支援活動や人権活動に関わってきたいくつかのＮＧＯが、一九九一年から九二年にかけ、対人地雷を禁止する活動のために結集しました。

そして一九九二年十月、ハンディキャップ・インターナショナル、ヒューマン・ライツ・ウォッチ、メディコ・インターナショナル、地雷顧問団、人権のための医師団、アメリカベトナム戦争退役軍人会財団が「対人地雷禁止のための共同呼びかけ」を発表したのです。これらの組織が、対人地雷の使用・製造・輸出入・保有の禁止を求めるＩＣＢＬの運営委員会となりました。またこの呼びかけは、各国政府に対しても、人道的な地雷撤去支援活動と地雷被害者の支援活動を強化するよう請願しました。

こうして、不幸な状況から始まった国際キャンペーンは、対人地雷の禁止という共通の目標のために六十カ国・一〇〇〇団体が結集する、前例のない大連帯に発展しました。オーストリアが今年初頭に作成した草案に基づいて、九月には八十九カ国の代表がここオスロに集い、禁止条約をめぐる交渉を終えました。そしてつい先週には、この条約に署名するために一二一カ国の代表がカナダのオタワに集まりました。さらに、この条約の効力を一刻も早く発効させたいという政治的意思を表明するために、カナダ、モーリシャス、アイルランドの三国が条約を批准しました。

発足一年目のＩＣＢＬは、主に北半球の、それまで対人地雷の製造に関わってきた国々で展開されました。

その戦略は、地雷禁止のための国家的、地域的、国際的対策を求めることにありました。こうした動きの先鞭をつけたのは、一九九二年に、初めて地雷輸出停止法案を可決したアメリカでした。この法律の起草者であるリーヒー上院議員が、アメリカの地雷禁止のための闘いを粘り強く続けるあいだ、他の国々はアメリカの当初の成果の先をいく取り組みを行いはじめました。

一九九五年三月、ベルギーは地雷の使用・製造・輸出入・国内備蓄を禁止した最初の国となり、オーストリア、ノルウェー、スウェーデンなどの諸国がこれに続きました。特定通常兵器使用禁止制限条約（CCW）の再検討会議が失敗したことで、各国政府間にも地雷禁止を求める声が高まりました。こうして、かつてはNGOたちの掲げる理想主義的目標でしかないと言われたものが、力をつけ、勢いを得たのです。オタワにつながる条約交渉は、歴史的な出来事でした。その理由はいくつかあげられます。まず、中小規模の国々が連携し、ICBLに加盟するNGOと緊密に協力して作業を進めたのは、歴史上初めてのことでした。また、中小規模の国々が、条約の内容を自国の政策に沿う形に効力を弱めようとした超大国からの強い圧力に一歩も譲らなかったのも初めてのことです。そしておそらく、交渉の結果、その叩き台となった草案より強い規制内容を持つ条約が成立したのも、初めてのことでしょう！

……オスロの交渉によって、抜け道や例外事項のない対人地雷禁止条約がもたらされました。この条約は、対人地雷の使用、製造、輸出入、備蓄を禁止しています。またこの条約は、四年以内に保有地雷の破棄を表明することを条件に課しています。この条約は、十年以内の地雷除去を義務づけています。そして、各国に対し、地雷除去支援と被害者支援の取り組みを強化するよう呼びかけてもいます。とはいえ、この条約は完璧というわけではありません。私たちICBLは、この条約に無効化処理防止装置付きの対車両地雷や訓練目的の地雷の保有を認める条文があることに懸念を抱いています。

また私たちは、この条約を非国家組織にも直接適用できるようにし、また被害者支援に関してもっと強い表現を盛り込みたいと考えています。しかしこれらの問題は、条約が取り決めている年次会合と再検討会議をとおして解決できるでしょう。これは注目に値することです。アメリカ市民戦争とクリミア戦争以来使われつづけてきた地雷を、私たちはついに世界中の武器庫から撤去しようとしているのです。これは驚くべき、歴史的な達成だと言えるでしょう。この条約は、市民社会と政府がお互いを敵視しなくともよいことを証明しました。中小規模の国家が市民社会と協力して、驚異的なスピードで人道問題に対処できることを実証してみせました。こうした協力関係は、冷戦後の世界における新しい形の「巨大勢力」を示しているのです。

恐怖を乗り越えて

シーリーン・エバーディ

二〇〇三年受賞

「怒りに駆られ、私はスプーンの柄でコンクリートの壁に書きつけました。第三世界に生まれたという理由だけで、私たちは生まれついて苦しむ運命にある、と。時間と空間が我々を追いつめてきます。どうか忍耐強くいられますようにに。ほかに選択肢はないのですから(1)」

――シーリーン・エバーディ

シーリーン・エバーディがテヘランのエヴィン刑務所二〇九ブロックから、きらびやかに飾られたオスロのシティ・ホールにたどり着くまでには長い道のりがあった。二〇〇三年にノーベル平和賞を受賞したこの小柄な女性にとって、この道は試練に満ちたものでもあった。

イランの民族音楽グループ「カムカルス」がペルシャ民謡ハナールを情熱的に演奏すると、いくぶん緊張した面持ちの女性は表情をしだいに和らげ、人々の注目を受けた——この日、授賞式に集まった人の数は一万人にのぼった。女性のノーベル平和賞受賞は十一回目で、世間ではさまざまな疑問が湧き起こっていた。たとえば……シーリーン・エバーディとは何者なのか？

わずかな情報は瞬く間に人々のあいだに広がった。シーリーン・エバーディ、一九四七年、イラン・ハマダーン生まれ。事業法の教授である父と専業主婦の母を持つ。シーリーンとはペルシャ語で甘い菓子を指す言葉で、姉と妹、弟がいる。中流上層階級の家庭に育ち、法律家を目指してテヘランとフランスで学ぶ。法律学に進む一家の伝統は、現在テヘラン大学法学部に通う末娘ナルゲスに引き継がれている。

シーリーン・エバーディの名が、イランの知識人に広く知られたのは一九七四年、彼女が初の女性裁判官に選ばれたときだった。法律学の博士号を取得後、一九七五年から七九年までテヘラン裁判所に務めている。しかし一九七九年にルーホッラー・ホメイニーが、亡命先のフランスから戻ると政情が急変し、女性の立場は激変した。ホメイニーの帰国直前には国王《シャー》レザー・パフラヴィーが国外退去し、その後、権力を握ったイスラム教聖職者であり指導者の「ムッラー」たちは、ただちにシャー政権の「イスラム教刑法典の軽視」を取りやめ、エバーディを含む女性裁判官を解任した。免職理由は「女性は感情的で非理性的であるが故、また何よりも男性に服従するべき立場の者が男性を裁くことは許されない為」とされた。チャドル[*1]とヘジャブ[*2]の着用が義務づけられたことなど、これに比べれば些細なことだった。シーリーン・エバーディは弁護士免許を申請したが、認定まで数年かかった。その間、子どもと女性問題についての記事を書くジャーナリストとして活動した。

いま、崇高な瞬間を迎えたオスロの会場は、リラックスした雰囲気に包まれていた。エバーディの柔らかい物腰が伝染するようだった。彼女は落ち着いた様子で演壇に歩いていき、冒頭にペルシャ語を使い、穏やかな声でスピーチを始めた。声は徐々に強さを増し、発言には力が漲《みなぎ》っていった。

彼女は式典の数時間前にはグランド・ホテルでインタビューを受け、ノーベル賞委員会の記者会見に応じている。子どもたちに平和の炎を届け、あらゆる場所から集まってきた同胞たちの話に辛抱強く耳を傾けた。イラン人たちはあちこちで熱狂的な喜びを表わし、彼女の姿を認めると「シーリーン！ シーリーン！」と歓声をあげた。イランにとどまり続けた彼女とは違い、祖国を離れた彼らは、ヒロインと抱擁を交わすと目に涙を浮かべて喜んだ。エバーディは忍耐強く記念写真に応じ、ひとりひとりに優しい言葉をかけた。警備員たちが守ろうとするのだが、エバーディの人柄は人と触れあうことを止められないのだ。彼女にとって、恐れるものはすべてあのエヴィン刑務所二〇九ブロックの独房に置いてきていた。数週間監禁され、二度と家族に会えないのではないかという思いにとらわれていた日々。彼女はこう語っている。

＊1
イスラム教徒の女性がイスラム圏において従うドレスコードのひとつで、公衆の面前にでる際に伝統的に身につけてきた衣装

＊2
イスラム教徒の女性たちが着用する顔を覆うスカーフ

「恐怖は飢えのようなものです。私はそれにどう対処するかを学びました。イランで人権問題に奮闘している人は誰もが恐怖を抱えて暮らしています。恐怖は乗り越えるしかないのです」(2)

ノーベル賞が重要な刺激に

この受賞について世界中から祝福コメントが寄せられたが、エバーディの故郷の反応は複雑なものだった。国営メディアは受賞のニュースを数時間遅れで報道し、レサラット紙など保守強硬派の新聞の多くは掲載を見送るか、最終ページに小さく記事にするだけだった。原理主義者らはこれを西側諸国によるイラン内政干渉だと言い、悪魔アメリカの支援を得て受賞をしたとして、エバーディをスパイ、裏切り者、「バッド・ムスリム」*3と非難した。

モハンマド・ハータミー*4大統領は、海外からの干渉を受けてようやく、彼女を祝福する姿勢をみせた。しかし、イラン人女性のノーベル賞受賞は喜ばしいが、平和賞はノーベル文学賞や医学賞に比べれば重要ではないと述べた。さらに「彼女が、我が国の利益に反する政治目標に惑わされないことを望む」と、賞が政治的であることをほのめかしている。彼の弟でありイラン・イスラーム参加戦線の総書記兼イラン国会副議長であるモハンマド・レザー・ハータミー氏はこの声明は極端すぎるとし、兄の立場とは異なり、平和賞の重要性を強調した。

一方、革新運動派は、今回の受賞が自由と民主主義、人権問題に重要な刺激になると述べた。改革派新聞シャルク紙は数ページの特集を組んでいる。

イスラム人女性初受賞のニュースはまず衛星放送で、次にロサンゼルスの亡命イラン人TVなどさま

＊3 規律を守らないイスラム教徒のこと

＊4 第五代イラン・イスラム共和国大統領

ざまな放送局で、ついでインターネットを通じ広まっていった。何千人もの群衆がテヘランのメフラーバード国際空港に集まり、パリから帰国する受賞者を出迎えた。エバーディはパリでイラン社会とイラン映画についての会議に出席していた際に、この名誉ある受賞の報せを受けたのだ。帰国の翌日、彼女は記者会見を開き、同胞のイラン人たちに感謝の意を伝えた。

「この賞はイランの人権問題と民主化に取り組むすべての人のためのものです。私の役目は、我がイランの同胞が戦争と武力を憎み、平和的手段で人権を要求していることを世界に伝えることです。我々はこの道を邁進せねばなりません」[3]

彼女は今回のイスラム人女性への授賞は、イスラム教が恐怖の宗教組織ではないことを理解してもらえた証拠だと考えていた。イスラム教の名の下に殺戮が行われ、女性や子どもの権利が制限されているとすれば、それは宗教の悪用にすぎない。

「世界の人々に伝えたいのです。我々は平和を愛する国民であり、暴力や恐怖を忌み嫌い、他の宗教とも平和に共存したいと考えているということを」[4]

彼女は政治犯の解放を呼びかけ、権力者らに懇願した。

「どうか国民をひとつにし、自由を与えてください」

賢明な言葉は武器となる

この小柄な女性を知る人は誰もが、彼女を勇敢で、我慢強く、そして知的な人だと言う。当然ながら、圧倒的権力を持つ聖職者《ウラマー》に立ち向かうにはとてつもない勇気が必要になる。だがノーベル賞は、シーリーン・エバーディがファラジ・サルクヒと同じ運命をたどらないことを願って、ある程度の保護を約束してくれた。このイラン人作家は、一九九六年四月、テヘランの空港で情報省により拉致され投獄されている。家族にはサルクヒはすでにドイツにいると告げられたが、彼は自分の身に起こることを予告していた。

「やつらに狙われていることはわかっていた。批判的な記事を書くのをやめるよう何度も警告を受けていたからね。私は反体制分子であり許されない存在だ。そこで母や姉弟には、何かあればシーリーン・エバーディのところに行ってくれと頼んでいた」

なぜエバーディ氏を指名したかと尋ねると作家はこう答えた。

「彼女は安全だったからだ。子ども専門の弁護士としては知られているが、他の点では疑惑はかけられていない。それにジャーナリスト仲間でもある。私が十一年間編集長を務めた雑誌『アディネー』に、女性問題や法律関係の記事を何度も寄稿していたからね」(5)

苦難は二年続いた。幾度も目隠しをされたまま匿名の裁判官の前に連れて行かれ、さまざまな罪で三度の死刑を宣告される。罪とは、他の七人の作家とともに、検閲の廃止と表現の自由を求める請願書を立案したことなどだ。この請願書には重要人物が多く署名をしており、シーリーン・エバーディの名もあった。おそらくサルクヒが今も生きている理由は、プラハで開催された国際ペンクラブの総会で、ヨーロッパ諸国の主要政治家らが彼の救済の活動を開始すると明言したことと、彼がトゥホルスキー賞を受賞し、知名度が上がったためだろう。

苦しい立場にありながらも、エバーディのねばり強さに頼ることができたサルクヒは幸運といえた。弁護士はひるむことなく何度も依頼人への面会を要求し、ジャーナリストらと話しあいを持った。彼女は諦めず裁判所に手紙を送りつづけた。法廷では、真っ向からムッラーと向きあい、弁護人としての裁量を発揮するとともに最大の武器である知識で彼らに反論した。だがそれでも、サルクヒを拷問や死の恐怖から救うことはできなかった。

「独房に入り、外界から完全に断絶され、孤独に眠らなければならない。しばらくすると拷問が始まる。一番つらいのはベッドに手足を縛られケーブルで殴られることだ。両手吊りにされ殴られる場合もある。精神的拷問も始まる。私の場合、隣の部屋で弟を拷問する音を聞かされた。十日間一睡もさせてもらえなかった。そうなれば、人は遅かれ早かれ、死んだ方がましだと思うようになってくる」

しばらく口をつぐんだあと、彼は続けた。

「拷問で、やつらは人の肉体と精神を両方破壊するんだ。高潔さも自尊心も失うまで」(6)

そしてとうとう彼は折れ、スパイであることを「自白」する。ようやく解放されたサルクヒは、現在はフランクフルトで亡命生活を送っている。もしイランに戻れば再び死刑が科せられ、彼の姿を認めた警察にその場で撃ち殺されるだろう。

さらにエバーディを有名にする出来事があった。元労働相であり反体制派のダリッシュ・フォルーハルと妻のパルヴァーネの事件だ。ムッラーへの激しい批判を行う反対勢力のメンバーだった夫妻は、自宅で何者かに刺し殺された。エバーディは殺された夫妻の娘の代理人を務めた。

「あらゆる報復攻撃にもめげず、信じられないくらいのねばり強さで、裁判をとおして、真実を勝ち得るための努力をしてくれました」

こう語った娘のパラストゥー・フォルーハルは、現在、サルクヒと同じくドイツに暮らしている。実際、エバーディはある程度まで事件を解明し、当局は情報省のメンバーの関与を認めた。しかし情報省の大臣は責任を取って辞職したが、殺人犯はいまだに自由の身である。二〇〇三年秋、イラン司法当局はこの事件を打ち切った。以降もエバーディはハーグの国際司法裁判所で意見聴衆を集める努力を続けている。

だが二〇〇〇年の夏、ビデオ・スキャンダルと呼ばれる事件が起こり、エバーディは悪名高いエヴィン刑務所に投獄される。この事件は、彼女が弁護士補助職員団体「神の信奉者会」と保守派の重要人物との関係を暴露したビデオテープを持っていたことに始まる。一九九九年の夏に学生に対して行われた暴力行為は、ふたりのムッラーによるものだ、とある高名なイスラム原理主義者がカメラの前で証言したものだった。だがこれをきっかけに裁判員らはエバーディをビデオ捏造の罪で告発、十五カ月の禁固刑と五年間の職務執行を言い渡した。エバーディは驚くべき強さで数週間の獄中生活を乗り越えた。

「私はそこまで弱くありません。不平は言わず、歯を食いしばり、爪が紫色になるほど手を握りしめて耐えました。うめき声はあげませんでした。……孤独と静寂は人をおかしくします。周囲の部屋から聞こえてくる悪態や叫び声さえ懐かしく感じました。誰かが夜、独房の鉄格子を壊しに来てくれるのを願うほどだったのです(7)」

エバーディの声明によれば彼女は拷問を受けることはなかったが、それでも同じように捕らわれた人々の話や恐怖は、彼女自身の体験となった。

長い道のり

ノーベル平和賞はイラン人女性にとって激励の証となった。エバーディの受賞によって、現代イスラムについての彼女の考えが国際的に支持された。エバーディの主張とは、彼女が繰り返し言うように、イスラム教と人権擁護は相反するものではないということだ。「宗教や言語、あるいは文化よりも重要なのは、人間の権利」であり、特に女性や子どもの人権は絶対的に保護されなければならない、というのが彼女の考えだった。

ひとつ忘れてならないのは、エバーディが亡命していないという点だ。彼女はイランに残り、実際にこの困難な道を日々歩んでいる。

「私はイラン市民であることを誇りに思っています。ですから可能なかぎりイランに住むべきなのです」

また彼女はこれまで常に法律の枠組みを守り、決して違法手段に頼ることはなかった。政治や外交を超えた活動を続けるこの女性に対し、世界の注目が薄れないことが願われる。彼女の命を狙う脅迫は後を絶たず、なかには「バッド・ムスリム」であると主張する者もいる。その理由はエバーディが、イラン国外では女性が顔を覆う伝統的な布、ヘジャブを着用していないからで、これを多くのメディアは抵抗の象徴であると解釈している。この件について質問を受けると彼女はこう答えている。

「現在のイランの法律はヘッドスカーフを巻くことを定めています。私は法律に敬意を払い、イラン国内では必ず頭をヘジャブで覆いますよ」(8)

あるときには笑みを浮かべてこう答えた。

「イスラムの女性には頭を隠せというのではなく、ヘジャブを使いなさいと言うべきですよ」

こうした象徴的な論議にエネルギーを使うつもりはなかった。彼女にすればもっと重要な案件があった。現代イスラムのあり方について、表現と宗教の自由の保護について、基本的民主主義の必要性について、男女平等について、家父長社会や姦通に対する石投げの刑など旧式の刑罰を廃止することについてなどである。政治犯の解放や非人道的な刑罰の廃止、政治と宗教の分別、法定年齢[*5]の引きあげを求め、保守派の憤怒の対象になってもなお、エバーディは闘いつづけている。自らの宗教が平和を愛するもの

＊5 女子十三歳以上、男子十五歳以上

であること、そして紛争を巻き起こす理由は何もないと信じることこそ、彼女の揺るぎない信条である。
「イスラム教は正義と平等の信仰です。女性の権利を妨げているのは、現在この国を支配している家父長制の文化なのです。イスラム教はその口実にされているにすぎません。イスラム教はさまざまに解釈できますが、正しく解釈されれば人権を保護するものであるべきだということを私は強く訴えたいのです」(9)

しかしこの先に長い道のりが残されていることもエバーディは理解している。
「社会全体が革新を起こそうとし、変化が持続すればこそ変革が起こります。そして変革は人々の内側から起こるものでなくてはなりません。社会のひとりひとりが変化を望むことが、社会を変えることにつながるのです」(10)

エバーディは再び聖職者たちの反感を買う危険を冒した。二〇〇三年夏、テヘランで命を落としたイラン系カナダ人フォトジャーナリスト、ザラ・カーゼミーの息子ステファン・ハチェミの代理人を引きうけたのだ。エバーディはイスラム国有数の権力者、テヘランの法務長官サイード・モータザヴィに立ち向かった。イラン国会は前裁判官を、法的な理由なしにカーゼミーを拘束し、尋問の末殺害した罪で告発した。モータザヴィが虐待に直接関与し、頭部に致命傷を負わせた疑いも賭けられている。しかしこの影響力のある法律家の起訴が可能かどうかは疑問が残る。彼は改革リーダー、ホメイニー師の保護下にあり、リーダーの言葉こそが法律だからだ。

希望のある場所

人口一四〇〇万のテヘラン市内、自宅の一階にあるシーリーン・エバーディの小さな事務所には、法的な問題を抱えた人々がたびたび訪れる。たいていは女性で、拘留中の政治犯や知識人の家族や親戚だ。なかには、アリアンという名の少女が集団虐待を受け死亡した事件や、クルド系の十一歳の少女レイラ・ファターニが三人の男にレイプされた事件など、他の弁護士がまったく手をつけないものもあった。

現在イランの人口は六六〇〇万人。一九八九年以降、法的にも政治的にも道徳的にも権力を握っている革命の指導者、アーヤトッラー・アリー・ハーメネイーの支配下にある。国民の九八％以上がイスラム教徒で、そのうち九〇％がシーア派、一〇％がスンニ派で、経済成長率は高いが失業率も増加しており、非行、薬物悪用、売春、農民離村が劇的に増えている。一九九〇年の大地震から復興する前に、再度大きな地震に見舞われたのが二〇〇三年十二月。この地震で何万人もの人が犠牲になった。さらに近隣諸国の難民問題も抱えている。二〇〇三年十月に、ハータミー大統領により女性タクシー運転手が認可され、テヘラン警察学校で初の女性警察官の卒業式が行われたが、こうした改革など大海原に落とした滴のようなものだろう。

ハータミーは主に女性や若者――イランでは十五歳から選挙権を持つ――の人気を集めて大統領に選ばれた。最初の選挙運動では解放路線を訴え、女性の大臣を認める発言や、将来の女性大統領も考慮するといった発言をした。しかし現実には女性の権利改善についての発議は、すべて保守派の妨害にあっている。イランの女性たちは今も公共の場でジョギングをしてもいいかどうか、自転車に乗ることはモラルに反するかどうか、といった問題に直面している。ムッラーは、女性は注目が集まることはすべて避けなくてはならない、としているからだ。一方、学生の六三％は女性だし、何百何千人もの女性が、イラン・イラク戦争中に職業を持ち、仕事場での立場を確立させた。イランの歴史において、これほどまでに多くの女性教師、女性心理学者、女流作家、女性映画監督が生まれたことはない。

ハータミーは二〇〇一年にも女性と若者の支持を受け再選されたが、彼らの解放や自由を求める声はほとんどが実現されず、支持者は失望を隠せなかった。だがこれは大統領の日和見主義と、宗教急進派に対抗できない意志の弱さだけが問題だったとは言えない。実際、改革派が多数を占めている国会においてさえ、大統領はいかなる法案を進める権利も持っていないのだ。イランはいまだムッラーが支配する国家であり、一九七九年のイスラム革命以降、この国を完全に指揮している少数派マイノリティである保守派勢力が権力を振りかざしている。

アリー・ハーメネイーは、十二人の導師からなる守衛委員会の指導者でもある。この委員会は実質的な絶対権力を持ち、保守党の最重要ツールでもある。政治に関わる者や、官職に立候補する者は、必ず委員会の認定が必要となり、委員会は国会で採択された法律がイスラム教法典にふさわしいかどうかを検証する。改革思考のハータミー政権が発足して以来、すべての法案は否決されている。それでもハータミーはこれまで何の行動も起こしていない。辞職もしなければ、内戦を呼びかけることもない——実際、多くの若者がこの呼びかけに応じることが明らかであったときも、彼は動かなかった。ハータミーはエバーディたちと同じく、平和的改革に賭けているともいえる。いかなる変化が必要かは周知の事実だ。だが、果たしてそれが実現可能かどうか……絶望する国民は増えている。

イランの法律制度は欧米の人間には理解しがたいものがある。たとえば、夫は理由なしにいつでも妻に離縁を言い渡すことができるが、妻は、男性側の不妊、精神疾患、あるいは五年以上の実刑判決など、重大な理由がないかぎり離婚を申し立てることができない。離婚後、子どもの親権は自動的に父親に渡される。また、女性が出国する際は夫か父親の許可が必要で、さらに男性が事故などで死亡した際の賠償金は女性の二倍である。

シーリーン・エバーディと戦友たちが、民主主義や女性の平等権、個人の自由の確立という目標に本当の意味で近づくには、これからも長い努力が必要になるだろう。実現にはムッラーの失脚が欠かせないが、これはイラン内部で改革が進められなければならない問題である。イラクで見られたように、独裁政権に対する外部からの制裁措置や脅迫や内政干渉は結局、何の解決にもつながらない。ムッラーに打ち勝つことができるのはイラン国民だけだ。亡命中の反体制派ファラジ・サルクヒによれば、今、新たな改革が行われつつあるという。

「若者、特に女性が平和的解決の道を探そうとしている。これ以上の暴力は求められていない。もう十分だ。革命、八年間のイラン・イラク戦争――誰もが戦争に疲弊してしまっている」(11)

エバーディもまた平和的な努力こそ変化を起こす唯一の現実的な可能性だと言う。

「改革は平和のうちに推し進められなければなりません。憎しみや暴力、戦争の時代は終わり、今こそ鎮静の時が来ているのです」

さらにエバーディはこうも確信する。

「紛争はその国や社会の問題です。外国の内政干渉は自由への道を遠ざけ、苦しみを増やすだけです。どんな国家も、自国の考えを他国に押しつける権利はありません――たとえそれが正しい道を普及するためであっても、です。たいていは、求めるものとは逆の結果が引き起こされるのですから」(12)

彼女は政治家への転身を求める誘いを強固に断りつづけている。

「政治の世界の論議や権力争い、政府に関わりたいと思ったことは一度もありません。人権運動家は市民のなかで、中立の立場で活動をしなくてはならないのです」

これまでの彼女の活動には、政治のあり方を大規模に変えたものもあったが――彼女が提出した青少年の虐待防止政策は、国会の満場一致で可決された、政党の権益に関わることはまったく求めていない。ノーベル平和賞を受賞し、全世界の注目を集めたいまも、彼女が唯一求めるのは、常に人権の擁護者であることだけなのだ。

「私はこれまで二十年以上この闘いを続けてきましたし、投獄されたこともありました。それでもイランが、民主主義に向けた平和的な道を進む希望を捨てたことはありません。ノーベル平和賞は、今後も新たな決意で戦いつづけるエネルギーを与えてくれました。私は非常に楽天的な人間なんです。日々少しずつ状況が改善されることを信じています」(13)

受賞講演（抜粋）

2003.12.10

シーリーン・エバーディ
Shirin Ebadi

想像と知恵の神の名において――

陛下殿下、誉れ高きノーベル賞委員会のみなさま、大使のみなさま、会場のみなさま、本日、この美しい会場から世界の人々に私の声をお届けできることを光栄に感じております。ノルウェー・ノーベル賞委員会のみなさまより素晴らしい名誉を授かることができましたこと、アルフレッド・ノーベル氏の精神に敬意を表し、彼の道を引き継いでこられた方々に心からのお礼を申しあげます。

今年、ノーベル平和賞が中東のイスラム国家であるイラン人女性に授与されたことは、疑いようもなく、イランのみならずすべての中東地域の女性たち、歴史の流れのなかに権利を迫害されてきた女性たち、自らの権利を勝ち得ようと闘っている女性たちを勇気づけることでしょう。今回の受賞のおかげで、イラン国内にとどまる女性も祖国を遠く離れた女性も、みな自信を抱くことができたはずです。

どの国においても、女性は人口の半数を占めます。女性を軽視し、政治や社会、経済、文化的生活での女性の活動を禁じることは、社会の能力の半分を失っていることと等しいといえます。イスラム国における家父長制文化や女性蔑視の文化は永遠に続けられるものではないでしょう。

ノルウェー・ノーベル賞委員会のみなさま！　この栄誉と賞の恵みが、イランをはじめ中東諸国の人道支援や努力に大規模な影響を与えることでしょう。この恵みは、男女にかかわらず、自由を愛し平和を求めるすべての人々に届くはずです。

この誉れ高き賞を頂いたことを感謝し、祖国の平和を愛する人々に与える名誉なる恵みにもう一度感謝いたします。

今日は世界人権宣言の五十五周年記念日に当たります。この宣言において、自由、正義、平和が保証され、人類固有の尊厳と平等、不可侵の人権が認められました。同時に人類が表現や意見の自由を謳歌し、恐怖や貧困から保護されるべき世界を約束してくれました。

しかし残念なことに、今年の国連開発計画（ＵＮＤＰ）の報告書には、前年同様、世界人権宣言が理想とする世界からはかけ離れた大惨事が詳細に記載されています。二〇〇二年は、約十二億人が日給一ドル未満という紛れもない貧困に陥り、五十カ国以上の国々で戦争や自然災害が起こり、二二〇〇万人の命がエイズによって奪われ、一三〇〇万人の子どもたちが孤児になっています。

一方、九・一一事件や国際テロを口実にして、過去二年間、いくつかの国が人権についての世界の原則、法則を破っています。二〇〇二年十二月十八日の国連総会決議五七／二七九条と、二〇〇三年一月二十日の国連安全保障理事会決議一四五六条、二〇〇三年四月二十四日の国連人権委員会決議二〇〇三／六十八条は、すべての国家はテロと闘う際も、国際法（特に国際人権法と国際人道法）の下、国家の義務を満たさねばならないと定め、明記しています。しかし人権と基本的自由を剥奪するような規制や、公平な判断ができかねる特別機関や臨時裁判が、対テロ戦争という名の下で、正当化されようとしています。

テロ国家だけが国際人権法を破っているのではありません。西側の民主主義国、別の言葉で言えば国連憲章や世界人権宣言の先導的政策に関わった国々によっても冒されているのです。軍事紛争で捕虜となった何百人もの人々が何カ月間もキューバのグアンタナモ刑務所に拘束され、国際ジェノバ会議や世界人権宣言、国際人権規約ＩＣＣＰＲによって保護されたはずの人権を奪われていることをご存知でしょうか。

さらに過去数年間、特にこの数カ月間には、次のような疑問も起こっています。なぜある種の国連安保理の裁決や決議案が簡単に採決される一方で、まったく通らない決議案があるのでしょう。たとえばイスラエル人によるパレスチナ地区占領については、過去三十五年間いくつもの国連決議案が出たにもかかわらず迅速に施行されてきませんでした。しかしなぜ、ここ十二年間で、国連安保理の推薦の下、そして二度目は国連安保理の反対にもかかわらず、イラク国家や国民が襲撃や軍事攻撃、経済制裁、そして最後には軍事占領の対象になってしまうのでしょう？

会場のみなさま、私の祖国の社会や文化、信仰について少しお話しさせてください。私はイラン人です。二五〇〇年前に最盛期にあった大キュロス王の子孫です。……王は望まない民を統治することはありませんでした。そしていかなる人も宗教や信仰を改宗する必要のないことを約束し、みなの自由を保護しました。キュロス王による憲章は実に、人権の歴史において研究されるべき最重要文書といえるでしょう。

私はイスラム教徒です。コーランのなかで、イスラムの教祖はこのように言っておられます。

「汝、我が信仰のなかに、汝の信念と我を信じたまえ」

この聖なる書物は、預言者の使命は、全人類が正義を守るよう導くこととしています。イスラム教の到来以降も、長くイランの文明化と文化には人道主義や命の尊重、他者への信用と信頼、寛容と和解の精神、暴力や虐殺や戦争の回避が守られていました。イラン文学の著名人は、グノーシス主義派のハーフェズ、モウラヴィ（西欧ではルーミーの名で知られています）、アッタールからサーディ、サナエイ、ナサール・コースロウやナザミにいたるまで、みな人道主義的文化の使者です。サーディの詩のなかにこのようなメッセージが込められています。

アダムの息子はみな　互いの手足であり
ひとつの要素から成る

時の災難が一本の足を苦しめれば
他の手足もまた苦しむであろう

イランの人々は一〇〇年以上にわたり、伝統と現代性の葛藤を抱えてきました。今なお古代の伝統手段に頼ることで、祖先と同じ見方で世界を捉え、困難や問題を祖先と同じ美徳のなかで解決しようとする人たちもいます。しかし多くの人々は、歴史や過去の文化、自分たちの宗教と信仰に敬意を払いつつも、世界の発展と歩幅を合わせる道を探ろうとし、文明化や発達や進化のキャラバンに遅れを取らないよう努力しているのです。イラン国民は、特にここ数年、公務に参加することを権利と考え、自らの運命の担い手になろうとしています。

こうした葛藤はイランだけに見られるものではなく、多くのイスラム教国家に見られます。民主主義や人権がイスラム教聖典やイスラム社会の伝統的構造と一致しないことを理由に、イスラム教徒のなかには独裁政治の存在やその持続を正当化する者もいます。実際、自らの権利に気づいた国民を、伝統的家父長制度やこれまでの方法で治めることは簡単ではありませんから。

イスラム教の、預言者への最初の説教は「唱えよ!」という言葉で始まります。コーランは筆で書かれたことへの誓いです。こうした教えやメッセージは、自覚や知識、知恵、意見や表現の自由、多文化性によって矛盾するものであってはならないのです。

イスラム国家における女性差別も――民法の問題であれ、社会的、政治的、文化的正義の問題であれ、すべて社会に蔓延るこうした家父長制度、男性支配的文化に原因があるのであって、イスラム教が原因ではないのです。自由や民主主義を否認し、男女平等の権利や、父親、夫、男兄弟など男性の支配からの女性の解放を許そうとしない文化は、現在の支配者の歴史的、伝統的地位がゆらぐのを彼らが恐れるためにすぎません。

そしてまた一方で、文明の衝突を問題視し、中東地域への戦争および軍事介入を指令し、自国の主張を通すために第三世界の社会的、文化的、経済的、政治的な遅滞を理由にする方々には、もし、国家の決定権や普遍的な人権を含む国際人権法に従うのであれば、そして民主主義を他の政治体制より重要で優勢であると言うのであれば、自分たちの安全や快適だけを利己的に追い求め、他国を軽視するのはやめなさいと言わなくてはなりません。第三世界と言われる国々が政治的独立と領土の保全を維持しながら、なおかつ人権と民主主義を謳歌する新たな手段や方法を追求することこそ、未来の発展と国際関係の維持のために国連が最優先で議論しなければならない事柄ではないでしょうか。

二〇〇三年のノーベル平和賞を、初のイラン人であり、初のイスラム国家の女性である私に与えてくださった決断は、私を含む何百万人のイラン人やイスラム諸国民に、人権獲得の実現や祖国での民主主義の確立への努力や試みや苦悩に、国際社会が支援と後押しと協力を与えてくれているという希望をくださいました。この賞はイランの国民のためのものです。イスラム諸国民や第三世界の人々が人権と民主主義を確立するためのものです。

みなさま、スピーチの冒頭で、私は人権が自由と正義と平和の保護者であると言いました。もし人権が法律に記載されておらず、国家がこれを実現していないならば、世界人権宣言の序文にあるように、人類は「専制政治と抑圧に反乱を起こす」他ないのです。尊厳を失った人、人権を奪われた人、貧困に苦しむ人、飢えや戦争、病気に打ちのめされる人、屈辱を受ける人、略奪された人は、失った権利を取り戻せる立場や状態にはいないのです。

二十一世紀が、暴力やテロ行為や戦争のない世紀になり、人類にとって最も大きな不幸に見舞われた二十世紀を再現しないためには、人種や性別、宗教や国籍や社会身分にかかわらず、すべての人類の人権を理解し、守っていくことしかありません。

その日を夢見て、大いなる感謝をこめて。

【アフリカの名の下に
ワンガリ・マータイ】
二〇〇四年受賞

「私たちには、まだまだやるべきことが残されています。でも私たちは、自分たちのささやかな行動がよい変化をもたらしていることを知っています。私たちがこれを数百万回繰り返せば、世界を変えられるんです——間違いなく、ね」

アフリカの名の下に

私たちの車は、ケニアのナイロビ北部に向けて短時間ドライブしたあと、目立たない脇道に入り、グリーンベルト運動の本部事務所の前で止まった。グリーンベルト運動は、解剖学を専攻し、東アフリカで博士号を取得した初の女性、ワンガリ・マータイが、のちに世界環境デーと定められた一九七七年六月五日に、たった七本の苗木から始めた運動だ。そのうち今も残っているのは二本だけだが、グリーンベルト運動はいまや全国的な運動に発展をとげた。創立以来、各地の村落に住む女性たちを中心とするグリーンベルト運動のメンバーたちは、ケニア国内に三〇〇〇万本以上の木々を植えつづけてきた。

ケニアに前代未聞の大変化をもたらしたこの運動の本拠地は、簡素な建物だった。国土の三分の二が乾燥したケニアでは、樹木は最も貴重な自然資源のひとつだ。グリーンベルト運動はその活動をとおして、この森林資源を無計画な乱伐による消滅から守るとともに、表土の流出を食い止めてきた。実に十万人以上の（主に女性の）ケニア人たちに向けて環境保護の大切さを啓蒙し、彼女たちが一家を賄うのに十分な薪を手に入れる機会を提供し、生活を支えてきた。さらにこの運動は、女性たちが植樹と育樹によって若干の収入を得られるようにすることで、女性の地位向上にも努めてきた。これによって、女性たちは食料不足を補い、子どもの教育費を払えるようになったのだ。

九〇年代初頭からグリーンベルト運動で活動してきたンジョグ・ハカレは、私たちを、長い母屋の後ろにある、金網で囲われた小さな場所に連れて行ってくれた。そこに並んでいたのは、数え切れないほどの黒いビニール鉢――高さ約二十五センチ、直径は十二センチ弱――で、縁ぎりぎりまで入った赤茶けた土の真ん中には、いつの日かイチジクやユーカリ、プラムの木へと成長するはずの小さな緑の芽が顔を覗かせている。小柄で熱意にあふれるケニア人ガイドは、この小さな苗木が同郷人たちにどんな変化をもたらしたのか語ってくれた。

「みんなは環境保護の取り組みと、生活必需品の調達、毎日の生活における課題、そして家族の存続との結び付きを理解するようになりました。みんなが積極的に関わるようになったのは、その結び付きを理解しているからです。グリーンベルト運動が成功した秘密は、それに尽きますね」

なかでもイチジクの木は、ケニアでは特別な存在だ。人口の三分の一を占めるケニア最大の民族集団、キクユ人にとって、ムグモ（イチジク）は神聖な樹木であり、強さと持続のシンボルとされている。成長した幹の外周は数メートルにも及び、梢は雨よけ屋根のように大きく茂る。

「人々は、コーヒーや茶のプランテーションを作るために森林を徹底的に伐採することが、なぜ破滅的な結果をもたらすのか、理解する必要があったんです」と、カハレは続ける。

わずか一〇〇年足らずのあいだに、ケニアの森林規模は以前の五％以下にまで激減してしまった。環境のバランスは劇的に悪化し、薪を集める農村住民――主に女性と女児たちの役割だ――は、以前よりずっと遠くまで探しに出かけなければならなくなった。茶やコーヒー、砂糖の栽培は、当初こそ農民に収入をもたらしたものの、やがては世界市場での価格低迷と政府の買付担当者の腐敗が、その不安定な基盤を再び危機に陥れた。農家は家族に温かい食事を作るための薪すら手に入れられなくなった。ケニアでは電気を使える層は人口の約一％ほどに過ぎず、地方では皆無に等しい。飲料水についても事情は似たようなものだ。水道が利用できる住民は、市街地では住民全体の二〇％で、地方では四％以下になる。それ以外の人々は、この貴重な資源をお金を出して買い、ポリ容器に詰め、何キロもの家路を歩いて帰らなければならないのだ。

各地の村々を訪れたグリーンベルト運動の職員たちは、森林の完全伐採が進むとともに、一世紀にわたって培われた自然への敬意が失われてしまったことに気づいた。ワンガリ・マータイは、ノーベル平和賞の受賞講演でこう語っている。

「私たちが緑の保全について語るとき、ふつうは文化のことまでは考えないものです。しかし私たちは、グリーンベルト運動をとおして、文化が持つ環境保全的な側面を見失ってしまった共同体があることに気づかされました。文化は、自分たちが何者なのか、そして自分たちをどう捉えるのかという認識を決定づけます。自然に対する態度が変われば、文化と、それが持続的発展に果たす役割についての態度も変わります。世界遺産に認定されたアフリカ第二の高峰、ケニア山は、山頂を氷河で覆われ、それがケニアの河川の源流になっています。その氷河が、気候変動、森林伐採、農耕地の浸食などが原因で、溶けはじめています。山から伸びる河川の多くは干上がるか、大きく水位が低下しました。森林が減るにしたがって、生物多様性も脅かされています。かつてケニア山はキクユ人にとって神聖な存在でした。文化がもたらす山への畏敬の念が今も続いていさえすれば、人々が違法な伐採や森林開拓を許すこともなかったでしょう」

樹木の大切さは、どれだけ重く見ても過大評価にはならない、というのがワンガリ・マータイの感覚だ。

「木々は土地を癒し、貧困と飢えのサイクルを断ち切る一助になります。木々は燃料や建材、垣根、果実、飼い葉、日除けの源となり、同時に自然の美しさをもたらしてくれます。これは、炊事や暖を取るのに使う薪やきれいな水を遠方まで取りに行くなどして資源不足を賄い、資源がなくなれば、それに代わる資源を育てたり集めたりする役割を担う女性にとって、特に重要なことです。樹木と原生林は、土壌を健全に保ち、浸食を食い止め、きれいな水の源である河川を守り、定期的な降雨をもたらすことで干魃の発生を防ぎます。そして、木々は素晴らしい平和のシンボルです。木々は生き、私たちに希望を与えてくれます。木々は実際に平和をもたらす場でもあります。私の属しているキクユを含め、多くのアフリカの共同体では、その下で住民や集団同士の諍いを解決するための、特別な木が決められていますす。こうした形でも、また他のさまざまな形でも、木を植えることは、紛争の可能性を減らし、平和を育んでくれるのです」

新たな出発と腐敗のはざまで

約一五〇〇平方キロの土地に二八〇〇万人が住むケニアの首都、ナイロビ。西洋人にとって、この地を本当に理解するのはそう簡単なことではない。富める者と貧しい者のあいだには著しい格差がある。わずかな超富裕層が派手な高級車で四車線のケニヤッタ通りを飛ばし、最高級ホテルでディナーを楽しむ一方で、痩せ衰えた子どもを抱えた物乞いの母親たちが中央分離帯の植え込みに横たわっている。彼女たちは赤ん坊に五十セントのマラリア治療薬を買うことすらできない。自家用車は平均的な市民には手の届かない贅沢品だ。自転車を見かけることはほとんどない。そしてバスと鉄道からなる公共交通網はごく貧弱ときている。

だからケニア人は、「主な交通手段」を自分で賄うしかない。しばしば何時間もかけ、彼らはひたすら歩く。職場へ向かい、学校に通い、水を汲み、薪を集めるために。都心のビジネス街と呼ばれている地域には、せいぜい四〜五本の通りに、旧ソ連のプレハブ建築のような風情が漂うオフィスビルが迷路のように立ち並んでいるだけだ。西洋のブランド品を見かけることはない。繁華街のなかにも、国際的なファッションデザイナーの店舗や知名度の高い日用品ブランドはまったくない。そんな贅沢品を買える少数の層は、アメリカに、そして近年は足しげくアジアに、買い物旅行に出かけるのだ。その一方で、慢性化した政治腐敗は、ケニアに対する外国企業の投資意欲を失わせている。

だが、旅行者が都市部の最底辺に迷い込むことはほとんどない。ナイロビは「冷たい水」を意味するマサイ語、〝エワソ・ナイロビ〟にちなんで名づけられたが、五十万人が住むスラム街のキベラ地区の人々にとっては、この都市には澄んだ水など存在しないも同然だ。キベラは最悪な住環境で悪名高い。下水道とトイレが整備されていないため、住民はビニール袋に排泄物を詰め、そこら中に投げ捨てる。そうしてできた「空飛ぶトイレ」と呼ばれる小山は、さまざまな病気の元凶になっている。

二〇〇二年十二月に成立した、この国初めての民主政府は、よりよき未来と経済のための新たな出発の徴としてもてはやされた。しかし二十四年にわたって権力をふるい続けたダニエル・アラップ・モイ前大統領が去った時点で、ケニアは世界で最も腐敗し、最も多額の負債を抱える最貧国のひとつに転落していた。モイ政権の末期には、開発援助のための支出はGNPの三％以下にまで落ち込んでいた。

二〇〇三年三月号の金融専門誌、『インスティテューショナル・インベスター』によるケニアの信用格付けは、百点満点でわずか二十二点と、格付けされた一五〇カ国中一〇五位に留まった。日常生活では、この事実にはっきりと直面させられる。経済は破綻し、すぐにでも教育・保健分野に振り向けられるべき投資が行えず、蔓延する貧困と歯止めのきかないエイズの伝染が、かつては「アフリカの発展のエンジン」と呼ばれたこの国の内実を蝕んでいる。働き口のある労働者が得られる給与は月に一〇〇ユーロにも満たず、しかも労働可能な人口の半数以上が失業状態にある。しかしその過程で、ケニアのメディアはこの嘆かわしい状況を、はっきりと、そして繰り返し報じるだけの力をつけてきた。

二〇〇四年十二月三十一日のザ・スタンダード紙で一面を飾ったのは「キバキが権力の座についてから二年が過ぎた現在も、ケニア人はいまだに国民虹の連合党（NARC）が約束した新たな出発を待ち望んでいる」という見出しだった。この記事では、ケニア人権委員会の議長を務めるムカウ・ムトゥア教授の言葉が引かれている。

「行政改革、人権、民主主義をめぐるNARCの誓約は、現実のものというより、うわべの言葉だけの偽善だ」

その影響はすぐに現れた。アメリカとドイツを筆頭とする援助国の国々は、ケニア政府が内閣の腐敗に対して断固たる措置を取るまで援助計画を中断することを決めた。その結果、ムワイ・キバキ大統領と内閣にとって、国民と海外投資家のケニアへの信頼を回復し、国際的な無関心から抜け出すことが一番の課題となった。ケニアは紅茶と除虫菊（天然の防虫剤）、生花の輸出では世界一であるにもかかわらず、世界で最も貧しい三十カ国のひとつで、トランスペアレンシー・インターナショナル[*1]によれば、世界で最も腐敗した二十カ国にも入っている。

ワンガリ・マータイ自身もそうした圧力にさらされており、名高いノーベル平和賞の受賞も追い風ばかりにはならなかった。腐敗の源だという非難が起こる可能性を元から断つため、そして将来を見越して、彼女はためらいなく約一一〇万ユーロの賞金全額を使ってワンガリ・マータイ基金を設立した。

基金の目的は「ワンガリ・マータイの生涯と功績におけるビジョンと意義を反映した『生きた遺産』を確立し、公正で平和な、大地を尊重する人間共同体の発展のために積極的に貢献することです。ワン

＊1 世界各国の政府の汚職監視を行っている国際NGO

ガリ・マータイ基金の目標は、アフリカの人々が自分たちの文化遺産を再発見し、ほんの少し前まで地球を保全してきた祖先の知恵から学ぶようになることです。基金はアフリカに平和・公正・平等の文化を育み、次世代のあらゆる生物種にそれを引き継ぐことを目指す」ことだ。

この熱意にあふれる継承者は、これらの目標を「持続的生活を送るための土着の知恵と実践を復権させ、地域共同体を活性化し、環境を再生し、信頼できる行政を取り戻す」ことで達成しようとしている。

平和への道としての環境保護

オスロのノーベル委員会は、二〇〇四年にワンガリ・マータイを選出することで、平和の実現には環境保護が欠かせないという明快なメッセージを発した。委員長のオーレ・ダンボルト・ムヨスは「環境保護問題がノーベル平和賞選考の議論を決定づけたのは、これが初めてです」と語っている。

「私たちは平和の概念に、新たな次元を加えたのです」

ケニアの環境副大臣となったマータイ自身も、しばしばこの宣言を掲げてきた。それは「人間が資源を破壊し、それが希少になると、人間はそれをめぐって戦うようになる」からだ。そしてノーベル賞は、彼女の行動に対し、正当さのお墨付きを与えることにもなった。

「ケニアとアフリカが多くの課題に直面するなかで、ノーベル賞の受賞は希望の象徴となりました。この賞が、私たちの政府と国民がアフリカや世界の国々の良い見本となり、どんなに大きな問題にぶつかっていようと、環境を守り、未来の世代のことを考えることはできるのだと証明するための助けになってほしいと思っています。私がアフリカ人に伝えたいメッセージは、私たちの課題の解決策は、私たち自身のなかにあるのだ、ということです。グリーンベルト運動で取り組んできた活動は、ローカルな問題に対するローカルな方策でした」

一九六三年、黒い大陸で三十四番目の独立国家となったのちのケニアは、長年白人が占有してきた肥沃な高地をめぐる地域紛争を除けば、なんとか社会的平和を保ってきたといえる。今日にいたるまで、三二〇〇万人の国民の命を脅かすような人民戦争は起こっていない。ソマリアやウガンダ、スーダンなどを見ればわかるとおり、これはアフリカではきわめて希なことなのだ。

では「ママ・ミティ」（スワヒリ語で「木々の母」の意）として公に知られるようになった彼女は、実際はどんな人物なのだろうか。キクユ人の彼女は、「聖なる山」ケニア山のそばに位置する海抜二〇八〇メートルの街、イヒテの大家族に生まれ（今日でもケニア人社会の核をなすのは大家族だ）、五人の兄妹とともに大切に育てられた。最初の家は、この地域に一般的な泥製の家だった。ワンガリという名前は、父親ムタの名字であり、すべてのキクユ人の母であるムンビの九人の娘にちなんで名づけられた、キクユの九つの部族名のひとつでもある。ムタはほとんど読み書きができなかったが、早くから教育の大切さを痛感して懸命に働き、六人の子どもを、一番長い子では十六歳になるまで学校に通わせた。たいていは薪集めや水汲みにてんてこまいで、特に干魃期には忙しさのあまりに通学をやめてしまうことが多かったが、ワンガリは毎朝四五分の道のりを歩いて通学しながら、小学校をきちんと卒業することができた。

ケネディ・エクスプレス紙は「米国の学校は、若いケニア人からすれば宝くじの一等賞にも等しい環境だ。一時は、待望のアメリカ行きビザを手に入れるために、ナイロビの米国大使館に数百人が列をなした」と書いているがワンガリ・マータイはその行列には並ばなかった。優秀な成績のおかげで、彼女は一九六〇年の、いわゆる「ケネディの列車」[*2]に乗ることができたのだ。

当時の米国大統領だったジョン・F・ケネディは、ケニアの若者に数百の教育機会を提供したのであ

＊2 実際には列車ではなく「ケネディの飛行機」。ケニア国内では昔の政治家にちなんで「トム・ムボヤの飛行機」と呼ばれることが多かった。またジョン・F・ケネディは当時はまだ大統領ではなく、ケネディの飛行機はケネディ家の基金が行っていた私的な慈善事業だった。現在の米国大統領であるバラック・オバマの父親も、この「ケネディの飛行機」でケニアから渡米している

る。大志に燃える東アフリカ人は出世コースに乗り、カンザス州のカトリック・マウント・聖スコラスティカ大学で四年足らずで生物学を修め、一九六六年にはピッツバーグ大学で生物科学の修士号を取得した。

ワンガリがアメリカに滞在した期間は五年半にわたる。本人が何度も強調してきたように、それは楽しいひとときだったが、一方で「故郷に戻り、国を助けなければならない」という思いもやまなかった。そして彼女が在米中の一九六三年十二月十二日に、六八年間イギリス植民地であったケニアは独立を勝ち取る。彼女はその歴史的な記念日を故郷で祝えなかったことを残念がった。

ケニアに戻ったワンガリはナイロビ大学の人材募集に応募し、獣医学研究所の職を得た。月給は五〇〇ドル。そして状況は目まぐるしく進む。一年後には講師に昇格し、さらにドイツの学術交換プログラムから与えられた奨学金でミュンヘン大学とギーセン大学に留学し、一九六九年にはナイロビに戻って講師として働きはじめた。一九七一年、彼女はナイロビ大学で博士号(獣医解剖学)を取得し、博士号を持つ最初の東アフリカ人女性となった。

その後もワンガリはアフリカ人女性のロールモデルとして猛進しつづけた。一九七七年、彼女は教授となり、獣医解剖学科の学科長となる。その間夫は政治の道に進み、一九七四年に国会議員に当選した。ワンガリもさらに活発に活動を始めた。全国女性協議会に参加し、一九八一年には議員立候補を試みた。この国を前進させるのは女性の力だと信じたからだ。その挑戦には代償もつきまとった。議員と教員は兼任できないため、大学の職を辞さなければならなかったのだ。

その傍ら、私生活では、一九六七年には社会学者で経済学者のムワンギ・マータイと結婚し、一九七〇年には長男ワウェルが生まれている。しかし万事が順調というわけではなかった。彼女は政治家の夫のよき伴侶として彼を支えるのではなく、自分の志を抱いた。怒り心頭に発した夫は、自分の妻が「あまりにも学があり、強く、成功し、強情で、制御不能」だという理由で、一九七九年に離婚訴訟を起こす。ふたりの「薔薇戦争」は泥仕合になり、これが将来のノーベル賞受賞者の人生のなかで最も辛い出来事のひとつになった。彼女は再婚することなく、同郷の多くの女性と同じように、二人の子どもを自分ひとりで育てた。

時が経つにつれて、ワンガリは女性を取り巻く状況の悲惨さをますます強く意識するようになった。多くの父親は子どもの面倒を見ない。たいていの場合、女性は土地の所有権を持つこともできない。社会制度は不合理だったり、そもそも存在すらしなかった。問題点は、いちいち数えあげれば図書館がいっぱいになるほど山積していた。

そして一九七六年、ワンガリはケニアの全国女性協議会に加入し、環境保護委員会の議長となる。NGOの雄弁なスポークスパーソンとして国際会議に参加した彼女は、女性問題と環境保護に関する講演によって、世界的に知られるようになった。

ワンガリは「本当の意味でケニアの女性を救うには、彼女たちの生活基盤を維持しなければならず、そのためには環境の保全が第一に重要だ」と考え、自身の生涯を環境保護に捧げている。しかし、正しく機能するはずのエコシステムが、ケニアでは危機に瀕している。

「残された森林はわずかです。人口は増えつづけ、皆が作物を耕作できるだけの土地は残っていません。私たちはこの八十年間、林業のために、原生林を切り開いて外来種の樹木を植えてきました。そうして植林が進むと、次は外来種の森林のそばで作物を育てることが推進されるようになりました。シャンバ・システムと呼ばれる方法です。このシステムこそ、私が原生林から一掃しようと闘ってきたものなのです。私は政府と現地の両方に向けて、原生林の皆伐や林内耕作をやめるように訴えつづけていきます。森林が伐採されると河川は干上がり、生物多様性は失われ、降雨も不安定になります。これは農民の生活を脅かしますし、動植物の生息地が失われるため、他の生物種にも負の影響を与えます」と、ワンガリは言う。

ワンガリは模範的なやり方でグリーンベルト運動を立ちあげることで、持続性のあるプログラムを作り出し、それまでほぼ存在しなかった、ケニアの女性と環境に向けての援助を提供しつづけている。彼女は問題の原因を認識していたし、彼女の言葉を借りれば、「問題に気づいたら、どんな解決策が取れるか考える」のだ。その結果は、すでにさまざまなところで語られ歴史の一ページとなっている、グリーンベルト運動のサクセスストーリーだ。グリーンベルト運動の考え方と手法はアフリカ全土に広まり、それぞれの土地の事情に合った形で根を下ろしている。

だがワンガリは最初から、ただ木を植えるだけでは十分ではなく、そのための経済的な支えを提供しなければならないことにも気づいていた。そこで、定着した木一本につき、その木を植えた女性に五シリングを支払う報奨制度を立ちあげて、木々を提供してくれるスポンサーを募った。まもなく彼女は、国連女性開発基金や国連環境計画、ハインリッヒ＝ボール基金、ドイツの女性誌『ブリジット』といった組織から支援を取り付けて、その資金で苗床を作り、ボランティアを教育し、苗木を植える女性の訓練を始めた。私有の空き地に苗木を植えるという第一のステップに区切りをつけたのち、グリーンベルト運動は、教会、学校、病院の周囲など、より公共性の高い土地と、危機に瀕した森林への植樹に注力するようになった。

しかし、闘う教授としての名声が広まるとともに、彼女自身はより危険な目に遭うことになった。彼女の運動は、公共地を私有化して、富裕層向けの高額不動産にしようと企む連中の目の上のたんこぶだったのだ。

一九九二年に、ウフル公園に六十二階建てのケニア・タイムズ・タワーを建設する計画――アラップ・

モイ大統領は、このタワーの頂上に自分の英雄像を設置するつもりだった——を中止させたときは、彼女の事務所がゴミで埋もれた。その後は、報復を恐れるあまり、誰も彼女に部屋を貸そうとしなくなったため、彼女は自宅で組織運営を続けなければならなくなった。今では、状況はますますひどくなっている。ワンガリ・マータイは幾度となく嫌がらせを受け、叩かれ、警官に拘留された。何度となく投獄されたが、釈放されると彼女は闘いを再開した。

一九九九年一月に、ナイロビに残った最後の緑地帯であるカルラの森の大規模な開発計画を食い止めたときも、彼女は再び世間から袋叩きに遭った。彼女を守るのは、国際的な名声と、彼女に共感していた諸外国の外交官たちの手厚い保護だけだった。

二〇〇二年に国民虹の連合党（ＮＡＲＣ）から立候補し、投票区のほぼ一〇〇％に近い投票を得て政治家となったことで、彼女はついに政府の立場から自分の関心を訴える機会を手に入れた。二〇〇三年には、ムワイ・キバキ大統領が彼女を環境副大臣に任命した。このとき彼女は、こう語っている。

「行政の一員になるのは本当に興奮しますし、強いやり甲斐を感じています。ついに私が待ち望んでいた変化を、自分自身の手で実現できるチャンスを得たのですから。私たちはこれまでのやり方を見直します。なかでも最大の課題のひとつは、これまで続いてきた、不正と腐敗に満ちた行政の改善です。ケニア人はこの政府に大きな期待を抱いています。私は今も議会に足を踏み入れるたびに、その栄誉と責任の重さを同時に噛みしめています。それから私は、三〇〇〇万人のケニア人女性のうち、この機会を得たわずかな議員のひとりでもあります。この議会には女性の数が足りません。女性の議員は全体の一〇％以下なのです」

彼女はさまざまな問題に対して逃げ腰にならず、正面から取り組んでいる。

「ケニアでは森林の面積が国土の二％以下に減っていますが、国連は人が暮らす土地には最低一〇％の水準を維持するよう推めています。人間が生き延びるためには、彼らの生命を保つ環境もまた生き延びなければならないのです。政府は環境保護を主導しなければいけません。環境保護のための特別立法がなければ、繊細なエコシステムは、長年どころか短期間だけ維持するのも難しいでしょう。環境の管理と保護は世界レベルの問題であり、責務でもありますから、『環境を保護する』という政治的意思と大衆の合意を世界規模で持つことができなければ、環境が私たちに与えてくれる膨大な恩恵は失われ、そのツケは未来の世代が負うことになるからです」

自分自身を超える

数え切れないほどの電話交渉の末に、私たちは二〇〇五年一月五日、ナイロビにあるワンガリ・マータイの事務所「マジ・ハウス（水の家）」で、彼女と会う約束を取り付けることができた。

五畳ばかりの広さの受付にふたりのアシスタントが詰めていて、周囲には手紙やコード類の束、小包、手書きのポスターなどが積み上がっていた。ノーベル賞受賞を祝う手紙と嘆願書でいっぱいの郵便袋が、ナイロビ郊外の丘の上にあるこの事務所まで毎日届けられているのだ。ふたりの女性は一通一通の手紙を辛抱強く開封して、内容別に仕分ける作業を続けていた。もちろん、すべての手紙に返事をしていますよ、と頷く彼女らの傍らでは、世界中からやってきた人々が廊下に列をなしている。

私たちはオーストラリアからの来客と日本の教授団との会合のあいだに彼女にインタビューする予定だったが、私たちの番が来る前に、通路の奥にある控え室でお待ちください、と伝えられた。控え室の広さは受付の三倍以上あったが、雰囲気も三倍よそよそしかった。ここには時間も、機能的な家具を買う予算もないようだ。

三十分後に私たちの名前が呼ばれた。ワンガリ・マータイ本人がドアの前に立ち、挨拶代わりに私たち三人を温かく抱きしめてくれた。彼女はふだんと同じく、キテンゲという伝統的な長い丈の、茶色と金色に彩られたドレスを身にまとっていた。執務室は控え室よりもひと回り以上大きく、彼女はここで個人秘書と一緒に仕事をしていた。彼女は満面に笑みを浮かべて「ジャンボ」と口にした。「こんにちは」「さようなら」「ご機嫌いかが?」を束ねたような意味を持つ、伝統的な挨拶の言葉だ。

●今やあなたは、世界中でたくさんの人々のロールモデルになっています。あなたにとってのロールモデルは誰だったのですか?

そうですね、意識してはいなかったけれど、ロールモデルは何人もいたと思います。最初は母。私が生まれて初めて出会った人間だった彼女が、私の初めてのロールモデルで、それは長年続きました。母はほんの数年前に亡くなりましたが、私は母をずっと尊敬してきました。最初に物事を教えてくれる人たちは、みな強力なロールモデルになるんだと思います。それからもちろん、今まで関わってきた友人たち。自分と似ているところがあったり、いいなって思えるところがあって、良くも悪くも自分に影響を与えてくれるから友達になることって、あるでしょう? そういう友達も、ロールモデルなんです。ケネディみたいにもっと有名な人とめぐり会うのは、ずっとあとのことでした。ケネディを知ったときには、なんて素晴らしい人だろうと思ったものです。ケネディは私が二〇代のころに大統領になり、私は米国に渡ることになりました。彼は私の考え方に、今も影響を与えていると思います。

●「国があなたのために何をしてくれるかではなく、あなたが国のために何ができるか考えよう」ですね。

そう、そのとおり。私は今もそこにこだわっているんです。その姿勢には、今も大きな意義があると思います。特に私が関わっているような仕事ではね。それから、マザー・テレサのように、自分の信念に基づいて、自分の人生を他者に捧げた人たちがいますよね。彼女やマンデラのような人たちと、ノーベル賞受賞者として仲間入りできたことは、本当に光栄に思っています。そういう人たちもみんな私のロールモデルでした。私の人生にとって、とても大切な存在です。でも、これを忘れちゃいけないんですけど、人格は一緒に暮らした人々によって形成されるもので、その意味では、誰かを育て、その子が正しい行いをしてると信じてくれた人たちは、全員その人にとってのロールモデルなんだと思いますね。

●平和と民主政治は、環境とどういう関係にあるのでしょうか。

私にとっては、環境と民主主義はいつも深く結びついています。私たちが環境について議論するとき、そこにはたいてい、自分たちの資源を適切に差配して、みんなの人生の質《クオリティ・オブ・ライフ》を向上したい、という思いがあるんです。私たちは、そうした資源を正常で健全なかたちで利用したいと思っています。

でも、いくら自分はきれいで健全な環境のなかで暮らす権利があると思っていても、それを実際に享受するには、その権利を他のさまざまな権利とともに尊重し承認してくれる、民主的な政府が必要になります。逆に市民がその権利やそれに伴う責任を認めなかったら、環境の正常化はできないでしょう。環境が正常でなければ人間は生活を支えられなくなるから、人々は民主的なシステムを作るかわりに、資源をめぐって互いに争うことになる。つまり、自然資源を持続的に活用する方法を考えないかぎり、貧困問題は解決できないわけです。

貧困にあえいでいる人は、自分たちの行動が長期的に見て森林や河川、野原、動植物にどんな影響をもたらすか、考えたりしません。でも、そうした資源が減ったり失われたりすれば、貧しい人はさらに貧しくなってしまいます。私は、グリーンベルト運動がその解決策のひとつであると信じています。それに、過去や現在の紛争の多くは、土地や森林、鉱物、原油、水、種子などの資源をめぐって起きているでしょう？　つまり世界と地域の自然環境を保護することは、平和の維持に欠かせないことなんです。

●あなたとグリーンベルト運動が直面してきた一番大きな課題は何ですか？

一番厄介だったのは、これまでの政府が「女性を動員して種苗を作り、木を植える」というグリーンベルト運動の活動を敵視していた、ということでしょうか。それに政府は、女性を教育し、知識を与えるという考え方自体にも反対でした。それは、本来なら環境を守るべき政府自身が、実際にはしばしば森林と環境の敵になっていることを、一般市民に気づかれたくなかったからです。人々がその関係に気づけば、彼らは政府が政策を改善し、民主的な場を作り、環境を守り、自分たちの責任ある代行者になることを要求しはじめるでしょう。あのころ私たちが批判されたのは、森林破壊をしないよう政府に訴えたからなんです。私たちは武装警官やガードマンと衝突して、商業的搾取を防ごうとしていた緑地から物理的に排除されました。怪我することもあったし、投獄されることもあったんです。

●あなたはこれまで、ずっと順法的なやり方で活動してきましたね。暴力を振るってきた敵対者たちに、暴力でお返ししてやろうとしたことはないんですか？

うーん……、それは私たちの活動に内在する要素でもあるし、状況的にそうするしか道がなかった、という面もあります。ある時点で、法律を破れば、権力者が私たちの運動をやめさせる名目を与えてしまうことに気づいたんです。ですから、私たちは良い法律には可能なかぎり従うけれど、悪い法律とは闘います。法を破るんじゃなくて、挑戦する、ということです。そうして挑戦を続けていれば、悪法は改正すべきだって主張に賛同してくれる人も増えてくるでしょう。

たとえば、この国には大統領が公共の土地を個人や法人に供与することを許す法律がありますが、その用途は公共の福祉に限る、ともはっきり謳われているんです。もし大統領が自分自身や友人や政治的支援者に国の土地を提供したら、それは公共のためではありません。大統領にはその権限が与えられているから、法律違反にこそならないけれど、彼は不正な目的でそういう便宜をはかるわけです。そんなときは、私たちは異議を申し立てて、それは間違いだと訴えるわけです。

残念ながらモイの時代には成果を上げられなかったけれど、今この政府なら、不正や違法行為も、さっきの土地供与の法律も、徐々に変えていけると私は信じています。実際に、今では土地供与法の改正のために多くの議論が重ねられているんです。

●「木を植える」というあなたの構想はとてもシンプルですよね。成功した秘訣なんでしょうか?

そうね、成功するアイディアというのは得てして非常に単純で、多くの人が「どうして思いつかなかったんだろう」って自問したりするものですよね。ただ、私がこの活動を始めたときは「木を植えるのはとってもシンプルだからやるべきだ」とは言いませんでした。

私たちが言っていたのは、私たちが取り組むべきは、十分実行可能で、安上がりな活動でないといけない、ということなんです。あまりお金がかからず、自分たちに縁のないような高度な技術もいらないことを考えると、必然的にシンプルな活動に落ち着いたわけですね。

活動を始めたとき、私は「林業をやっている人たちに、木の植え方を教えてもらいましょう」と言ったんです。でも、いざ実際に専門家を呼んで木の植え方を教わってみると、彼らの話はとても難しくて学術的でした。彼らは苗床が必要だ、って言うんですが、その苗床のことが私にはちんぷんかんぷんなんです。私は林業家じゃなかったから、噛んで含めるように教えてもらわないと理解できなかったんですね。専門家が言うには、ともかく苗床は深く掘らなきゃいけない、と。その苗床に順番に砂利を敷いて、砂を敷いて、その次に肥えた土を敷いて、一番上に森林の土を乗せる。これがそれまで林業家たちが教えられてきた苗床の作り方なんだけど、村の真ん中や砂漠では森林の土は手に入らないから、私たちは別の方法を考える必要がありました。だから私たちは彼らのやり方には従わないことにして、こう言ったんです。

「自分たちの常識を働かせて、薪を集めるときに見つけた種を、割れた壺に入れておきましょう。枝拾いをしている場所には種があるはずだし、その種がいつ発芽するかもわかるから」って。

とにかくシンプルにやる、という判断が、私たちの活動をすごく単純で、簡単に実践できるものにしたんだと思います。みんなが「これなら自分たちにもやれる」って感じたんです。

●その成功は、あなたにとって何を意味するんでしょう?

今までは成功の意味を考えたことはなかった気もしますけど、成功とは目標を達成することなんじゃないかと思います。そして、目標はたくさんあります。

ここで女性のエンパワーメントについて、成功だと言えそうな例を話しましょう。私は当初から、ケニアの農村女性のことを頼りにしていて、実際にも彼女たちこそがグリーンベルト運動の成功の鍵でした。彼女たちは自分の手による育樹と植樹というやり方をとおして、「環境を維持・再生させるか、それとも破壊するのか」という選択権を本当の意味で得ることができました。そして誰かがグリーンベルト運動に参加するたびに行ってきた教育によって、みんなは植樹や森を伐採から守るために闘うことが「民主主義や社会的良識を尊重し、法律と人権、女性の権利を遵守する社会を作る」という、もっと大きな使命の一部だということを自覚していったんです。彼女たちはリーダーとなり、苗床を管理し、林業家と協力し、雨水の貯蔵や食料確保といった共同体ぐるみのプロジェクトを立案・実行しています。こうした経験すべてが彼女たちの自信につながり、自分の生き方を決める力を与えてくれるんです。

●課題に直面した女性は、会議を開くかわりに、すぐに行動を開始しますね。それは単に女性が純真で素朴だからなのでしょうか、それとも環境を守るための素晴らしい特性なのでしょうか。

なぜ私たちが女性独特のやり方で行動するのかは、私にもはっきりしたことは言えません。女性はそういう風に教育され社会化されているからかもしれないし、この社会で女性に与えられている政治的権力や経済力の問題が関係しているのかもしれない。

それから、行動に駆り立てられる人々は、その人を取り巻く環境、今いる場所のなかで行動をしなければならない、というのもあるでしょうね。木を植えに私のところにやってきた女性たちも、私たちに「木を植えてほしい」とは言いませんでした。彼女たちは「薪と衛生的な飲み水がほしい」と訴えていたんです。

●電気については？

電気はなかったけれど、木はたくさん生えていました。だから薪は多くあったはずなんですが、そのころのケニアはまだ独立直後の、紅茶やコーヒーのような現金作物を大がかりに栽培するようになったばかりの時期で、そのために大地を切り開き、多くの木を切り倒したんです。いま現金作物の栽培を後押ししている連中は、女性がどこから薪を調達してくるのか、なんてことは考えていません。そんなことは頭の中にないんです。あるのはお金だから。

それから、森林にも問題がありました。長年にわたって林業振興のために使われてきたからです。当時の発想は、原生林を伐採して、そこに二十年から三十年おきに収穫できる外来の植物を植えるというものでした。この国の木材産業が振興するのは林業の関係者にとっては素敵なことでしょうけど、今でも毎日水を汲んでいる川が日々干上がってゆくのを見ている女性の立場からすれば、ぞっとする話なわけです。私は昔から自然を愛してきたけれど、一九七〇年代中盤には環境と人々の生活にどんな関係があったか、だんだん気づくようになりました。

私が幹部を務めたケニア全国女性協議会で出会った農村の女性たちは、彼女たちのニーズを私に伝えてくれました。それらすべてに共通する縦糸は、みんなの周囲の環境が破壊されつつある、ということだったんです。木ならその問題を解決できます。木を植えれば、彼女たちが今まさに求めているものも提供できるし、衰えたエコシステムを回復するのにも役立ちます。だから私は彼女たちと一緒に苗木を育てて、私有地に植えはじめました。苗木育てには報酬を出したので、若干の収入を得られるようにもなったんです。

この問題に立ち向かうには、根本から取り組まなければいけません。私は権力からほど遠いところにいたから、大臣になって事態を改善しようとは思いませんでした。ただ警告を発したり不満を訴えるつもりもありませんでした。その当時は、どのように不満を訴えればいいのかも本当には理解していなかったからです。だから私は「問題の根本に立ち返りましょう、木を植えましょう」と言って、事態に抵抗することにしました。そうしたら実際にみんながついてきてくれた、というだけなんです。だから最初のきっかけは「問題そのものに立ち向かう」という発想で、それは女性的な考え方なのかもしれないけど、他に方法がなかったというのも事実なんです。

●何があなたを前進させるのでしょう？　あなたはどこから力を得ているのですか？

おそらく、今後やらなければいけない仕事の膨大さを認識することで、力というより、エネルギーが湧いてくるんです。ここではまだ、やるべきことは山ほどあるし、休んでいる時間はありません。そして私は、自分が長生きすることくらいしか望めないですから。毎年、自分にはもうわずかな時間しか残されていないと思ってますよ。

●かつてあなたは、自分の味方になるのは危険なことだから、友達すら持たないようにしていて、そのせいでとても孤独な思いをしている、と語っていましたね。そのころはどうやって過ごしていたのですか？

心の底では「自分が正しい」という確信があって、それが自分を勇気づけてくれたんだと思います。

私はいつも、自分たちの活動はただ木を植えるだけのことじゃない、と思ってきました。これは、人々が自分たちの環境や政府、生活、そして未来について責任を持つように啓蒙する活動なんです。私は自分のためだけでなく、もっと大きなもののために働いていいるんだとわかりました。それを知ってから、私は強くなれたのです。自分のことだけを考えているときは、あれこれ心配や不安に感じます。でも、自分以外のものに対して活動をしているんだとわかれば、そうした恐れや不安は消えていくのです。

●若い人たちに向けてのメッセージをお願いします。

私は受賞演説で、若者は共同体への贈り物だという話をしました。そして大切なのは、若者自身がそれを自覚することです。自分たちは共同体への贈り物で、みなに愛され、共同体の未来を担う存在としてみんなに望まれ、求められているんだ、ということをね。

特にノーベル平和賞を受賞したことを機に、若い人たちに呼びかけたいことがあります。

彼らには、どんな困難や制約にぶつかっても、そこには希望があるんだということを知ってほしい。そして、公共の利益にかなうことをしてほしいんです。私は自分の経験から、他者への奉仕には他では得られない素晴らしい見返りがあることを学びました。だから私は、古い環境観にとらわれなくていい若者たちにも、多くの希望を持っています。

それに環境保護の運動をするには、別にたくさんのお金を使ったり、他のことを諦めて一途に打ち込む必要はありません。単に、紙をリサイクルに出す前に裏面も使うようにするだけでも環境保全につながりますからね。もちろん、上の世代が誤ったやり方で環境を扱ってきたツケを負わされている若い人にとって、状況は深刻です。どこかで方向を変えないかぎり、今後の世代は不毛な環境を引き継ぐことになるし、その問題は食糧不足、土壌の衰え、さらには社会不安にも直結するでしょう。

私たちはグリーンベルト運動をとおして、若い世代が環境運動に取り組むのを支援してきました。彼らに、環境を守るのは楽しいだけじゃなくて、自分たちの義務でもあるんだ、という見方を教え込んできたんです。

若い人たちには、自分を大切するように、自分たちに与えられた機会を活用するように、自己破壊に陥らないように、とも訴えたいですね。そして、未来はあなた方のもので、私たちはあなた方を愛している、そしてあなた方には私たちが夢見たことを実現してほしい、と。

ここで私たちの時間は尽きた。彼女はふたりの若いアシスタント女性にスワヒリ語で短い指示を出し、私たちは別れの挨拶をした。ワンガリ・マータイは順番待ちをしていた日本人の来客に向き直り、「ジャンボ」と、温かく親しげに呼びかけた。(1)

やり通すのが私たちの使命

一九八〇年代、ケニア全土で観光産業が大繁盛した時期がある。三十の国立公園を中心とする他では見られない動物群と、ヤシの生い茂る西海岸の絶景のビーチが、この一大産業の核になっていた。だが、二一三人の死亡者を出した一九八八年八月の米国大使館襲撃と、二〇〇二年十一月のモンバサ周辺でのイスラエル観光客襲撃は、観光産業に大きな痛手を与えた。

二〇〇二年十二月の総選挙でムワイ・キバキが率いる国民虹の連合党（ＮＡＲＣ）が絶対多数を獲得し、政権交代が起こってからは、事態は徐々に改善されつつあるように見えた。しかしこの間、この四十二の民族集団に分断された国家の政府は、蔓延した汚職や腐敗を正すどころか、真剣に取り組んですらこなかったという徴候も見られる。大統領は清廉の人として尊敬されるジョン・ギトンゴを外務大臣に指名し、腐敗撲滅局の任を与えたが、その彼が悟ったのは「腐敗が息を吹き返している。あの怪物は生きていた」ということだった。[*3]

上がらない成果、果たされない約束への非難はワンガリにも向けられ、それはときに環境活動家としての彼女の忍耐の限界に迫るものだった。耐えなければならなかったのはそれだけではない。議会は彼女の提出した森林保護法を否決し、その結果、ケニアは今でも毎年約二〇〇〇ヘクタールの密林を失いつづけることになった。キバキ大統領は彼女から決裁権を取りあげ、権限のない名目上の大臣職に追いやった。だがケニア人口の五二％を占める女性たちと言葉を交わしてみれば、彼女たちの物怖じせず、活発で、強い性格をすぐに察することができるだろう。彼女たちは自国のノーベル平和賞受賞者に対して、計り知れないほどの敬意を抱いている。弁護士やケースワーカー、起業家のような人々にワンガリのことを聞くと、全員がこう答える。ワンガリは単に環境保護のロールモデルなのではない、彼女は勇気と希望のシンボルそのものなのだと。

美容院を経営するナンシー・ウェットスタインは「彼女は『やればできる』ことを身をもって示してくれたし、本当に一〇〇％誠実な人物です」と語る。

また、レストランで働きながら三人の娘をひとりで育てている三十一歳のクリスティン・オティエンドにとって、ワンガリ・マータイは自分自身の内にも感じられる強さを具現化した人物だった。すなわち「自分の好きなようにやること、揺るがないこと、学ぶこと、自分の真価を知ることの強さ」を。彼

＊3
ジョン・ギトンゴは二〇〇五年に職を辞し、イギリス亡命のちに主要閣僚四人による巨額詐欺事件を告発した

女は子どもたちを大学にやりたいと考えていて、自分自身も小さな事業を起こすのが夢だった。彼女の決意は固く、毎月細々と二十米ドルを貯金するのがやっとでも、誰もが彼女の成功を信じて疑わなかった。

私たちは、あるエネルギッシュな女性が経営している高級ホテルにも赴いた。四十六歳で、ふたりの子どもを持つ魅力的な母親でもある支配人のルーシー・カルメは、従業員からは「ミス・ルーシー」と呼ばれている。これは「オープンドア」主義の経営戦略をとる彼女自身の強い願いによるものだ。一八〇人の従業員は誰でも、いつでも彼女に会いに事務室を訪れて構わない。モンバサ空港から約一時間ほどドライブした砂浜に建つ、広大で手入れの行き届いたホテル「インディアン・オーシャン・ビーチ・クラブ」で、彼女は朝の七時から深夜まで働いている。ルーシーは、このケニアで最も成功したキャリアウーマンのひとりだ。

選挙で勝ったキバキ大統領は公約どおりに初等教育費を無償にしたものの、切望されている教育制度整備への投資や、特に十分に訓練を受けた学校教師はまったく不十分な状態にある。蔓延する貧困のため、多くの子どもは空腹のまま登校するので、授業に集中するのもままならない。現在、教師と生徒の比率は一対百で、将来もこれが改善する見通しはまったく立っていない。七十万人の高校卒業生に対して、最大六万の学習機会しか用意されていない。さらに状況を悪化させるのが、急速なＨＩＶ感染によって教師の数が劇的に減っているという事実だ。小学校卒業後から大学までの教育課程は有料で、人口の大部分には手が届かない。

特務大臣の娘であるルーシー・カルメにとっては、ワンガリ・マータイは完全無欠の存在だ。彼女はこう語る。

「そうね、だって彼女は一歩も引かないし、誰にも遠慮しないでしょ。彼女は立ち上がり、国のトップにむかって『ノー』と宣言した。その発言で自分のすべてを危険にさらすことになったのに、彼女はそんなことには構わず、確かな根拠に基づいて、それは間違いだと指摘したわけでしょう。すごい女性よね！」

ルーシー・カルメは、グリーンベルト運動の活動家たちにまだまだやるべき仕事が残されていることもわかっているが、それでも決定的に重要な何かはすでに達成されたのだと思っている。

「人々の心のなかでは、彼女はすでに変化を成しとげたの。だって彼女は、自分自身の主義主張を持って取り組み、人々に耳を貸してもらえれば、ちゃんと成功できるってことをみんなに証明したんだから。そこに利己的な動機がないかぎりは国を善くすることにつながるし、彼女はまさにそういう人だった。彼女は成功した。もしワンガリが大統領選に出馬したら、かなりいい勝負になるでしょうね。どの国の女性も彼女に一票を投じるわよ」

だが一九九七年の時点では、状況は今と違っていた。生物学の教授だったワンガリは、大統領選に立候補したが、選挙日の直前になって、NARCは、無断で彼女の立候補を取り下げたのだ。

この国の将来における最大の課題について思いをめぐらせたルーシー・カルメは、快活な支配人の顔から、真剣な面持ちへと表情を変えた。

「この国を私たちが生きるにふさわしい最高の国家にするには、って？　残念ながら、はびこる腐敗は私たちを何年も後戻りさせてしまった。今でも私たちは腐敗を目にし続けているわ。一番先にやるべきこと？　健康問題でしょうね。厚生大臣と公衆衛生計画が必要だわ。今、この件について議論が起こっているのは、とても重要なこと。とにかくこの国の公衆衛生計画はひどい有様なのよ。日々痛感するわ。人々は医療施設や薬、その他何でも、本来なら利用できて当たり前なものを使えない。国自体が健康でなかったら、どこで従業員を掴まえろって言うのかしら。

それから二番目の課題は、富める者と貧しい者の格差の増大。あまりに広がってしまった格差は政府にとって重大な問題になりつつあるわ。

三番目は、労働、仕事、教育。教育さえ受けていれば、貧困線[*4]を越えるのは簡単なの。教育があれば、人に影響を与えることもできる。そしてみんなは教育を受けたがっているの」

ワンガリ・マータイもかつて、こう語っていた。

「私たちはよく自分たちの行動がどんな結果を引き起こすかを予想して、ときに恐怖を感じます。自分が死ぬとか、今の職場で権限を失うとか、クビになるとか、そんなことを想像しはじめると、結果のほうに意識が囚われてしまうんです。でも、自分が実現したいことに集中していれば、多くの人が挑もうとさえしないようなことでも、実際に到達できます。それは私が勇敢だからでも、結果を無視しているからでもありません。私はあえて結果を予想しないことで、しばしば目標の達成を踏みとどまらせてしまう恐怖に囚われずに済んでいるんです。私たちのように、今起きている事態を理解して、強い思いを持っている人間は、疲れを感じてはいけない。諦めてはいけない。やり続けなければならない。私はいつも、重荷とは知る者の肩にかかるもの、と言っています。事態を知らない人々は心穏やかでいられるけれど、そうでない人間は懸念を抱き、行動に駆り立てられるから」

そしてワンガリは、自分の進む道が正しいということに絶対の自信を持っている。

「私たちには、まだまだやるべきことが残されています。でも私たちは、自分たちのささやかな行動がよい変化をもたらしていることを知っています。私たちがこれを数百万回繰り返せば、世界を変えられるんです――間違いなく、ね」

＊4　最低限の生活を送るために必要な収入の水準

受賞講演

（抜粋）

2004.12.10

ワンガリ・マータイ
Wangari Muta Maathai

こうしてみなさんの、そして世界の前に立ってお話させていただくことを大変光栄に思い、二〇〇四年のノーベル平和賞を受賞するという名誉に興奮しています。この賞を受賞した最初のアフリカ人女性として、この栄誉をケニアとアフリカ、そして世界の人々と分かちあいたいと思います。特に私の心にあるのは、女性と女の子のことです。この受賞が、彼女たちが声を上げ、リーダーシップを発揮する機会を得られるように勇気づけてくれればと期待しています。またこの栄誉は、老若を問わず、男性たちにも大きな誇りを感じさせてくれるでしょう。私は母として、このことが若者たちを啓発し、彼らが夢の実現に邁進することを期待しています。

この賞は私に与えられましたが、この受賞は世界中の無数の個人と組織による仕事を称えるものです。彼らはときには誰にも評価されないままに、環境を保護し、民主主義を推進し、人権を守り、男女の平等を実現しようと黙々と働いています。そうすることで、彼らは平和の種子を植えているのです。彼らもまた、今日という日を誇りに思っていることでしょう。この受賞が自分たちを代表していると感じているみなさん全員に、この機会を、みなさんが使命を果たし、世界が私たちに寄せる高い期待に応えるための一助としてほしいと思います。

またこの栄誉は、私の家族、友人、パートナー、世界各地の支持者のものでもあります。彼ら全員が、私たちのビジョンを明確化し、私たちがときに敵意に満ちた状況下でこの仕事を続けるのを助けてくれました。それから、ケニアの人々――いまも民主主義が実現できること、環境を持続性のある形で管理できることを固く信じているみなさん――にも、感謝します。

そしてノーベル平和賞を受賞したアフリカの先人たち、ネルソン・マンデラとF・W・デクラークの両大統領、デズモンド・ツツ大主教、アルバート・ルツーリ首長、アンワル・エル・サダト大統領、コフィ・アナン国連事務総長の仲間に加われることを、大きな栄誉と感じています。

あらゆるアフリカの人々がこの知らせに励まされていることでしょう。同胞のみなさん、この私たちへの授賞を、他の人々との連帯を強め、紛争と貧困を減らし、生活の質を改善するきっかけとしましょう。民主的な統治を堅持し、人権を保護し、環境を保全しましょう。私たちにはチャンスがめぐってきています。私は常に、私たちの問題の大半は私たち自身が生み出したものだと信じてきました。

私のインスピレーションの一部は、子ども時代のケニア農村部での経験や自然観察からきています。それはケニアと米国、ドイツで受けた公教育にも影響され、育まれました。私は成長とともに、森林が切り開かれて商業作物のプランテーションに変わり、それが地域の生物多様性を破壊し、森林の保水機能を低下させてゆくのを目にしてきました。私たちが一九七七年にグリーンベルト運動を始めたときの目的のひとつは、薪、きれいな飲み水、バランスの取れた食事、集会所、収入などに事欠いている農村女性のニーズに応えることにありました。

一緒に働いた女性たちは、昔と違い、そうした基本的な需要を満たせなくなってきたことを詳しく説明してくれました。その原因は、身近な自然環境の悪化と、自家用作物の農作を置き換える形で進んだ商業農業の導入にあります。しかしこうした小規模農業による農産品の価格は国際貿易によって支配されていて、正当で割にあう収入が得られるかどうかは保証されません。私は、環境が破壊され、収奪され、不正に管理されれば、結果的に自分たちと子孫たちの生活の質を損ねることになる、と理解するにいたりました。

植樹活動は、女性たちが指摘してくれたそもそもの基本的需要の一部を解決するための、ごく自然な選択でした。加えて、植樹はシンプルで、十分実現でき、そう長くない期間内に確実な成果が得られる活動でもあります。これにより、人々の関心と貢献を維持しつづけることができるのです。ですから私たちは、みんなで三〇〇〇万本以上の木を植えることで、燃料、食料、集会所、そして子どもの教育費や家計を補う収入を提供してきました。同時にこの活動は、雇用を生み出し、土壌と河川流域を改善してきました。この取り組みをとおして、女性たちは自分たちの人生において一定の力、特に家庭内における社会的・経済的な地位と影響力を獲得することができました。そして、今も活動は続いています。

長年私たちは、「自分たちは貧乏で、問題を解決するための知識や技術も足りていない」と思い込んでいたので、当初の活動には困難がともないました。みな、問題への解決策は「外部」から来るものだ、と信じ込まされてきたのです。さらに女性たちは、自分たちの需要を満たすには、健康で正しく管理された環境が必要だということを理解していませんでした。悪化した環境は希少化した資源の争奪を生み出し、貧困や、ときには紛争を引き起こすことになる、ということにも気づいていませんでしたし、国際的な経済協定における不公正の問題にも無自覚でした。

私たちは共同体の人々にこうした関係性を理解してもらおうと、彼らの抱える課題やその原因、講じうる対策などを発見してもらうための市民教育プログラムを立ちあげました。その結果彼らは、自分たちの個人的な活動と、環境や社会で目にしている問題とを結びつけて考えるようになったのです。彼らは、私たちの世界が問題に満ちていることを学んでいます。腐敗、女性と子どもに対する暴力、家族の分裂と崩壊、文化と共同体の分裂。また彼らは、特に若い人々のドラッグや化学物質の濫用についても問題視しています。広く蔓延する伝染病や、治癒が困難な疾病のように、破壊的な影響がある病気の問題もあります。なかでも関心が高いのは、ＨＩＶとエイズ、マラリア、栄養失調に伴う各種の病気です。

環境面では、若者は環境と社会に破壊的な影響を与えうるさまざまな人間活動に直面しています。これには特に森林破壊によるエコシステムの大規模な破壊、不安定な気候、土壌と水の汚染などが含まれています。これらすべてが、貧困を押し進める要因になっています。

グリーンベルト運動が植樹活動を始めた当初は、民主主義や平和の問題までは視野に入れていませんでしたが、まもなく、責任ある環境管理は民主的な社会なしには実現できないことが明らかになりました。こうして、木はケニアにおける民主闘争の象徴になったのです。市民は蔓延する権力濫用、腐敗、誤った環境管理に挑戦するために立ち上がりました。ナイロビのウフル公園のフリーダム広場で、そしてその他の多くの場所で、良心の囚人[*5]の釈放と民主主義体制への平和的移行を求めて、平和の木が植えられました。グリーンベルト運動をとおして、数千人もの一般市民が動員され、行動と変化を起こすよう勇気づけられました。彼

＊5 暴力を行使していないにもかかわらず、人権・宗教・肌の色・性的指向・思想信条などを理由に投獄された人々

らは恐怖と無力感を乗り越え、民主的権利を守るために立ち上がったのです。

こうした実践は、動植物の保存と平和な文化に貢献してきた、包括的な文化的伝統の一部をなしています。こうした伝統文化の破壊と、新しい価値観の導入によって、地域の生物多様性の価値が顧みられなくなり、保護されなくなった結果、生物多様性は急速に悪化し消失しつつあります。そのためグリーンベルト運動は、特に原生植物の種や薬用植物に重きを置いて、「文化における生物多様性」というコンセプトを模索しています。

二〇〇二年、グリーンベルト運動のメンバーたちやその他の市民社会組織、そしてケニアの一般民衆の勇気、粘り、忍耐、献身によって、民主主義的政体への平和的移行が達成され、より安定した社会のための基礎が築かれました。

この運動を始めてからもう三十年が経ちます。しかし、環境と社会を破壊する人間活動は、現在も衰えてはいません。現代の私たちは、これまでの考え方を改め、人類が自分たちの生命維持システムを脅かすのをやめないかぎり、解決不能な課題に直面しています。私たちは、傷ついた地球が回復するのを助けるためにこの世に生を受けたのです。同時に私たちは、それをとおして私たち自身の傷を癒やし、あらゆる被造物が持つ多様性、美、驚異を受け入れようとしているところでもあります。それが実現するのは、人類がその進化の過程を共有してきた、地球生命という大きな家族への所属意識を甦らせたときでしょう。歴史の流れのなかで、人類は新たな意識のレベルに移行し、より倫理的な段階に到達すべきときが来ました。恐れを捨てて、互いに希望を与え合わなければいけません。今がその時なのです。

世界の指導者たち、特にアフリカの指導者たちにお願いします。民主主義を拡張し、市民が創造性とエネルギーをもって活躍できるような、公平で公正な社会を築いてください。高い教育や技術、経験、そして権力を授かるという特権を享受してきた人々は、次世代のリーダーシップのロールモデルにならなければいけません。文化は、共同体のなかで政治的、経済的、社会的生活を送るうえで、中心的役割を果たします。実際、文化こそが、アフリカの発展における失われた環《ミッシングリンク》なのかもしれません。文化は変化しつづける存在で、女性性器切除のような退行的伝統を意識的に打ち捨てながら、有用で善い側面を継承することで、時を経て進化をとげてきました。特にアフリカ人は、自分たちの文化の善き側面を再発見すべきです。それを受け入れることで、アフリカ人は所属意識、アイデンティティ、自信を持つことができるでしょう。

変化を触発するには、市民社会と草の根運動を活性化する必要もあります。こうした社会運動は、社会のチェック・アンド・バランス[*6]を助ける「責任ある市民」層を作り出す役割も持っており、私は各国政府に、そうした市民運動の役割を認識するよう呼びかけています。市民が権利を主張するだけでなく、相応の責任も引き受けるのが、市民社会のあるべき姿です。

さらに産業界や国際組織も、経済における正義・公平と環境への配慮を保証することには、どんな利潤よりも高い価値があると認めるべきでしょう。地球規模の極端な不平等と現在の消費様態は、環境と平和共存の犠牲のうえに成り立っています。その現状をよしとするかどうかは、私たちの選択にかかっています。

若い人たちには、長期的な夢をかなえる活動に携わるよう呼びかけたいと思います。彼らは、持続可能な

＊6　抑制均衡。立法・行政・司法の三権が相互に監視しあうことで権力の暴走を抑える仕組みのこと

未来を形にするためのエネルギーと創造性を持っています。私は若い人たちにこう言ってあげたいんです、「あなたたちは共同体と、世界への贈り物なのよ。あなたたちこそが私たちの希望であり、未来なの」と。

これまでグリーンベルト運動がやってきたような全体論的な視点での開発アプローチは、アフリカのもっと多くの地域で、そしてアフリカ以外の場所でも、受け入れられ、引き継がれうるものだと思います。ですから私はワンガリ・マータイ基金を設立して、こうした活動の維持・発展を図ってきました。達成できたことも多くありますが、まだやるべきことは山ほど残っています。

結びに代えて、私の子ども時代の体験をお話しします。私は母と一緒に、家のそばの小川まで水を汲みに出かけるのが常でした。私はよく、清流からそのまま水を飲んだものです。クズウコンの葉の間で遊び、カエルの卵をビーズだと思い、それをすくい上げようと一生懸命になりました。でも、私の小さな指で卵を拾おうとするたびに、卵ははじけてしまうんです。その後に、私は数千匹のオタマジャクシを目にしました。黒くて活発で、茶色い川底の上を流れる清水のなかをうごめいていました。それが、私が両親から受け継いだ世界でした。

五十年後の今日、その小川は干上がり、女性は衛生的とは限らない水を求めて長い距離を歩き、子どもたちは何が失われたのか知ることすらできません。私たちの責務は、オタマジャクシの住む場所を取り戻し、子どもたちに美しさと驚異にあふれた世界を返してあげることです。

ご静聴ありがとうございました。

付録

アルフレッド・ノーベルとノーベル賞

遺産

アルフレッド・ノーベルは逝去の前年の一八九五年十月二七日、それまでの人生を通じて深く関わってきた目的の一部を達成するために、今では有名になった遺言状に署名した。彼は物惜しみをしない慈善家だった。

「私は、生きている人間の空腹を気遣うほうが、記念碑を建てて死者の栄誉を称えるよりも大切だと思う」(1)

彼は遺言状のなかで、三一〇〇万スウェーデン・クローナ以上に及ぶ巨額の財産の大半を、自ら設立した基金に投資するよう指示していた。そしてその投資益は、「毎年、その前年に人類に最大の利益をもたらした人物に賞金として分配される」ことになっていた。

ノーベルの遺言状は、人類の未来に対する彼の希望に基づくものだった。「そうした実例を広めることは、富――ひとりひとりの財産ではなく、正真正銘の富――を広めることであり、そうした富は害悪のほとんどを……消失させるだろう。科学研究の成果は……心と体に巣くう病原体を徐々に根絶してゆき、将来、人類が戦わなければならない唯一の戦争は、病原体撲滅の戦争になるだろうという希望を我々に与えている……」

物理学、化学、生理学・医学という自然科学の諸分野を授賞対象としたのは、ノーベル本人の関心分野や研究活動に根ざしたものだ。また文学を対象にしたのは、彼が長年文学をとおして人間精神を涵養《かんよう》しようと努め、自らも数カ国語で優れた詩や小説を書いてきたことと関係している。そして平和賞を創設した理由は、生涯をかけて哲学的・倫理的・精神的価値を追求してきたノーベルの姿勢のなかに見てとれるだろう。彼は若いころにシェリー[*1]の平和主義に強く影響され、国家間の戦争を、人間同士の諍いと同様に忌み嫌っていた。ノーベルはしばしば戦争を「恐怖のなかの恐怖、すべての犯罪のなかでも最悪のもの」と呼んでいた。

遺言に「最も人類の連帯に貢献した業績」を称える賞を含めたことに、平和運動家のベルタ・フォン・ズットナーとの長年の交友関係が一定の影響を与えていたことも確かだろう。だがベルタ・フォン・ズットナーとアルフレッド・ノーベルは目的を同じくしていたものの、それを達成する手段については意見の一致を見なかった。ノーベルは彼女に「私の工場はあなたの会議よりも早く戦争を終わらせるかもしれませんよ」という手紙を書き送ったことがある。また別の機会には、のちの国

＊1 イギリスの理想主義的詩人、パーシー・ビッシュ・シェリーのこと

際連盟や国際連合の基本原理を先取りするような、理想主義的なアイディアを披露したこともあった。

「唯一の現実的解決策は、攻撃を受けた国を他の国々が防衛するという協定を全政府が結ぶことだ。こうした協定は段階的な軍備縮小をもたらすだろう」

ノーベルという人物

アルフレッド・ノーベルは一八三三年にストックホルムでスウェーデン国民として生まれたが、以後はさまざまな意味で国際人としての生涯を送った人物だった。彼の一家は一八四二年にロシアに移住した。父親は一度スウェーデンで破産したにもかかわらず、この地で精力的に発明を行い、やがて投資家・産業家としての地位を築き、高い尊敬を受けるまでになった。

ノーベルはサンクトペテルブルグの地で、国際色豊かな家庭教師たちから教育を受けた。特に化学と言語に重点を置いた教育のおかげで、彼は流暢なスウェーデン語、フランス語、ロシア語、英語、ドイツ語を身につけた。一八五〇年から五二年にかけてドイツ、フランス、イタリア、アメリカを遊学したのち、サンクトペテルブルグに戻って父親と一緒に化学研究者として働きはじめた。一家は一八五三年にスウェーデンに戻り、ノーベルはストックホルムにほど近い場所にある、父親所有のヘレーンボルグの爆薬工場に勤務した。

そして一八六四年には「ノーベル・ヒューズ」と呼ばれる画期的発明の特許を取得している。また彼は、イタリアの科学者アスカニオ・ソブレロによって発明された、きわめて爆発しやすい危険物質のニトログリセリンを、より扱いやすくするための改良を手がけた。この製法は一八六七年に、「ダイナマイト」という名前で特許を認められた。ダイナマイトが鉱山の掘削、道路建設、トンネル工事にもたらした影響は計り知れない。以後もノーベルの独創性は留まることなく、生涯を通じて三五五の特許を残している。また彼は、自分の発明品を工業生産するために九十近くの工場と会社を設立し、多国籍企業家の先駆けとなった。そしてこれらが、彼の莫大な財産の源となったのだ。ノーベルは産業活動に時間を取られ、自分の関心分野への研究活動にはなかなか関われなくなったが、発明品による経済的収益を誰かにかすめ取られないようにするには、そうするほかなかった。

広く知られるように、アルフレッド・ノーベルは、知的で才能に満ちた、コスモポリタン的な人物だった。一方で彼は元来陰うつな性格の持ち主でもあり、有名になるにつれ、ますますふさぎ込みがちになっていった（もっともそうした部分は、彼のドライなユーモア感覚と自己嘲笑によって多少は中和されてもいたが）。こうした心情の変化が世間に対する態度も変え、彼は隠棲者として暮らすようになる。書き残されたさまざまな論評からも、その厭世的な気質がうかがえる。つまるところ、ノーベルは孤独な人物だったのだ。彼は自宅を持たず、自分自身の家族を持つこともなかった。いつもあちこち動き回っていたため「ヨーロッパ一金持ちの放浪者」と呼ばれることさえあった。彼自身、自分のことを「私が働いている場所が私の家だ。そして私は、どこでも働く」と評するほどで、一時は六つの国に「自宅」を構えていたこともあった。彼は母親を深く敬愛し、常に彼女の健康を気遣ったが、彼女がノーベルにとって唯一最大の「大切な女性」だったわけではない。彼は平和運動の先駆者であるベルタ・フォン・ズットナーと、生涯にわたって親交を続けた。彼女は結婚する前にノーベルの私設秘書として短期間働いていたこともある。もし彼女に婚約者がいなければ、ノーベルは彼女に結婚を申し出ていたかもしれない。

一八九六年の十二月七日にしたためられた日記と最後の手紙からは、彼の創造的精神は死の間際までまったく衰えていなかったことが読み取れる。彼は一八九六年十二月十日、イタリア・サンレモの「ノーベル村」で、それまでの人生と同様、孤独にその生涯を閉じた。

ノーベルの遺言状

「私の換金可能な財産すべてを、以下のように処分されたい。資本は信託資金の形で管財会社が優良証券に投資し、その投資益は毎年、その前年をとおして人類に最大の利益をもたらした人物に、賞金として分配する。投資の収益は五等分し、物理学の分野で最も重要な発明や発見を行った人物、化学の分野で最も重要な発見や改良を行った人物、生理学・医学の分野で最も重要な発見を行った人物、文学において、ひとつの理念に沿って最も優れた創作を行った人物、そして、。物理賞と化学賞はスウェーデン科学アカデミーが、生理学・医学賞はストックホルムのカロリンスカ研究所が、文学賞はストックホルムのスウェーデン学士院が、平和賞はノルウェー国会が選出することとする。選考に際して国籍は不問とし、スカンジナビア人であるかどうかにかかわらず、最も受賞に値する人物にこの賞を授与することが私の願いだと明言しておく。

パリにて
一八九五年十一月二十七日
アルフレッド・ベルンハルド・ノーベル」

候補者の提案

ノーベル候補者の選出
受賞式典

候補者の推薦はノーベル財団の規定により、能力と普遍性の原則に則って行われる。ノーベル委員会は毎年、世界中の科学者・研究者・大学教授ら数百名に招待状を送り、翌年のノーベル賞候補者の推薦を求める。スウェーデンとノルウェーの当局はこの選考に影響を及ぼさないため、公式声明や外交、その他の手段によって特定候補者を選出させるよう圧力をかけることはできない。平和賞候補者を推薦できるのは、以下の成員である。

（一）現在または過去にノルウェー・ノーベル委員会の委員もしくは委員会の選出するアドバイザーを務めた者

（二）各国の議会・政府または列国議会同盟の構成員

（三）ハーグの国際司法裁判所の構成員

（四）常設国際平和局の構成員

（五）万国国際法学会の会員と協力会員

（六）政治学、法学、歴史学、哲学を専攻する大学教授

（七）ノーベル平和賞受賞者

ノーベル賞は原則として個人にのみ贈られるが、平和賞は組織・団体に対しても授与される。

フォトクレジット

ベルタ・フォン・ズットナー　p11
Corbis/Sygma/Nobel Foundation/RDB

ジェーン・アダムズ　p39
Corbis/Underwood & Underwood/RDB

エミリー・グリーン・ボルチ　p57
Image Donated by Corbis-Bettmann/RDB

ベティ・ウィリアムズ／マイレッド・コリガン　p83
Corbis/Sygma/Pelletier Micheline/RDB

マザー・テレサ　p107
Corbis/Sygma/Polak Matthew/RDB

アルバ・ミュルダール　p141
Corbis/Sygma/Nobel Foundation/RDB

アウンサンスーチー　p171
画像 ID：0008064614　「MYANMAR-POLITICS-SUU KYI-FILES」
AFP= 時事

リゴベルタ・メンチュウ　p199
画像 ID：0005045583　「GUATEMALA RIGOBERTA MENCHU」
EPA= 時事

ジョディ・ウィリアムズ　p227
Frank Micelotta/Getty Images Entertainment/ ゲッティ イメージズ

シーリーン・エバーディ　p247
Corbis/Sygma/Attar Maher/RDB; Reuters

ワンガリ・マータイ　p269
copyright © Anne Rüffer

8 同上 P. 58
9 'Die Welt' 18 Dec. 2003
10 同上
11 in a personal conversation with the author
12 Amirpur, Katajun. Gott ist mit den Furchtlosen, p. 16
13 'Der Spiegel' , 42/2003

ワンガリマータイ

1 著者によるワンガリ・マータイへのインタビューは2005年1月5日にナイロビで行われた。ワンガリ・マータイとグリーンベルト運動についてのより詳細な情報は、以下を参照。
http://www.wangarimaathai.com/
http://www.greenbeltmovement.org/

アルフレッド・ノーベル

1 Stähle, Niels K. Alfred Nobel und die Nobelpreise

25 ドイツ書籍見本市での平和賞受賞に対する謝辞.p.63
26 同上 p. 71
27 'Frankfurter Allgemeine Zeitung', 3.2.1986
28 アルバ・ミュルダールのノーベル平和賞受賞講演 11 Dec. 1982
29 Sissela Bok. Alva Myrdal. p. 350
30 同上 p. 359

アウンサンスーチー

1 Michael Aris (Edit.). Aung San Suu Kyi. p. 89
2 'Die Weltwoche'. 17 Dec. 1991
3 'Zürcher Tages-Anzeiger'. 30 May 1990
4 Michael Aris (Hrsg.). Aung San Suu Kyi. p. 89
5 同上 p. 92
6 同上 p. 96
7 'Zürcher Tages-Anzeiger'. 10 July 1991
8 Michael Aris (Hrsg.). Aung San Suu Kyi. p. 96
9 WDR Pressearchiv. RX 1 157-H2/89
10 Michael Aris (Hrsg.). Aung San Suu Kyi. p. 92
11 WDR Pressearchiv. RX 1 157-H2/89
12 Michael Aris (Hrsg.). Aung San Suu Kyi. p. 96
13 同上 p. 93
14 同上 p. 92
15 同上 p. 90
16 同上 p. 43
17 同上 p. 78
18 同上
19 同上
20 同上 p. 96
21 同上 p. 97
22 'Zürcher Tages-Anzeiger'. 22 May 1993
23 Michael Aris (Hrsg.). Aung San Suu Kyi. p. 7
24 'Die Weltwoche'. 17 Oct. 1991
25 Michael Aris (Edit.). Aung San Suu Kyi. p. 72
26 Michael Aris, in: Der Friedensnobelpreis. Volume XIII.
27 'Stern'. No. 50, 1991.
28 同上
29 'Frankfurter Allgemeine Zeitung'. 18 May 1992
30 Michael Aris (Hrsg.). Aung San Suu Kyi. p. 69
31 同上 p. 71
32 'Der Spiegel'. No. 29, 1995
33 同上

リゴベルタ・メンチュウ

1 Elisabeth Burgos. Rigoberta Menchú. p. 71
2 'Neues Deutschland'. 26 June 1993
3 Elisabeth Burgos. Rigoberta Menchú. p. 133
4 同上 p. 134
5 同上 p. 58
6 Rigoberta Menchú. Klage der Erde. p. 50
7 Elisabeth Burgos. Rigoberta Menchú. p. 22
8 Rigoberta Menchú. Klage der Erde. p. 13 f.
9 同上 p. 20
10 Elisabeth Burgos. Rigoberta Menchú. p. 58f.
11 Reuter, 19 October 1992, zit. in: Elisabeth Burgos. Rigoberta Menchú. p. 249
12 同上 p. 58
13 Elisabeth Burgos. Rigoberta Menchú. p. 121
14 同上 p. 228
15 同上
16 同上 p. 240
17 同上 p. 228
18 同上 p. 240 f
19 同上 p. 228
20 同上
21 同上 p. 182
22 同上 p. 179
23 同上 p. 60
24 同上 p. 163
25 同上 p. 240
26 同上 p. 167
27 同上 p. 168
28 同上 p. 166 f
29 同上 p. 241
30 同上
31 同上 p. 199
32 同上 p. 227
33 'Frankfurter Rundschau', 17 Oct. 1992
34 'Zürcher Tages-Anzeiger', 17 Oct. 1992
35 'Publik-Forum', 6 Nov. 1992
36 同上
37 Ojalá – Guatemalas Flüchtlinge kehren zurück.
38 同上 p. 86
39 同上 p. 92

ジョディ・ウィリアムズ

1 http://www.gnacademy.org/peacejam/jody/u1c4.html
2 http://www.csmonitor.com/durable/1997/10/14/us/us.4.html
3 同上
4 http://www.engagedpage.com/landmines.html
5 'Frankfurter Allgemeine Zeitung', 26 Aug. 1999
6 http://www.engagedpage.com/landmines.html
7 'Frankfurter Allgemeine Zeitung', 4 March 2000
8 http://www.gnacademy.org/peacejam/jody/u1c4.html
9 'Frankfurter Allgemeine Zeitung', 4 Dec. 1999
10 http://www.cnn.com/2000/us/09/07/landmines01/index.html
11 http://www.universitycommunications.uvm.edu/oldreleases/webjodywilliamsspeech.htm

シーリーン・エバーディ

1 Friedenspolitischer Ratschlag, 'Neues Deutschland' 10 Dec. 2003
2 in a personal conversation with the author
3 同上 13 Dec. 2003
4 同上 13 Dec. 2003
5 in a personal conversation with the author
6 in a personal conversation with the author
7 Amirpur, Katajun. Gott ist mit den Furchtlosen, p. 45

WILPF. p. 34

マイレッド・コリガン／ベティ・ウィリアムズ

1 Mairead Corrigan Maguire. A Letter to My Son Luke, in: ‘Peace by Peace’
2 cf. Betty Williams, Nobel Lecture, 11 Dec. 1977, The Nobel Foundation.
3 ‘Die Welt’, 13 Dec. 1986
4 ‘Interpress’, 5 May 1993
5 ‘Bild am Sonntag’, 5 Sept. 1976
6 ‘Westdeutsche Allgemeine Zeitung9 , 4 Sept. 1976
7 同上
8 同上
9 ‘Die Welt’, 20 Aug. 1976
10 同上
11 同上
12 ‘Die Zeit9 , 5 Oct. 1979
13 同上
14 ‘Deutsche Zeitung’, Nr. 45, 5 Nov. 1976
15 ‘Welt am Sonntag’, 10 May 1981
16 同上
17 Rob Fairmichael The Peace People Experience, in: Dawn Train. No 5, 1987.
18 ‘Die Welt’, 29 Nov. 1978
19 ‘Die Welt’, 13 Feb. 1986
20 同上
21 ‘Die Welt’, 29 Nov. 1978
22 cf. Rob Fairmichael. The Peace People Experience, in: ‘Dawn Train’. No 5, 1987
23 ‘Die Welt’, 29 Nov. 1978
24 Grefe, Christiane. Wir sind zum Durchhalten da, nicht zum Erfolghaben, in: Kerner, Chalotte. (Hrsg.) Nicht nur Madame Curie. Weinheim 1992. p. 247
25 cf. Mairead Corrigan Maguire. A Nonviolent Political Agenda for a More Human World. p. 9
26 cf. Betty Williams, Nobel Lecture, 11 Dec. 1977, The Nobel Foundation

マザー・テレサ

1 Bernward Konermann. Mutter Teresa. p. 61
2 同上 p. 113
3 Charlotte Gray. Mutter Teresa. p. 27［シャーロット・グレイ著『マザー・テレサ　世界のもっとも貧しい人々をたすけた、“神の愛の宣教者会”の修道女』（橘高弓枝訳、偕成社）］
4 Robert Serrou. Mutter Teresa. p. 98
5 Eugen Vogt. Mutter Teresa. p. 28
6 Bernward Konermann. Mutter Teresa. p. 14
7 David Porter. Mutter Teresa. p. 23
8 同上 p. 74
9 同上 p. 71f
10 同上 p. 120
11 同上 p. 121
12 Bernward Konermann. Mutter Teresa. p. 54
13 同上 p. 78 f
14 Bernward Konermann. Mutter Teresa. p. 60
15 David Porter. Mutter Teresa. p. 84
16 Bernward Konermann. Mutter Teresa. p. 61
17 David Porter. Mutter Teresa. p. 99
18 Bernward Konermann. Mutter Teresa. p. 66
19 同上 p. 101 f
20 同上 p. 75
21 同上 p. 79
22 同上 p. 82
23 同上 p. 87
24 同上 p. 88
25 Charlotte Gray. Mutter Teresa. p. 43［シャーロット・グレイ著、『マザー・テレサ　世界のもっとも貧しい人々をたすけた、“神の愛の宣教者会”の修道女』（橘高弓枝訳、偕成社）］
26 Bernward Konermann. Mutter Teresa. p. 92
27 同上 p. 94
28 Robert Serrou. Mutter Teresa. p. 98
29 Bernward Konermann. Mutter Teresa. p. 95
30 同上 p. 120
31 同上 p. 121
32 ‘Washington Post’, 20 October 1979
33 Eugen Vogt. Mutter Teresa. p. 31
34 www.cnn.com/world/9709/mother.teresa/profile/index.html
35 Charlotte Gray. Mutter Teresa. p. 53［シャーロット・グレイ著『マザー・テレサ　世界のもっとも貧しい人々をたすけた、“神の愛の宣教者会”の修道女』（橘高弓枝訳、偕成社）］

アルバ・ミュルダール

1 Helga Henschen による Alva Myrdal の死亡記事の引用：Kaj Fölster. Sprich, die du noch Lippen hast. p. 39
2 Sissela Bok. Alva Myrdal. p. 286
3 Frankfurter Rundschau, 3 Feb. 1986
4 Kay Fölster. Sprich, die du noch Lippen hast. p. 12
5 Der Standard. Review of Jan Myrdal's Kindheit in Schweden
6 ドイツ書籍見本市での平和賞受賞に対する謝辞 p. 69
7 Kaj Fölster. Sprich, die du noch Lippen hast. p. 21 f.
8 同上 p. 165
9 'Handelsblatt', 8 April 1987
10 Sissela Bok. Alva Myrdal. p. 354
11 同上 p. 61
12 Kaj Fölster. Sprich, die du noch Lippen hast. p. 108
13 同上 p. 187
14 同上
15 Kaj Fölster. Sprich, die du noch Lippen hast. p. 165
16 同上 p. 200
17 同上 p. 199 f
18 同上 p. 204
19 ドイツ書籍見本市での平和賞受賞に対する謝辞 p. 60
20 Sissela Bok. Alva Myrdal. p. 278
21 アルバ・ミュルダールによる引用を、カジ・フォルスターが口頭で著者に語った。
22 'Frankfurter Allgemeine Zeitung', No. 25, 30 Jan. 1982
23 'Frankfurter Rundschau', 3 Feb. 1986
24 Sissela Bok. Alva Myrdal. S. 302

脚注

ベルタ・フォン・ズットナー

1 Bertha von Suttner. Memoiren. p. 214
2 Bertha von Suttner. Das Maschinenzeitalter. Vorwort
3 Bertha von Suttner, Memoiren, Vorwort
4 同上 p. 8
5 Bertha von Suttner. Die Waffen nieder! Berlin 1990. p. 278 f
6 同上 p. 219 f
7 同上 p. 401
8 Ilse Kleberger. Bertha von Suttner. p. 59
9 quoted acc: Brigitte Hamann. Bertha von Suttner. p. 7
10 Neue Freie Presse9 , 15 March 1890
11 Brigitte Hamann. Bertha von Suttner. p. 61
12 Martin Gregor-Dellin. Der Friedensnobelpreis. p. 65
13 同上 p. 68
14 Brigitte Hamann. Bertha von Suttner. p. 15
15 Martin Gregor-Dellin. Der Friedensnobelpreis. p. 40f
16 同上 p. 43f
17 quoted acc: Brigitte Hamann. Bertha von Suttner. p. 47 f
18 同上 p. 51
19 同上 p. 75
20 Martin Gregor-Dellin. Der Friedensnobelpreis. p. 76
21 同上 p. 79
22 Brigitte Hamann. Bertha von Suttner. p. 68
23 Martin Gregor-Dellin. Der Friedensnobelpreis. p. 67
24 Bertha von Suttner. Brief an einen Toten. p. 238
25 Bertha von Suttner. Briefe an einen Toten. p. 235
26 同上 p. 1
27 Bertha von Suttner. Der Menschheit Hochgedanken. p. 350
28 Bertha von Suttner. Briefe an einen Toten. p. 236
29 Martin Gregor-Dellin. Der Friedensnobelpreis. p. 91

ジェーン・アダムズ

1 Jane Addams. Zwanzig Jahre sozialer Frauenarbeit in Chicago. Munchen, Beck, 1913. p. 132
2 Jane Addams. Zwanzig Jahre Sozialer Frauenarbeit in Chicago. Munchen, p. 9
3 同上 p. 107
4 同上 p. 1
5 同上 p. 52
6 同上 p. 46
7 同上 p. 41
8 同上 p. 5
9 同上 p. 85
10 同上 p. 59
11 同上 p. 60
12 同上 p. 38
13 同上 p. 88
14 同上 p. 77
15 同上 p. 19
16 Jane Addams. Die Stimme der Völker über den Krieg. p. 20
17 cf. 'Hull-House Association' leaflet
18 Carol Gruber. Der Friedensnobelpreis von 1901 bis heute. Volume 4: Von 1926-1932. Zug 1989. p. 177
19 Jane Addams. Die Stimme der Völker über den Krieg, in: Separatdruck aus 'Neue Wege Blatter für religiöse Arbeit' . Basel 1915. p. 12

エミリー・グリーン・ボルチ

1 Emily Greene Balch. Letter to the Chinese People, in: 'The Nation' . 14 May 1955. p. 418
2 cf. Mercedes M. Randall. Improper Bostonian Emily Greene Balch. p. 436
3 cf. Catherine A. Favre. Creative Apostle of Reconciliation. p. 341
4 cf. Barbara Miller Salomon. The Influence of Quaker Women on American History. p. 361
5 Patricia Ann Palmieri. Emily Greene Balch. p. 37
6 cf. Mercedes M. Randall (ed.). Beyond Nationalism. p. XV
7 Mercedes M. Randall. Improper Bostonian Emily Greene Balch. p. 8
8 同上 p. XXIV
9 同上
10 cf. Mercedes M. Randall (ed.). Beyond Nationalism. p. 77
11 同上 p. 189
12 同上 p. 81
13 Catherine A. Faver. Creative Apostle of Reconciliation. p.341
14 cf. Mercedes M. Randall (ed.). Beyond Nationalism p. 78
15 同上 p. XXVI
16 同上 p. 79 320
17 同上 p. 91
18 同上 Brief an Miss Pendleton, 3. April 1918. p.105
19 同上 p. 81
20 cf. H.W.Wilson. Biographical Dictionary Nobel Prize Winners. p. 49
21 cf. Mercedes M. Randall (ed.). Beyond Nationalism. p. 80
22 cf. Barbara Miller Salomon. Witnesses for Change. Letter to Dr. Alice Hamilton. p. 139
23 cf. Mercedes M. Randall (ed.). Beyond Nationalism. p. 162
24 Frederick W. Habermann. Peace 1926-1950. Nobel Lectures. Vol. 2. p. 345
25 cf. Mercedes M. Randall (ed.). Beyond Nationalism. p. 172
26 同上 p. 165
27 同上 p. 188
28 同上 p. 191f
29 Frederick W. Habermann. Peace 1926-1950. Nobel Lectures. Vol. 2. p. 350
30 Patricia Ann Palmieri. Emily Greene Balch. p. 36
31 Harriet Hyman Alonso. The Two Women Of

Women's Conference. Beijing 1995

参考書籍

Ehlert, Stefan. Wangari Mathai — Mutter der Baume. 2004
Moore, Frances; Lappe, Anna. Hopes Edge: The Next Diet for a Small Planet. 2003
Breton, Mary Joy. Women Pioneers for the Environment. Baltimore 2000
Cuomo, Kerry Kennedy. Una Sola Terra: Donna I Medi Ambient Despres de Rio. 1998
Wallace, Audrey. Eco Heroes: Twelve Tales of Environmental Victory. 1993
Land ist Leben. Bedrohte Volker. 1993

大学教員は兼務できないというケニアの法律に従い、大学を辞職。

1983年
ウーマン・オブ・ザ・イヤー受賞。

1984年
ライト・ライブリフッド賞を受賞。

1986年
国連環境計画（UNEP）がグリーンベルト運動に、アフリカ各地の他の組織にも方法論を広めるよう奨励。汎アフリカ・グリーンベルト・ネットワークが設立され、15カ国30団体の代表者たちに2週間の訓練を行った。彼らは実地を視察し、グリーンベルト運動の行っているすべての活動を実践。その後、多くの国（エチオピア、タンザニア、ウガンダ、ルワンダ、モザンビーク、レソト、マラウィ、ザンビアなど）の団体が、グリーンベルト運動と自分たちの方法論を融合させて活動を行っている。ベター・ワールド・ソサエティ賞を受賞。

1987年
マンジンジラ緑の党を結党。

1988年
ウフル公園（ナイロビ中心街で最も大きな広場）に複合オフィス施設、会議場、ショッピングモールを建設するケニア・タイムズ・タワー開発計画から公園を救うためのキャンペーンを展開。ウィンドスター環境賞を受賞。

1989年
ウーマン・オブ・ザ・ワールドに選出。オフェラムス・メダルを受賞。

1990年
米国マサチューセッツ州ウィリアムス大学の法学名誉博士に就任。

1991年
逮捕投獄される。アムネスティ・インターナショナルの圧力により釈放。ゴールドマン環境賞を受賞。国連環境プログラムに列挙される。国連環境プログラムの「名誉の殿堂」に選出。国連アフリカ・リーダーシップ賞を受賞。

1992年
リオの地球サミットでNGO諸団体のスポークスパーソンを務める。ギーセン大学の名誉博士に就任。

1993年
エディンバラ・メダルを受賞。ジェーン・アダムズ・リーダーシップ賞を受賞。

1994年
ゴールデン・アーク賞を受賞。ホバート&ウィリアム・スミス大学の名誉科学博士に就任。

1995年
国際女性名誉の殿堂に選出。

1997年
大統領選に立候補するが、所属政党が無断で立候補を取り消す。アースタイムズの「世界を変えた100人」に選出。ノルウェー大学の名誉農学博士に就任。

2000年
コネチカット大学のジェンダー・女性研究学科「フラー・マータイ」の教授職を授与。

2001年
ジュリエット・ホリスター賞を受賞。在外ケニア人コミュニティよりエクセレンス賞を受賞。米国ダートマス大学のモンゴメリー・フェローに就任。

2002年
野党の国民虹の連合(NARC)が選挙で勝利。ケニヤッタ政権で財務相を、ダニエル・アラップ・モイ政権で副大統領を務めたムワイ・キバキが12月10日に大統領に就任。ワンガリ・マータイはアウトスタンディング・ヴィジョン・アンド・コミットメント賞を受賞。米国エール大学のドロシー・マッククルスキー客員研究員に着任。

2002年～現在
ケニア共和国テトゥ選挙区選出の国会議員となる。

2003年～現在
ケニア共和国の環境・自然資源・野生保護副大臣に就任。

2003年
ワンゴ環境賞を受賞。ケニア共和国よりエルダー・オブ・バーニングスピアに選出。

2004年
スターリング・モートン賞、ペトラ・ケリー環境賞、ソフィー賞、保存科学者賞を受賞。エール大学の名誉博士に就任。

2004年
194人の候補者の中からノーベル平和賞に選ばれ、ノーベル平和賞を受賞した最初のアフリカ人女性となる。

著書

The Green Belt Movement: Sharing the Approach and the Experience. New York 2003
The Green Belt Movement. Annual Report 2003. Revised Edition
[『モッタイナイで地球は緑になる』（福岡伸一訳、木楽舎）]
Bottom is Heavy Too: Edinburgh Medal Lecture. Edinburgh 1994
Bottleneck of Development in Africa. Speech presented on the occasion of the 4th UN World

著書

弁護士であり作家、ジャーナリストであるシーリーン・エバーディはこれまで数々の記事や著書を執筆しており（オスロのノーベル・レクチャーでは11冊の著書があると発表していた）、いくつかは英語に翻訳されている。

Iran awakening.［『私は逃げない：ある女性弁護士のイスラム革命』（竹林卓 訳、ランダムハウス講談社）］
The Rights of the Child. A Study of Legal Aspects of Children's Rights in Iran. Teheran 1994.
History and Documentation of Human Rights in Iran. New York 2000.
Democracy, Human Rights and Islam in Modern Iran: Psychological, Social, and Cultural Aspects. Bergen 2003.

参考書籍

Amirpur, Katajun. Gott ist mit den Furchtlosen. Freiburg 2003

ワンガリ・マータイ (wangari Muta Maathai)

略歴

1940年4月1日
ンジュキ・ムタとリディア・ワンジラの第2子（長女）として、ケニア中部のニエリ地区カルングに生まれる。ムタは白人農場主の運転手兼機械工として働き、リディアが家族の世話をした。

1952年
ケニア全土に非常事態宣言を出される。

1959年
イヒテ小学校に通った後、ナイロビ近郊のリムルにある全寮制カトリック校、ロレト女子学校に進学し、ここで高校まで卒業する。

1960年
成績優秀のためニエリのカトリック司祭から奨学金を与えられ、米国へ留学。カンザス州にあるベネディクト会系列の大学、カトリック・マウント・聖スコラスティカ大学に進学。

1963年12月12日
ケニア独立。「独立の父」ジョモ・ケニヤッタが初代首相に就任し、1964年に共和制移行を宣言したのを機に大統領となる。

1964年
マウント・聖スコラスティカ大学を卒業し、生物学の学士号を取得。

1966年
ピッツバーグ大学で生物科学の修士号を取得。

1967年
3歳年上のムワンギ・マータイと結婚、長男ワウェル、長女ワンジラ、次女ムタの3人の子をもうける。

1976～69年
ミュンヘンとギーセンの大学で研究を続ける。

1969年
ナイロビ大学講師に就任。

1971年
ナイロビ大学にて獣医解剖学の博士号を取得。ワンガリ・マータイは博士号を取得した初の東アフリカ人女性となる。

1973～80年
ナイロビ大学の講師を続ける。ケニア赤十字の名誉院長に就任。

1974年
夫のムワンギ・マータイが、統一政党ケニアアフリカ民族連合から出馬し当選、国会議員に。

1976年
ケニア全国女性協議会（NCWK）に加入。1981年から87年まで環境委員会の議長を務める。

1977年
教授に昇進し、ナイロビ大学の獣医解剖学科の学科長となる。
グリーンベルト運動を設立し、コーディネーターを務める。

1978年
ジョモ・ケニヤッタの逝去を受け、副大統領のダニエル・アラップ・モイが大統領就任。彼の弾圧的政権は、国民虹の連合（NARC）が政権を奪う2002年まで続いた。この時期、ワンガリ・マータイはドイツで研究を行う。

1979年
ムワンギ・マータイと離婚。

1981年
故郷ニエリの代表として国会選挙に立候補。議員と

国に、4年以内に保有地雷を廃棄し、10年以内に地雷敷設地域から地雷を撤去することを義務づけている。地雷の保有は地雷撤去訓練用のわずかな数しか許されない。133カ国が条約に署名し、60カ国が批准。

2000年
署名各国による第2回会議が開催され、最新の情報が公開される。138カ国がオタワ条約に署名し、101カ国が批准。ロシア、中国、アメリカの超大国は現在もこの条約に加盟せず。

2001年
ICBLの国際大使として、また連絡調整委員会のメンバーとして働いている。

著書

Shawn, Roberts; Williams, Jody. After The Guns Fall Silent: Enduring Legacy of Landmines. Washington D.C. 1995.
Landmines and measures to eliminate them. ›International Report of the Red Cross‹. July-August 1995, No. 307.
Landmines: Dealing with the Environmental Impact. ›Environmental Security‹. 1997, Vol. 1. No.2.
Social Consequences of the Widespread Use of Landmines. Paper presented at the Landmine Symposiumof the ICRC in Montreux, Switzerland, April 1993.

地雷に関する書籍

Gitteos, George. Minefields. Sidney 2000.

シーリーン・エバーディ (Shirin Ebadi)

略歴

1947年6月21日
イラン、ハマダーン州生まれ。父は事業法の大学教授、母は専業主婦。姉、弟、妹がいる。

1974年
イラン初の女性裁判官に任命される。1975年〜79年まで、テヘラン市裁判所勤務。イラン弁護士連盟委員長も務める。

1975年
5歳年上の電気エンジニアのジャヴァード・タヴァソリアーンと結婚。

1979年
聖職者（ムッラー）らが権力を握り、裁判官を解任される。

1981年
長女ネガール誕生。

1982年
次女ナルゲス誕生。

1993年
弁護士としての仕事を開始。

1994年
友人とともに、イランでは数少ないNGOを設立。青少年の実状と権利の改善に向けた慈善援助団体とする。女性と子どもについての記事を女性誌『ザナーン（女性）』など雑誌に寄稿する。

1996年
人権問題への取り組みが認められ、ヒューマン・ライツ・ウォッチ賞受賞。

1997年
改革派のモハンマド・ハータミーの大統領選のキャンペーンに参加。5月23日ハータミー政権発足。

2000年
年始、ベルリンのドイツ連邦人権協議会に出席。
ＥＵにイランへの支援を要請。

2000年1月28日
国家破壊活動の罪で拘束、15カ月の禁固刑と5年間の失職処分を受ける。テヘラン、エヴィン刑務所で数週間監禁されたのち、解放。

2000年7月
反政府活動で尋問を受けたテヘラン大学の学生を擁護し、学生から表彰される。

2001年
トロルフ・ラフト記念賞受賞。6月8日、ハータミー大統領が4年任期で再選される。

2003年
イスラム教女性として初のノーベル平和賞受賞。賞金の1100万ユーロは、数々の人権団体に寄付した。現在、弁護士活動と同時に、テヘラン大学で法律を教える。

1992 年 12 月
ノーベル平和賞を受賞する。父親を記念するメンチュウ基金に賞金を寄付し、メダルをグアテマラの状況が改善されるまでメキシコに預託する。

1992 年
マナグア大学より名誉博士号を、グアテマラのサン・カルロス大学より名誉学生を授与される。

1993 年
国連が 1993 年を「国際先住民年」とする。

1995 年
インディオのアンヘル・フランシスコ・カニルと結婚。

2007 年
大統領選に立候補するも、落選。

著書

Speech by Rigoberta Menchú in the refugee camp El Porvenir I, La Trinitaria, Chiapas, Mexico, on July 8, 1992, in: Ojalá, Guatemalas Flüchtlinge kehren zurück. Grafenau 1993.
Klage der Erde. Der Kampf der Campesinos in Guatemala. Göttingen 1993.

参考書籍

Astúrias, Angel M. Die Maismenschen. Bornheim 1983 Burgos, Elisabeth. Rigoberta Menchú – Leben in Guatemala, Göttingen 1984.
Painter, James. Guatemala: False Hope, False

ジョディ・ウィリアムズ (Jody Williams)

略歴

1950 年 10 月 9 日
地方判事と専業主婦の家庭で、5 人兄弟の第 2 子として、アメリカ・バーモント州のブラトルバラに生まれる。

1972 年
バーモント大学を卒業し学士号を取得する。

1976 年
第 2 言語としての英語教育法で学位を取得する。

1984 年
国際関係学の修士号を取得する。研究後はメキシコのジョン・ホプキンス大学で 2 年間英語を教え、ワシントン DC に戻る。

1984 ～ 86 年
ニカラグア＝ホンジュラス教育プロジェクトの調整役として働き、中央アメリカ地域の調査団を数回にわたって率いる。

1986 ～ 92 年
エル・サルバドルの医療支援人道支援プロジェクトを設立し、ロサンゼルスの本部事務所で指揮を執る。

1991 年
アメリカベトナム戦争退役軍人財団の代表、ボビー・ミュラーと出会う。彼はジョディに世界的な地雷禁止キャンペーンを主導するよう依頼。ジョディはこの依頼を受け入れ、地雷禁止、地雷撤去キャンペーン、地雷犠牲者のケアなどに取り組んできた各組織を勧誘して共同キャンペーンに合流させる。

1992 年
地雷禁止国際キャンペーン（ICBL）が発足。

1992 ～ 95 年
同キャンペーンのチーフ・ストラテジストとして世界各地を巡り、国連、欧州議会、アフリカ統一機構をはじめとする多くの場で発言する。

1995 年
ショーン・ロバーツとの共著『銃声の止んだ後：地雷の負の遺産（After the Guns Fall Silent: The Enduring Legacy of Landmines）』を出版。

1996 年
カナダ政府の主導で、関連各国が地雷禁止条約について協議を持つ。

1997 年 12 月
オタワ条約が署名され、122 カ国が対人地雷禁止を約束する。

1997 年 12 月
ジョディ・ウィリアムズと ICBL がノーベル平和賞を受賞する。地雷で両脚を失ったカンボジア人、トゥン・チャナレスが ICBL 代表として賞を受け取る。

1998 年
核時代平和財団より平和推進賞を、クラーク大学より光あれ賞を受賞。ブライアークリフ大学、マールボロ大学、バーモント大学、ウィリアムズ大学をはじめ多くの大学より名誉博士号を授与される。

1999 年 3 月
オタワ条約が発効。この条約は、地雷の製造、保有、使用、輸出入を禁止するもので、条約に署名した各

2002 年 5 月 6 日
自宅軟禁が解除される。

2003 年 5 月 30 日
3 度目の自宅軟禁。

以後、特別延長や別件起訴などにより、2009 年現在も軟禁されたままの状態にある。

著書

Let's Visit Burma. Travel guide for children, 1985
Burma and India – Some Aspects of Intellectual Life under Colonialism. Auckland 1990.
Freedom From Fear and Other Writings. London 1991. [『自由−自ら綴った祖国愛の記録』(マイケル・アリス編、ヤンソン・由実子訳、集英社)]
The pitfalls of modern Civilisation. Address for the University of Oxford, read by her husband Michael Aris on May 19, 1993.
Listen: The Culture of Democracy and Human Rights is Universal. Address speech. UNESCO conference, Manila, December 1994, read by Corazon Aquino.

参考書籍

Aris, Michael. (Ed.) Aung San Suu Kyi. Munich 1992. Lintner, B. Aung San Suu Kyi, in:Der Friedensnobelpreis. Volume XIII. Zug 1992.
Siemers, Günter. Aung San Suu Kyi, in: Der Friedensnobelpreis. Zug 1991.

リゴベルタ・メンチュウ・トゥム (Rigoberta Menchü Tum)

略歴

1959 年 1 月 9 日
ヴィセンテ・メンチュウとフアナ・トゥムの 10 人兄弟の第 6 子として、グアテマラのキチェ県チメール村に生まれる。20 歳からスペイン語を学び、23 歳で読み書きを覚える。

1979 年
農民統一委員会（CUC）に加入する。

1979 年
弟のパトロシニオが 16 歳の若さで、軍に残虐な拷問を受けた末に殺される。

1980 年
父のヴィセンテ・メンチュウと 38 人のインディオがスペイン大使館占拠の後に殺される。

1989 年 4 月
フアナ・トゥムが軍に誘拐され、虐待の末に殺される。

1981 年
メキシコに亡命。

1982 年
国連の先住民ワーキンググループの会合に出席した初めてのグアテマラ先住民女性となる。これ以後、彼女は国連の差別防止・少数者保護小委員会に参加する。亡命者の仲間たちとともに、グアテマラ抵抗代表連合を結成。

1983 年
彼女のインタビューをもとに構成された伝記『私の名はリコベルタ・メンチュウ（Rigoberta Menchú - Leben in Guatemala)』がドイツで出版される。その後本書は 10 カ国語に訳出され、英語版がベストセラーになったことをきっかけに、彼女の名前が西洋世界で広く知られることとなる。

1985 年
ネルソン・マンデラとともにベルギー NGO 委員会の名誉会員に選出される。

国連の先住民族権利フォーラムのアドバイザーに就任。

1986 年
国際インディアン条約評議会の代表委員会メンバーに就任。

1988 年
イタリア・ミラノでノニーノ特別賞を受賞。

1988 年
サンフランシスコ市より名誉学位を授与される。

1989 年
第 2 回ラテンアメリカ人権組織会議に特別ゲストとして招待される。

1990 年
ユネスコの平和賞を受賞。

1991 年
『先住民族の権利に関する国際連合宣言』を協議する作業部会に加わる。

1992 年
イタリア・ミラノ市の名誉市民に認定される。

1992 年 11 月
ヨハネ・パウロ 2 世に内謁する。

1988年4月
ロンドン大学東洋アフリカ学学院で修士論文の執筆を開始した直後、母親のドー・キンチーが発作で倒れる。母の看護のため、ただちにラングーンに渡航。

1988年7月27日
セインルイン長官、ネウィンの後継者としてビルマ社会主義計画党の党議長に就任。

1988年8月8日
全ビルマ学生連盟の呼びかけによりビルマ全土で大規模なゼネスト（8888蜂起）が決行されると、軍部は即座に武力弾圧を開始し、数百名が負傷・死亡。これにより反政府生んどうがさらに拡大。

1988年8月12日
セインルイン党議長が暴動拡大の責任をとり辞職、マウンマウン法務長官が党議長に就任するも、事態は収拾せず。

1988年8月15日
政府への公開書簡を送付し、初めて自らの政治的要求を公にする。

1988年8月26日
シュエダゴン・パゴダにて、熱狂する聴衆たちに向け、自らの政策の基本原理を演説する。

1988年9月18日
ビルマ社会主義計画党の政権崩壊の乗じ、防衛大臣・参謀総長のソウマウン将軍がクーデターを決行。国家法秩序回復評議会（SLORC）が権力を掌握し、ソウマウン将軍は首相・外務大臣を兼任。SLORCは憲法を停止し、ビルマ全土に戒厳令を布告。

1988年9月27日
国民民主連盟（NLD）を結成。幅広い政治会派を一大野党に結集することに成功した。アウンサンスーチーは書記長に選出され、アウンジーが議長に、ティンウーが副議長に就任。党是は人権の回復と非暴力の民主化運動。

1988年12月27日
母親のドー・キンチーがラングーンで逝去。その後数カ月、全国を巡り、NLDの目標を宣伝する。

1989年6月
ビルマが国名を公式にミャンマーに改称。

1989年夏
NLDは6月以降、戒厳令の布告を無視して、学生組織や他の野党と共同で大衆集会を開催。アウンサンスーチーはこれらの集会で辛辣に政府を批判する。

1989年7月19日
外出禁止令が発布される。NLDは、アウン・サンの「殉教の日」に合わせて計画したすべての行事を中止。アウンサンスーチーの住居は兵士に包囲される。

1989年7月20日
アウンサンスーチーとティンウは逮捕され、自宅軟禁される。

1989年7月21日
政府報道官は、アウンサンスーチーとティンウを1年間軟禁し、最も近しい親族のみに接触を許すと発表。

1990年5月27日
NLDは国民議会選挙で80％以上の票を獲得し、485議席のうち392議席を占める。軍事政権はこの勝利を認知しながらも、政治的軍事的権力の移譲を拒否する。

1990年
トロルフ・ラフト人権賞を受賞。

1991年
欧州議会よりサハロフ賞を受賞。

1991年12月10日
ノーベル平和賞を受賞。彼女に代わって、家族がオスロで授賞式に出席する。賞金はビルマ人の健康や教育を改善するための基金に寄付された。

1991年12月11日
「反体制勢力や外国人と結託しつづけている」ことを理由に、所属政党のNLDから党籍を剥奪される。

1993年
ブレーメン市より4回目の連帯賞を授与される。

1994年1月
在ビルマの欧米外交官から、アウンサンスーチーの自宅周囲の兵士が撤収したが、自宅軟禁は続いているという情報が寄せられる。

1994年2月
自宅軟禁が開始されてから初めて、アメリカの下院議員がアウンサンスーチーの自宅訪問を許される。

1994年9月20日
アウンサンスーチーと軍事政権の代表者が初会合を行う。

1995年1月
自分の解放に関して、軍部といかなる取引も行うつもりもないことを手紙で発表する。

1995年7月10日
アウンサンスーチーが「解放」される。

1999年3月27日
マイケル・アリスが前立腺癌で死去。

2000年9月22日
NLD関係者とともに軟禁される。

グンナーとともに、国際理解への貢献に対してジャワハルラール・ネルー賞を授与される。同じくネルー平和賞も共同受賞。

ノルウェー平和賞を受賞する。賞金は平和フォーラムに寄付。

1982 年
メキシコのアルフォンソ・ロブレスと共同でノーベル平和賞を受賞する。

1986 年 2 月 1 日
アルバ・ミュルダール逝去。

1987 年 5 月 17 日
グンナー・ミュルダール逝去。

著書

Probleme der Friedenssicherung. Deutsche Gesellschaft für Auswärtige Politik e.V. 1968.
Falschspiel mit der Abrüstung. Reinbek 1983.
Dankesrede anläßlich der Verleihung des Friedenspreises des Börsenvereins des Deutschen Buchhandels. Frankfurt a/M 1970.
Myrdal, Alva; Klein,Viola. Die Doppelrolle der Frau in Familie und Beruf. Köln 1970.

参考書籍

Bok, Sissela. Alva Myrdal – A Daughter's Memoir. New York 1991 Brandt, Heike. Und Aufgeben ist des Menschen nicht würdig, in: Kerner, Charlotte. Nicht nur Madame Curie. Weinheim 1992.
Fölster, Kaj. Sprich, die du noch Lippen hast – Annäherung an Alva Myrdal.Hitzerod 1993.
Kaiser, Karl. Laudatio anläßlich der Verleihung des Friedenspreises des Börsenvereins des Deutschen Buchhandels. Frankfurt a/M 1970.
Myrdal, Gunnar. An American Dilemma. New York 1975.
Myrdal, Gunnar. Asian Drama: An Inquiry into the Poverty of Nations. New York 1968.
Myrdal, Jan. Kindheit in Schweden. Hitzerod 1990.
Van Harten, Marten. Alva Myrdal – Abrüstungskontrolle von unten, in: Der Friedensnobelpreis von 1979 bis 1982. Volume XI. Zug 1992.

アウンサンスーチー (Aung San Suu Kyi)

略歴

1945 年 6 月 19 日
ラングーンにて、国民的英雄のアウンサンと妻のドー・キンチーの第 3 子として生まれる。彼女にはふたりの兄がいたが、1 人は子どものころに池で溺死している。

1947 年 7 月
アウンサンが暗殺される。享年 32 歳。

1948 年
ビルマ独立

1960 年
在印ビルマ大使としてニューデリーに派遣された母とともにインドに渡る。1960 年代にはオックスフォード大学で哲学・政治・経済を学ぶ。イギリス人のチベット研究者、マイケル・アリスと出会う。

1969 年
ニューヨークの国連事務局行政財政委員会で書記官補として勤務。

1972 年
マイケル・アリスと結婚。結婚当初はブータン王家の家庭教師となった夫とともにブータンに住み、ブータン外務大臣のアドバイザーとして勤務。

1973 年
長男のアレクサンダーが誕生。

1977 年
次男のキムが誕生。70 年代中盤から 80 年代中盤にかけては研究の世界に戻る。彼女はビルマ問題について研究、講義し、父アウンサンについての著書を執筆する。

1985 年
京都大学東南アジア研究所で客員研究員を務める。

1986 年
ビルマとインドにおける戦間期ナショナリズムの比較研究をするため、インドのシムラに移住。マイケル・アリスはインドの高等学術研究所の講師に採用される。

1988 年 3 月 12 日
ラングーンで、セインルイン治安警察長官が指揮する治安部隊が学生デモ隊と衝突。数百名の学生活動かが逮捕され､41 名が留置所で処刑される。これ以後、軍部と民衆の緊張が急速に高まり、全国に反政府運動が広がってゆく。

1947 年
ミュルダール一家は、グンナーが国連経済委員会の委員長に任命されたのを機に、ジュネーヴに移住する。アルバは、のちにヴィオラ・クラインとの共著として出版される『Die Doppelrolle der Frau in Familie und Beruf（家庭と職業における女性の二重役割）』の草稿執筆を開始。

1949 年
国連社会事務局の最高責任者に就任し、ニューヨーク市に移住。

1950 年
マサチューセッツ州のマウント・ホリヨーク大学より初めての名誉博士号を授与される。

1951 年
パリにあるユネスコ社会科学部門の部長に指名される。

1955 〜 61 年
インド、スリランカ、ビルマ、ネパール各国のスウェーデン大使としてデリーに赴任。ジャワハルラール・ネルーと出会う。

1961 年
インドでの印象と経験を著書『Unsere Verantwortung für die armen Völker（貧しき人民に対する私たちの責任）』にまとめる。同年には、国連の軍縮交渉におけるスウェーデン代表として、また非同盟諸国の代弁者として活動する。

1962 年〜 70 年
スウェーデン国会の議員となり、スウェーデン労働党の地位均等化委員会の議長を務める。

1964 年
スウェーデン国会の補助を受け、グンナーとともにストックホルム国際平和研究所の構想を練りあげる。同研究所は 1966 年に開設。

1964 年
スコットランドのエジンバラ大学より名誉博士号を授与される。

1965 年
アメリカ・ニューヨーク市のコロンビア大学より名誉博士号を授与される。

1966 年
青年平和連盟より青年平和賞を授与される。

1967 年
スウェーデン内閣の軍縮大臣に就任。

1968 年
アメリカ・フィラデルフィア州のテンプル大学より名誉博士号を授与される。

1969 〜 73 年
宗教問題関連の大臣に就任。60 年代には息子ヤンとの衝突が絶えなくなり、やがて完全な絶交状態に至る。

1970 年
グンナーとともにドイツ書籍見本市の平和賞を共同受賞。

1971 年
スウェーデン労働党の未来委員会の議長に就任。

1972 年
国連の軍縮・開発委員会の議長に就任。

1973 年
ハーグにて平和アカデミー賞を受賞。

1973 年
公務からの引退を決意。1977 年までアメリカに住み、研究と特別講演を行う。この地で著書『Foul play with disarmament（軍縮のファウルプレー）』を出版。

1974 年
グンナーがオーストリアのフリードリッヒ・フォン・ハイエクとともにノーベル経済学賞を受賞。

1975 年
ゴーテボルグ大学より名誉博士号を授与される。ストックホルム王立技術研究所より賞を受賞。

1976 年
ストックホルムにて、思想の自由を守った功績に対してモニスマニア賞を授与される。

1977 年
王立科学アカデミーより金賞を受賞。イタリア・ローマの国連食糧農業機関より、セレス金メダルの意匠に選ばれる。

1978 年
スウェーデン・マルメ市の新聞『Arbeitet』より初の「生命賞」を授与される。

1978 年
グンナーとともに、市民の軍縮運動を支援し、軍縮関連の情報を提供するミュルダール財団を設立。

1980 年
ニューヨーク市にて、アルバート・アインシュタイン平和賞の初受賞者となる。

1981 年
ヘルシンキ大学、オスロ大学より名誉博士号を授与される。

スウェーデンにて平和フォーラムを設立。同年、反戦組織「平和を求める女性たち」を設立。

Aussprüche. Konstanz 1984.
Kornprobst, Roswitha. Mutter Teresa – Zeichen der Hoffnung. Konstanz 1981.
Porter, David. Mutter Teresa – Von Skopje nach Kalkutta. München 1989.
Rupert, Helmut. Mutter Teresa. Bergisch Gladbach 1979.
Serrou, Robert. Mutter Teresa – Eine Bildbiographie. Freiburg 1980.
Vogt, Eugen. Mutter Teresa – Lebensbild, Geistliche Texte. Konstanz 1990.
Nobel Prize Book 1979. Herausgegeben vom Nobel-Institut.
Rundbriefe des Schweizer Hilfswerks für Mutter Teresa.
'Mein Geheimnis ist ganz einfach'. Interview of December 9, 1979 in Oslo with Hans-Joachim Schilde (in German).

アルバ・ミュルダール (Alva Myrdal)

略歴

1902年1月31日
スウェーデン・ウプサラで5人兄弟の長女として生まれる。15歳からエスキルスツナ市役所の主計部で会計係として働く。英語を学び、スウェーデン文学に親しむ。

1919年
当時20歳の学生、グンナー・ミュルダールと出会う。

1922年
歴史文学、北欧言語、ストックホルムの宗教史を研究する。初めての妊娠で流産し、その後も何度か流産を経験する。

1924年
グンナー・ミュルダールと結婚。

～1934年
イギリス、ドイツ、アメリカ、スイスで心理学、教育学、哲学、統計を学ぶ。グンナーは彼女の勧めで経済学を研究分野に選ぶ。

1927年
長男ヤンが誕生。

1929年
夫婦ふたりでロックフェラー研究所からアメリカ留学のための奨学助成を受ける。このときふたりは、高度に発達した産業社会の闇の部分に初めて触れることになった。彼女たちはスウェーデンに戻ったのち、スウェーデン社会民主労働党に入党。

1932～34年
スウェーデン最大の刑務所で心理学者として勤務。

1934年
長女シセラが誕生。人口問題を取りあげたグンナーとの初めての共著が刊行される。アルバは教育学で博士号を取得。

1936～38年
社会民主系評論誌『Morgonbris(朝のそよ風)』の編集者を務める。

1936年
次女カジが誕生。社会教育学研究所の校長に指名され、1948年までこの職を務める。

1936～38年
国立スウェーデン労働女性連盟の総裁に就任。

1938～47年
国際労働女性連盟の総裁に就任。

1938年
グンナーが「黒人問題」の研究のためにアメリカに招聘される。アルバは夫の仕事を手伝うために3人の子を連れて同行する。

1940年～42年
国立スウェーデン労働女性連盟の総裁に再任される。

1940年
スウェーデンに戻り、夫婦の2番目の共著となる『アメリカとの出会い』を出版。

1941年
グンナーが再渡米。アルバも逡巡のすえに彼に従い、社会教育学の仕事を断念する。
前回の在米中に自分自身の仕事として執筆した『国家と家族』が出版される。

1944年
スェーデンに戻り家族間の公平な再分配や男女間の就職機会の均等化に取り組む。

1945年
グンナーがスウェーデンの貿易大臣に指名される。この直前、アルバは教育大臣への指名を固辞している。

1946年
家族関係の事情を理由に、ユネスコ総裁への指名を固辞する。

1952年
死を待つ人の家「ニルマル・ヒルダイ」設立。

1953年
28人のシスターとともに、ローワー・サーキュラー・ロードのマザー・ハウスに移住。初代シスターらが初誓願を行う。

1955年
初の孤児院「シシュババン」を開設。

1959年
ハンセン病患者のための診療所開設。

1960年
アメリカ、イギリス、ドイツ等を訪問、ローマで兄のラザルと30年ぶりに再会する。

1963年
「神の愛の兄弟宣教者会」設立。

1965年
ローマ教皇パウロ6世により、「神の愛の宣教者会」が教皇認可を受け、インド国外での支部の設立を認められる――ベネズエラが最初の海外支部に。

1968年
ローマとタンザニアのタボラに支部を設立。

1969年
カルカッタ西30キロのところに平和の村「シャンティ・ナガール」を作る。

1971年
ヨハネ23世教皇平和賞受賞。

1972年
母ドラナ死去。3年後姉アガ死去。ジョン・F・ケネディ賞受賞、ジャワハルラール・ネルー国際平和賞を受賞。

1975年
「神の愛の宣教者会」創立25周年。アルベルト・シュバイツアー賞受賞。

1979年
ノーベル平和賞受賞。賞金約50万DMはすべて活動資金に寄付された。

1981年
修道誓願50周年記念。

1983年
教皇ヨハネ・パウロ2世を訪問中に心臓発作に見舞われる。

1985年
アメリカ最高の市民栄誉賞「メダル・オブ・フリーダム」受賞。

1989年
2度目の心臓発作で致命傷を負い、ペースメーカー手術を受ける。

1996年
アメリカ合衆国名誉市民に選ばれる。

1997年
修道院の総長職を退く。

1997年9月5日
「貧しい者たちの天使」「貧民の聖人」、カルカッタにて死去。

2003年
教皇ヨハネ・パウロ2世により、列福される。

著書

In the Silence of the Heart. Meditations by Mother Teresa of Calcutta. London 1983. [『心の静けさの中で』森谷峰雄訳、シオン出版社]
Worte der Liebe. Freiburg 1993.
Mein Geheimnis ist ganz einfach. Konstanz 1980.
Lieben bis es weh tut. Konstanz 1979.
Die Weisheit der Mutter Teresa – Meine Gebete. Munich 1992.
Die Sprache der Hoffnung – Texte zur Orientierung: Mutter Teresa. Gütersloh 1990.
A Gift for God. Freiburg 1977.
Teresa of Calcutta. London 1983.

参考書籍

Gray, Charlotte. Mutter Teresa – Die Helferin der Ärmsten der Welt. Wurzburg 1989. [シャーロット・グレイ著『マザー・テレサ　世界のもっとも貧しい人々をたすけた、"神の愛の宣教者会"の修道女』(橘高弓枝訳、偕成社)]
Le Joly, Edward. Wir Leben fur Jesus. Freiburg 1978. [E・ル・ジョリ著『愛に生きるマザー・テレサ』(吉沢雄捷、初見まり子共訳、中央出版社)]
Muggeridge, Malcolm. Mutter Teresa- Missionarin der Nächstenliebe. Freiburg 1973 [マルコム・マゲッリッジ著『マザーテレサ：すばらしいことを神さまのために』(沢田和夫訳、女子パウロ会)]
Chetcuti, Paul. Sich für den Ärmsten entscheiden, in: 'Vie consacree' .15.1.1979
Gosselke, Josepha. Mit Mutter Teresa unterwegs. Freiburg 1983.
Hofmeister, Ilse Maria. (Hrsg.) Das Charisma der Mutter Teresa. Ostfildern1985.
Konermann, Bernward. Mutter Teresa, in: Der Friedensnobelpreis von 1979 bis 1982. Volume XI. Zug 1992.
Kornprobst, Roswitha. (Hrsg.) Mutter Teresa – Nur ein Lächeln.

ダヴェンポート）を受賞。ニュー・ロシェル大学、セント・ミカエル大学（ヴァーモント州）から名誉博士号を授与される。
ヘルシンキで開催された第3回国際人権協議会に来賓講演者として出席。
さらにオレゴン州立大学で、名声高いアヴァ・ヘレン・ポウリング講演でも演説を行う。

1992年
オーガスタ大学の平和賞フォーラムで、主義宣言をする。6月に、カリフォルニア州サンタ・バーバラで核時代平和財団より平和指導者賞を授与される。

1993年
ＩＲＡに当てて公開文書「新ビジョン――ＩＲＡへの公開文書」を発表。その後、死刑撲滅のための人権団体「ハンズ・オフ・ケイン」の名誉総裁、児童虐待保護のための「世界児童人権団体」の共同創設者となる。
『ピース・バイ・ピース』を受けた定期刊行誌『ザ・シチズン』に寄稿する。

2004年
イスラエルの核兵器開発を告発し、投獄されていた、モルデハイ・ヴァヌヌ釈放を祝い、イスラエルを訪問。

2007年
パレスチナで、ヨルダン川西岸地に建設中の分離壁についての講義集会に参加。このときに、ゴム弾と催涙ガスの被害にあう。

著書

A Nonviolent Political Agenda for a More Humane World.
Waging Peace Series.
Booklet 31. Nuclear Age Peace Foundation. Santa Barbara, California 1992.
A Letter To My Son Luke, in: 'Peace by Peace'.
Address to Peace People Assembly. 18.10.1986, Benburb.
Hard Birthing of a New Humanity. November 1991.

参考書籍

Abrams, Irwin. The Nobel Peace Prize and the Laureates, 1901-1987. New York 1988.
Breuer, Beate. The Peace People – A Dream That Died. Thesis. University of Applied Sciences, Cologne, 1988.
Fairmichael, Rob. The Peace People Experience. 'Dawn Train' No. 5, 1987.
Grefe, Christiane. Wir sind zum Durchhalten da, nicht zum Erfolghaben, in: Kerner, Charlotte. (Edit.) Nicht nur Madame Curie. Weinheim 1992.
Holl, Karl. Betty Williams und Mairead Corrigan, in: Der Friedensnobelpreis von 1905 bis 1916. Volume 10. Zug 1992.
Weisbach, Margot. Betty Williams, in: Die Töchter Nobels. Lünen 1990.
WDR II: Die Auslandreporter – Die Peace People von Ulster und was aus ihnen wurde. Broadcast on 21.11.1986.

マザー・テレサ (Mother Teresa)

略歴

1910年8月27日
本名アグネス・ゴンシャ・ボヤジュ。現マケドニア、スコピエ生まれ。3人兄弟の末っ子で、姉アガは1904年、兄ラザルは1907年生まれ。

1928年
ロレット修道会に入るため、アイルランドへ発つ。

1928年
船でインドに渡る。

1929年
カルカッタで、歴史と地理の教師になる。

1931年
シスター・テレサを名乗るようになり、貧困、貞操、服従の初誓願を立てる。

1937年
終生誓願を立てる。聖マリア女子高等学校の校長に。

1946年
ダージリンに向かう途中、「貧しい者と生活をともにし、彼らを助けなさい」という天命を受ける。修道会脱退の許可を申請。

1947年
インドが独立。

1948年
修道会を離脱。

1950年
「神の愛の宣教者会」が教皇ピウス12世の認可を受ける。

ベティ・ウィリアムズ (Betty Williams)

略歴

1943 年 5 月 22 日
ベルファストに生まれる。カトリックのウェイトレスである母とプロテスタント食肉業の父を持つ。13 歳のとき母が心臓発作で倒れたため、以降、家事と妹たちの世話を引きうける。

1961 年
プロテスタントの海軍エンジニア、ラルフ・ウィリアムズと結婚。一男一女をもうける。

1966 年
カトリックとプロテスタントの紛争が始まる。この内線で 2 人の従弟を亡くす。

1976 年
マイレッド・コリガンとシアラン・マッコーエンとともに、ピース・ピープル活動を開始。初年度で 29 万 3000 ポンドの寄付を集め、事務所を設立、8 人の従業員を雇う。定期刊行誌『ピース・バイ・ピース』を創刊。

マイレッド・コリガンとともに、ノルウェー市民よりノーベル平和賞受賞者に選ばれる。12 月にはマイレッド・コリガンとシアラン・マッコーエンとともに、カール・フォン・オシエツキー賞受賞。

1977 年
イェール大学、ミシガン州シエナ・ハイツ大学より名誉博士号を授与される。

1977 年
1976 年度のノーベル平和賞を授与される。

1980 年
ピース・ピープル脱会。

1982 年
娘とともにアメリカへ移住。

1983 年
アメリカ人実業家ジム・パーキンスと再婚。

1997 年
「世界子ども慈愛センター」創設、会長に就任。

参考書籍

Abrams, Irwin The Nobel Peace Prize and the Laureates, 1901-1987. New York 1988.
Breuer, Beate. The Peace People – A Dream That Died. Thesis. University of Applied Sciences, Cologne, 1988.
Fairmichael, Rob. The Peace People Experience. 'Dawn Train' No. 5, 1987.
Grefe, Christiane. Wir sind zum Durchhalten da, nicht zum Erfolghaben, in: Kerner, Charlotte. (Edit.) Nicht nur Madame Curie. Weinheim 1992.
Holl, Karl. Betty Williams und Mairead Corrigan, in: Der Friedensnobelpreis von 1905 bis 1916. Volume 10. Zug 1992.
Weisbach, Margot. Betty Williams, in: Die Tochter Nobels. Lünen 1990.
WDR II: Die Auslandreporter – Die Peace People von Ulster und was aus ihnen wurde. Broadcast on 21.11.1986.

マイレッド・コリガン (Mairead Corrigan)

略歴

1944 年 1 月 27 日
ベルファストの貧困地区フォールス・ロードにカトリック一家の 2 番目の子どもとして生まれる。窓拭き職人の父に娘を大学へ行かせる余裕はなく、義務教育しか受けられなかった。

1958 年
カトリック福祉団体「聖マリア団」に加入。

1960 年～ 76 年
織物工場の会計係助手として働く。21 歳のときビール会社のマネージング・ディレクターの秘書となり、のちに役員秘書に昇格する。

1976 年 12 月
平和活動に専心するために辞表を提出。

1977 年
ベティ・ウィリアムズとともに 1976 年度ノーベル平和賞受賞。

1981 年
義弟ジャック・マグワイアと結婚。夫と亡き妹アンとの 3 人の子どもは養子にする。ジャックとのあいだにふたりの実子を持つ。

1990 年
パーチェム・イン・テリス賞／平和自由賞（アイオワ州

エミリー・グリーン・ボルチ (Emily Greene Balch)

略歴

1867 年 1 月 8 日
マサチューセッツ州ジャマイカ・プレーンにて、弁護士の父、教師の母のもと 6 人兄弟の 2 番目として生まれる。

1886 年
ボストン、ブリン・マウアー大学入学。ギリシャ・ローマ文学を学ぶが、のちに政治経済に専攻を変え、人口統計、経済、社会問題に精通する。

1889 年
同大学を卒業。女性で初めてヨーロピアンフェローシップ奨学金でパリに留学する。

1892 年
サマーキャンプにてジェーン・アダムズと出会い、「デニソンハウス」の経営を任される。

1895 〜 96 年
ベルリン大学で、社会主義者アドルフ・ワグナーとグスタフ・シュモラーのもとで学ぶ。

1896 年
ウェルズレー大学で、政治経済学と社会科学の非常勤講師を開始。1897 年には長期在職権を得る。女性労働組合の共同創立者となる。

1905 〜 06 年
スラブ民族の生活状況を研究するため、オーストリア、ハンガリーとアメリカに滞在。婦人国際平和自由連盟 (WILPF) の前身ハーグ国際婦人会議に出席する。

1916 年〜 17 年
ウェルズレー大学のサバティカル休暇を取り、平和活動に専念する。

1918 年
大学を休職 (無給)。「アメリカ中立協議会」、「緊急平和同盟」、「民主主義と平和のための人民委員会」などの組織を共同設立し、活動に打ち込む。スウェーデン、ストックホルムの「連続仲裁中立協議会」にも深く関わる。

1919 年
ウェルズレー大学から契約更新を拒否される。

1919 年〜 22 年
WILPF の事務局長に就任。

1921 年
ロンドンでクェーカー教に入信。

1926 年
WILPF 代表として当時アメリカの占領下にあったハイチに渡る。このときの研究結果は 1927 年に出版され、フーヴァー大統領の調査開始と、1934 年のアメリカ軍全面撤退のきっかけになる。

1937 年
WILPF 名誉会長に選ばれる。

1946 年
ノーベル平和賞受賞。同時受賞者はジョン・R・モット。賞金の大部分 1 万 6000 ドルを WILPF に寄付。

1961 年 1 月 9 日
94 歳で死去。

著書

Public Assistance of the Poor in France. Baltimore 1893.
Our Slavic Fellows Citizens. New York 1910.
Occupied Haiti. New York 1927.
Women at The Hague. (together with Jane Addams and Alice Hamilton). New York 1972.
The Miracle of Living. New York 1941.
A Venture in Internationalism. Geneva 1938.
Towards a Planetary Civilization. 1942, in: Four Lights 2

参考書籍

Alonso, Harriet H. The Two Women of WILPF. Paper delivered at the International Conference of Peace Historians at the Nobel Institute.
Oslo 1992. Faver, Catherine. Creative Apostle of Reconciliation – The Spirituality and Social Philosophy of Emily Greene Balch, in: 'Women's Studies' . 1991, vol. 18. S. 335-351.
Habermann, Frederick W. (ed). Nobel Lectures. Peace – 1926-1950. Vol. 2. Amsterdam/London/New York 1972.
Miller Solomon, Barbara. Witnesses of Change – Quaker Women Over Three Centuries. New Brunswick/New York 1989.
Miller, Solomon, Barbara. The Influence of Quaker Women on American History. Studies in Women and Religion. Vol. 21. Lewiston/New York 1986 Palmieri, Patricia N. Emily Greene Balch, in: Der Friedensnobelpreis von 1946 bis 1952. Volume 6. Zug 1990.
Randall, Mercedes. Improper Bostonian. New York 1964.
Randall, M. (ed.) Beyond Nationalism: Social Thoughts of Emily Greene Balch. New York 1972.
Schraff, Anne. Women of Peace. New York 1994.
Shane, Martha P. Papers of Emily Greene Balch, 1875-1961. Delaware 1988.
Wilson, H.W. Biographical Dictionary, Nobel Prize Winners. New York 1987.

ジェーン・アダムズ (Jane Adams)

略歴

1860 年 9 月 6 日
イリノイ州、シダーヴィルに 9 人兄弟の 8 番目として生まれる。

1877 年
ロックフォード大学入学。医学を学ぶが病いに倒れ、数カ月後には断念する。

1881 年
最愛の父が 59 歳で死去。以後 8 年にわたり、精神衰弱に苦しむ。

1882 年
ロックフォード大学卒業。文学士号取得。

1883 年
義母と友人のエレン・ゲイツ・スターとともに 2 年間のヨーロッパ旅行に出る。ロンドンで大規模な貧困を目にし、その光景を胸に刻む。

1889 年
エレンとともにシカゴ 19 区に初のセツルメント「ハルハウス」を創設。数年後には広範囲の地区に暮らす人々にさまざまなサービスを提供する社会福祉センターへと成長させる。

1893 年
ハルハウス創設メンバーとともに、不法行為撲滅のため工場検査機関設立に関わる。広く社会分野の研究を行い、児童労働法、女性労働法、義務教育の改正などに貢献。

1895 年
シカゴ 19 区の廃棄物監査官に任命される。
「全米女性労働組合連盟」の副代表になる。
婦人参政権要求運動キャンペーンに参加。

1909 年
「全米有色人種地位向上協会」設立に協力する。同年「全米慈善矯正協会」、後の「全米社会福祉協会」の初代会長となる。

1911 年～ 1914 年
「全米参政権協会」の初代副会長となる。

1912 年
第一次世界大戦勃発後、鬱病が再発。しばらくは平和活動に専念する。

1915 年
「婦人平和党」の議長に選ばれ、数カ月後にはハーグ国際婦人会議の総長に選ばれる。

1917 年
アメリカ参戦が引き金となり、深い絶望と精神衰弱に苦しむ。平和活動が理由で、婦人平和党の党員からも孤立。ヨーロッパ大戦の恐ろしさを徹底的に訴え、公共の場で激しい非難を受ける。ウッドロウ・ウィルソン大統領に向け、中立国家として仲裁会議に出席するよう提案するも無視される。

1919 年
婦人国際平和自由連盟（WILPF）の設立に協力し、1929 年まで代表を務める。

1931 年
アメリカ人女性として初のノーベル平和賞を受賞。賞金約 1 万 6000 ドルを WILPF に寄付。続いてブリン・マー大学M・キャリー・トーマス賞、ピクトリアル・レビュー賞を受賞。翌年にはノースウェスタン大学、シカゴ大学、スワースモア大学、ロリンズ大学、ノックス大学、カリフォルニア大学、マウント・ホリオーク大学からから名誉博士号を授与される。

1935 年 5 月 21 日
シカゴで死去。

著書

Democracy and Social Ethics. 1902. Cambridge 1964.
Newer Ideals of Peace. 1907. Peace Movement in America Series. New York 1972.
The Spirit of Youth and the City Streets. 1909. Urbana 1972.
Twenty Years at Hull-House 1910. Urbana 1990.［『ハル・ハウスの 20 年：アメリカにおけるスラム活動の記録』（柴田善守訳、岩崎学術出版社）］
The Second Twenty Years at Hull-House. New York 1930. Die Stimme der Völker über den Krieg, in:'Neue Wege – Blätter für religiose Arbeit'. Basel 1915.
The Excellent Becomes the Permanent. New York 1932.
Women at The Hague. (together with Emily Greene Balch and Alice Hamilton). 1915. New York 1972.
Zwanzig Jahre sozialer Frauenarbeit in Chicago. Munich 1913.

参考書籍

Abrams, Irwin. The Nobel Peace Prize and the Laureates, 1901-1987. New York 1988.
Davis, Allen F. American Heroine: The Life and Legend of Jane Addams. London 1973.
Farrell, John C. Beloved Lady: A History of Jane Addams' Ideas on Reform and Peace. Baltimore 1967.
Gruber, Carol. Der Friedensnobelpreis. Volume 4. Zug 1989.
Hovde, Jane. Jane Addams. New York 1989.

An der Riviera. Mannheim 1892.
Eva Siebeck. Dresden 1892. Im Berghause. Berlin 1893.
Phantasien über den 'Gotha'. Dresden 1893.
Die Tiefinnersten. Dresden 1893.
Trente et Quarante. Dresden 1893.
Es Löwos, eine Monographie. Dresden 1894.
Vor dem Gewitter. Vienna 1894.
Hanna. Dresden 1894.
Krieg und Frieden: Erzählungen, Aphorismen, Betrachtungen. Collected and edited by L. Katscher. Berlin 1896.
Nabucco: Dramatic Ode in 4 Acts by Ferdinand Fontana.
Tranlated into German by Bertha von Suttner. Dresden 1896.
Einsam und arm. Dresden 1896.
Frühlingszeit: Lenzes- und Lebensgabe unseren erwachsenen Töchtern zur Unterhaltung und Belehrung gewidmet von den deutschen Dichterinnen der Gegenwart. Dresden 1896.
Der Kaiser von Europa. After the English work by F. A. Fawkes. Berlin 1897.
Schmetterlinge. Novellen und Skizzen. Dresden 1897.
La Traviata. (new edition of "An der Riviera "). Dresden 1898.
Schach der Qual! Dresden 1898.
Ku-i-kuk: Niemals eine Zweite. Kürschners Bücherschatz 1899.
Herrn Dr. Carl Freiherr v. Stengels und andere Argumente für und wider den Krieg von Dr. N. N. Privat-Docent an der Universität. Edit. Bertha von Suttner. Vienna 1899.
Die Haager Friedenskonferenz, Tagebuchblätter. Dresden 1900.
Marthas Kinder. Dresden 1904-1905.
Briefe an einen Toten. Dresden 1904-1905.
Ketten und Verkettungen: Donna Sol. Leipzig 1904.
Babies siebente Liebe und Anderes. Dresden 1905.
Gesammelte Schriften. 12 vol. Dresden 1906.
Randglossen zur Zeitgeschichte: Das Jahr 1905. Katowice 1906.
Stimmen und Gestalten. Leipzig 1906.
Zur nächsten intergouvernementalen Konferenz in Haag. Leipzig 1907.
Randglossen zur Zeitgeschichte: Das Jahr 1906. Katowice 1907.
Memoiren. Stuttgart 1909.
Rüstung und Überrüstung. Berlin 1909.
Der Menschheit Hochgedanken: Roman aus der nächsten Zukunft.
Berlin 1911.
Die Barbarisierung der Luft. 'Internationale Verständigung'. Heft 6.
Berlin 1912.
Aus der Werkstatt des Pazifismus.Vortragszyklus, in: Aus der eigenen Werkstatt.vol. 2. Vienna 1912.
Der Kampf um die Vermeidung des Weltkrieges: Randglossen aus zwei Jahrzehnten zu den Ereignissen vor der Katastrophe (1892-1900, 1907-1914). Edited byDr. Alfred H. Fried. Zürich 1917.

参考書籍

Abrams, Irwin. Bertha von Suttner and the Nobel Peace Prize, in: 'Journal of Central European Affairs'. October 1962, 14, p. 286-307.
Abrams, Irwin. Bertha von Suttner, in: Biographical dictionary of modern peace leaders. New York 1985.
Abrams, Irwin. The Nobel Peace Prizes, Bertha von Suttner and Lay Down your Arms!in: World encyclopaedia of peace. Oxford 1986.
Abrams, Irwin. Bertha von Suttner: Bibliographical notes, in: 'Peace and Changes'. January 1991, 16, p. 64-73.
Abrams, Irwin. Chére Baronne et Amie, in: 'Die Waffen nieder!'. Geneva 1993.
Fassbinder, Klara-Marie. Bertha von Suttner und ihre Töchter. Ein Versuch. Gelsenkirchen 1964
Fried, Alfred Hermann. Bertha von Suttner. Leipzig 1908.
Gregor-Dellin, Martin. Bertha von Suttner – Aus Menschenliebe gegen den Krieg, in: Der Friedensnobelpreis von 1905 bis 1916. Volume II. Zug 1988.
Hamann, Brigitte. Bertha von Suttner. Ein Leben für den Frieden. Munich/Zürich 1986.
Kempf, Beatrix. Bertha von Suttner. Das Leben einer großen Frau, Schriftstellerin, Politikerin, Journalistin. Vienna 1964.
Kempf, Beatrix. Eine Frau kämpft für den Frieden. Freiburgi. Breisgau 1979.
Key, Ellen. Florence Nightingale und Bertha von Suttner. Zürich 1919.
Kleberger, Ilse. Die VisBerlin/Munich 1988.
Reicke, Ilse. Bertha von Suttner: ein Lebensbild. Bonn 1952.
Wintersteiner, Marianne. Die Baronin Bertha von Suttner. Mühlacker 1984.
Bertha von Suttner – Festschrift zum 150. Geburtstag am 9. Juni 1993.
Edited by the Bertha-von-Suttner-School in Berlin-Reinickendorf. 1983.

ベルタ・フォン・ズットナー (Bertha von Suttner)

略歴

1843 年 6 月 9 日
本名ベルタ・ゾフィア・フェリツィタ・キンスキー・フォン・シニック・ウント・テッタウ伯爵令嬢。ボヘミアの首都プラハに生まれる。父フランツ・ヨセフ・キンスキー伯爵は、彼女の誕生の直前に 75 歳で死去。母、ゾフィーと 1837 年生まれの兄アルトゥールとともに暮らす。

1872 年
歌手のアドルフ・ツー・ザイン・ヴィトゲンシュタイン・ホーエンスタイン王子と婚約するが、彼は直後にアメリカに向かう大西洋で急死。

1873 年
ウィーンで、カール・フォン・ズットナー男爵の 4 人の娘の家庭教師として働く。1850 年生まれの令息、アルトゥール・ズットナーと恋に落ちる。

1876 年
ズットナー家を離れ、パリでアルフレッド・ノーベルの秘書兼家政婦として働く。ウィーンに戻り、アルトゥール・ズットナーと 6 月 12 日に極秘の結婚式をあげる。ふたりはカフカースに逃亡し、 9 年間滞在。夫婦ともに執筆を開始。

1885 年
作家として地位を得て、オーストリアに帰国、夫の両親の許しを得て、ズットナー家の邸宅があるハルマンスドルフに暮らす。

1889 年
『機械の時代』、『武器を捨てよ！』を刊行。

1890 年～ 91 年
ヴェニスに在住。「イタリア平和協会」を設立。

1891 年
「オーストリア平和協会」を設立し、生涯議長を務める。ローマで「第三世界平和協議会」が開催され、17 カ国の代表が出席。アルトゥールは反ユダヤ主義防止団体を設立。

1892 年
ベルンでの第 4 回世界平和会議に出席。チューリッヒでアルフレッド・ノーベルと再会。アルフレッド・H・フリートとともに、ドイツ平和協会をベルリンで結成。ふたりで月刊誌『武器を捨てよ！』を 1899 年まで発行する。

1894 年
アントワープの平和会議と、ハーグ国際会議に出席。

1896 年
ブタペストでの平和会議、国際会議に出席。アルフレッド・ノーベル死去。

1899 年
ハーグ第 1 回世界平和会議開催（5 月 18 日～ 6 月 29 日）。ノルウェー国際会議に出席。

1902 年
アルトゥール・グンダッカー・フォン・ズットナー死去。

1903 年
モナコに「国際平和研究会」を開設。また連載小説『マルタの子供』を刊行。

1904 年
アメリカで巡回講演を行う。ワシントンのホワイト・ハウスでセオドア・ルーズベルト大統領と面会。

1905 年
ノーベル平和賞受賞。

1906 年
オスロでノーベル賞委員会を前に講演を行う。ノルウェー、スウェーデン、デンマーク、モナコを周遊する。

1907 年
第 2 回ハーグ世界平和会議に出席。

1912 年
2 度目のアメリカ巡回講演を行う。

1914 年 6 月 21 日
ウィーンで世界平和会議の準備中に死去。その直後、第一次世界大戦勃発。

著書

Inventarium einer Seele. Leipzig 1883
Ein Manuskript! Leipzig 1884.
Ein schlechter Mensch. Leipzig 1885.
Danilea Dorms. Munich 1886.
High Life. Munich 1886.
Verkettungen. Leipzig 1887.
Schriftstellerroman. Dresden 1888.
Erzählte Lustspiele: Neues aus dem High Life. Dresden 1889.
Das Maschinenalter: Zukunftsvorlesungen über unsere Zeit. Zurich 1889.
Die Waffen nieder! Eine Lebensgeschichte. Dresden 1892.
Erzählungen und Betrachtungen. Vienna 1890. Dr. Hellmuts Donnerstage. Dresden 1892.

著者略歴

アンゲリーカ・U・ロイッター
Angelika U. Reutter

1943年ドイツ生まれ。心理学の修士号を取得し、現在ライターとしてスイスのキュスナハトで活動する。

アンネ・リュッファー
Anne Ruüffer

1957年ドイツ生まれ。ライター、ドキュメンタリーフィルムの制作、出版などを中心に、スイスのチューリッヒで活動する。

翻訳者

松野 泰子

東京外国語大学外国語学部卒業。出版社勤務を経て、翻訳家・ライターに。訳書に『天才シェフ 危機一髪 世界一流レストランの舞台裏で起きた40の本当のお話』(キンバリー・ウィザースプーンほか 編、共訳、日経BP社)、『ボケないための「脳力」診断』(ザルディ・S・タン 著)『なぜあなたは同じ失敗をしてしまうのか』(ジョン・ウェアラム 著、以上英治出版)など。ライターとして『METsで始めるボディデザイン』(東急スポーツオアシスほか 著、英治出版) などを手がける。

上浦 倫人

国際基督教大学大学院博士課程修了。翻訳家兼テクニカルライター。訳書に『マッキンゼー式世界最強の問題解決テクニック』(イーサン・M・ラジエル 著、共訳)、『こころのウイルス』(ドナルド ロフランド 著、以上英治出版)、『iPodは何を変えたのか?』(スティーブン・レヴィ 著、ソフトバンククリエイティブ) などがある。

解説に代えて

本書の原著は、2004年にスイス（ドイツ語版）で出版されたものである。ただし、その年に開催された欧州安全保障協力機構ワルシャワ会議のために英訳本として Angelika U. Reutter & Anne Rüffer, *Peace Women,* Rüffer & Rub, 2004が刊行された。本書（日本語版）は、その英訳本を底本としている。

なお、ドイツ語原著からの英訳に際して、年代や人名など、誤植と思われる箇所が散見された。日本語版の翻訳・編集にあたっては、可能なかぎり資料を調べて確認作業をおこなったが、まだ漏れているものもあると思われる。読者のみなさまのご指摘・ご叱正をいただければ幸いである。

英訳本は、1905年に女性として初めてノーベル平和賞を受賞したベルタ・フォン・ズットナーから始まり、2003年に受賞したシーリーン・エバーディまで、11人の女性受賞者たちの生涯をつづったものだ。また、2004年にワンガリ・マータイがアフリカ人女性として初めてノーベル平和賞を受賞したのを受け、新たにワンガリ・マータイの章も追加された。本書（日本語版）には、その章も収録されている。

本書は、ノーベル平和賞を受賞した歴代の女性たちに注目し、その波乱に満ちた人生と華々しい功績を紹介している。さまざまな時代や国々、戦争、文化、宗教などの現実を深くえぐり出し、私たちが平和や人権などを考えるうえで、きわめて示唆に富んだ内容となっている。
本書が多くの人々に勇気と希望を与えることを祈っている。

編集部

●英治出版からのお知らせ

弊社ウェブサイト（http://www.eijipress.co.jp/）では、新刊書・既刊書をご案内しています。本書に関するご意見・ご感想をeメール（editor@eijipress.co.jp）で受け付けています。お送りいただいた方には、弊社の新刊案内メール（無料）をお送りします。たくさんのメールをお待ちしています。

ピース ウーマン

ノーベル平和賞を受賞した12人の女性たち

発行日　2009年10月31日　第1版　第1刷

著　者　アンゲリーカ・U・ロイッター
　　　　アンネ・リュッファー

訳　者　松野 泰子（まつの・やすこ）
　　　　上浦 倫人（かみうら・りんと）

発行人　原田英治

発　行　英治出版株式会社
　　　　〒150-0022 東京都渋谷区恵比寿南1-9-12 ピトレスクビル4F
　　　　電話　03-5773-0193　　FAX　03-5773-0194
　　　　http://www.eijipress.co.jp/
　　　　出版プロデューサー　大西美穂
　　　　スタッフ　原田涼子、鬼頭穣、高野達成、岩田大志、藤竹賢一郎、山下智也、デビッド・スターン、杉崎真名、垣内麻由美、仁科絵利子、百瀬沙穂、渡邊美紀

装　幀　西田 栄子（cooltiger）

印　刷　Eiji21, Inc., Korea

［検印廃止］ISBN978-4-86276-044-9　C0030